HR如何做好

培训与PPT

【第2版】　　　杨小丽 ◎编著

中国铁道出版社

CHINA RAILWAY PUBLISHING HOUSE

内 容 简 介

　　本书是一本教会 HR 做好培训和演示 PPT 的工具书，全书从实用的角度出发，对做好培训工作所需掌握的职场技能，以及针对多媒体培训方式中使用比较频繁的 PPT 辅助工具进行了深入讲解。希望通过对本书的学习，让读者快速了解什么是企业培训，做好培训工作应该从哪些方面入手，具体怎么去做，怎样做更高效。

　　本书内容实用，讲解灵活，实用性和可操作性强，非常适合有志于在 HR 工作岗位上做出成绩的职场新人和从事 HR 的相关人员；对于想要提升培训技能的 HR 管理者也有很大的帮助。此外，本书还可作为相关 HR 培训机构或者各大专院校人力资源专业的教材使用。

图书在版编目（CIP）数据

HR 如何做好培训与 PPT/ 杨小丽编著 . —2 版 . —北京：

中国铁道出版社，2019.3

ISBN 978-7-113-25101-7

Ⅰ . ① H… Ⅱ . ①杨… Ⅲ . ①企业管理—职工培训②图形

软件 Ⅳ . ① F272.92 ② TP391.412

中国版本图书馆 CIP 数据核字（2018）第 255908 号

书　　名：HR 如何做好培训与 PPT（第 2 版）
作　　者：杨小丽　编著

责任编辑：张亚慧　　　　　　　读者热线电话：010-63560056
责任印制：赵星辰　　　　　　　封面设计：MXK DESIGN STUDIO

出版发行：中国铁道出版社（100054，北京市西城区右安门西街 8 号）
印　　刷：中国铁道出版社印刷厂
版　　次：2017 年 9 月第 1 版　2019 年 3 月第 2 版　2019 年 3 月第 1 次印刷
开　　本：700mm×1000mm　1/16　印张：18　字数：286 千
书　　号：ISBN 978-7-113-25101-7
定　　价：59.00 元

曾经有一位资深的人力资源总监说："不懂培训，不会演说，就不要做HR。"

如果你甘愿当一名普通的HR人员，做一些琐碎的杂事，如招聘、解雇、解决员工的劳务关系等也可以，但是HR的更高境界是管理，要达到这个目标，关键是要懂得培训。培训好下属，培训好企业员工，让自己在企业中形成内部影响力，减少变革和制度推进的阻力，让自己的价值最大限度地量化，最终让自己变为既能做企业的人力资源工作，也能做企业内部培训的双重性人才，提高自己的职场竞争力。

由此可见，培训对于HR而言是非常重要的。对每个培训师而言，如何达到培训的理想效果已然成为他们最关心的问题。但是在现实工作中，有很多HR在培训工作方面都会出现如下一些问题。

- 怎样做好培训课程设计？
- 如何确定培训预算？
- 如何缓解培训时的紧张心理？
- 怎么解决培训氛围不浓的问题？
- 怎么控制场面？
- 培训效果怎么评估？
- 如何做好新员工入职的培训？
- 如何做好中层管理人才的培训？
- 是否可以通过优化培训PPT来提升培训效果？

……

为了帮助更多的HR掌握有效培训的方法，提升自己的培训技能，我们编写了本书。通过对本书的学习，相信可以为广大HR解决在培训过程中遇到的很多实际问题，从而更好地完成培训工作。

主要内容

本书共10章，可大致分为了解企业培训、做好培训的职场技能和如何做好培训PPT这3个部分，具体内容如下。

第一部分为本书的第1章，这部分主要是普及企业培训的一些基础知识以及让HR了解培训的课程设计和培训方式。

第二部分为本书的第2～3章，这部分具体介绍了HR可以从哪些方面来提升自己的培训技能，具体包括做好一场培训的必备过程有哪些，进行有效培训的要点和实战技能，面对不同的培训对象时如何才能做好培训等。

第三部分为本书的第4～10章，主要是针对多媒体培训这种培训方式进行介绍，包括善用演示工具让培训轻松进行，制作培训PPT需要掌握哪些必会的PPT操作，如何正确制作培训PPT，如何使用表格、图表、图示和动画来制作出优秀的PPT，搜集与整理PPT素材的方法，怎样用好PPT模板以及PPT实用小插件的应用等。

内容特点

实用性强
本书针对HR如何做好培训工作进行全面阐述，内容涵盖培训前、培训中和培训后的各种阶段，指导性和实用性都很强。

经验性强
本书大量分享了行业经验，不仅教读者如何做培训和做PPT，还教读者如何高效培训和制作专业的培训PPT。

观赏性强
本书在选材和配图上都很讲究观赏性，让读者从这些漂亮的PPT效果和图示中感受本书所具备的实力。

读者对象

本书适合HR领域的各类工作人员，包括HR助理、HR专员、HR主管、HR经理、HR总监。除此之外，本书也可以作为相关HR培训机构或者各大专院校人力资源专业的教材使用。

编　者

2018年9月

第1章

HR新手全面了解
企业培训

作为HR新手，需要先对培训有一个清楚的认识，然后才能开展相应的工作，进行能力的提高。本章将先来介绍培训工作的相关事宜。

1.1 企业培训你到底了解多少

培训是指公司开展的一种提高人员素质、能力和工作绩效等实施的有计划、有系统的培养和训练活动。使员工的知识、技能、工作方法、工作态度及工作的价值观得到改善和提高，从而推动组织和个人不断进步，实现组织和个人的双重发展。

1.1.1 什么样的人适合从事培训工作

不是任何人都能成为培训师，也不是任何人都能做好培训，适不适合做培训工作以及是否具有当培训师的潜质，可以从以下几个方面进行考察。同时，也可从这些方面努力。

1.嘴能"说"

培训人员必须具有非常好的口才能力，把培训的内容"说"给学员们，把思想传达给他们。所以一些企业在面试或挑选培训人员时，会进行具体的语言表达能力测试，若不达标则直接淘汰。下面是一份培训人员语言表达能力的部分测试题。

【编故事：河流、冰冷、墙、订书机、急躁】

例如，小王是一个乡村教师，有一年冬天，他到县城去采购一些教学用品。回来经过一座独木桥时，不小心滑倒在河流中，连袋子里的东西也掉了出来，小王顾不上冰冷刺骨的河水，连忙去打捞，但是捞来捞去，就只找到一个订书机，其他的东西到哪儿去了？正在小王急躁地找来找去的时候，忽然耳边听到一阵响声，他猛得爬起来，不小心撞到墙上，他摸着头，吸了一口气，原来是做了一个梦。

【串词：展示、策划、高兴、网络、敏捷】

例如，小王在某某网络公司2016年举办的比赛中，展示了敏捷的思维能力和高超的策划能力，从而赢得了头奖，高兴之下，他请我们这帮朋友到他家聚会庆祝。

2.要有"型"

培训人员与讲师、教师有许多相似之处，一定要有型、有风度和有良好的台风。好的培训师不仅在着装上（在第3章将进行详细介绍）有讲究，同时在演讲台风上更是有要求，具体有如图1-1所示的几点内容。

- **保持自信和微笑** 作用效果 → 自信是演讲者必备素质，微笑给人亲切感，容易拉近与学员之间的距离，同时也能消除紧张感。

- **步伐矫健有力** 作用效果 → 给人积极向上、朝气蓬勃的感觉，学员的积极主动性也会相应提高，培训的效果将会更佳。

- **上台后先鞠躬** 作用效果 → 让学员感觉到被尊重，这样更容易获得学员的好感、尊重和认可。

图1-1

同时，在培训过程中对培训师的站姿、视线和拿麦克风的方式也有一定要求，具体如图1-2所示。

站姿 张开双脚与肩同宽，挺稳整个身体，或是一脚稍前，一脚稍后。不要过度紧张或过度放松，因为过度的紧张会导致姿势笨拙僵硬，过度放松则会给人一种不庄重、不稳重的感觉。

视线 用眼神与学员进行交流，找寻对于自己投以善意而温柔眼光的学员，无视那些冷淡的眼光。同时，把视线投向强烈"点头"以示首肯的学员，对巩固信心并进行演说也具有积极效果。

话筒 话筒与胸部平行或者保持30°～70°的斜度，嘴离话筒1～8厘米的距离，不能挡住脸。同时，麦克风需要提前进行音量调试。

图1-2

3.要有"心"

培训人员要有心，主要体现在两个方面。一是站在替企业考虑方面，从企业的实际需求出发，若企业对培训内容有误解，要开诚布公地指出来，并提出相应的建议。如需要对职员的渠道销售能力和技巧进行提高，就不需要再对公司制度进行培训，若组织要求，这时培训人员就可以提出建议。二是在培训过程中要多观察学员的反应，如从神态的表现中捕捉学员的学习状态。如果发现学员们露出疲惫的神色，可做一个或多个放松调节的小游戏，或者讲一个幽默的管理故事，将学员们的精气神提起来；如果发现学员们露出迷茫的神情或眼神，就把刚讲的内容用另一种方式再讲解一遍。

下面就是一个培训中缓解学员疲惫的小游戏，名称为"一元钱、两元钱"。

适合对象：10人以上

场地要求：无

游戏性质：破冰

游戏时间：10分钟

游戏操作：

1）根据男女学员不同比例，比如男生远远大于女生比例，女生就当"2元钱"，而男生则是"1元钱"，相反如果女生比例远远大于男生，女生就当"1元钱"，而男生则是"2元钱"。

2）根据培训师说的钱数，所有学员组成相应的数字，没组成符合要求的数字，均被淘汰。比如，培训师喊7元钱，所有学员就组成一个小组，这个小组所有人的面值加起来应该是7元钱，没有组成小组的学员将被淘汰。

3）剩下的人继续组合，直到剩4~5人为止。游戏结束，可以给剩下来的人颁发奖品。

4.脑袋里有"货"

培训人员必须具备足够水平的理论知识和实践经验。这样才能实现传道、授业、解惑。同时，由于每次培训的时间较长，一般都是几个小时，这不仅要求培训人员具有深厚的知识功底和实践经验。同时，还要具有思考、总结和归纳的能力，以及实际培训中应该采用的方式和培训内容的先后顺序。

如新员工入职培训，培训人员首先应该清楚、熟悉公司的文化和制度，以及入职员工的岗位责任和技能要求，再对培训内容的先后顺序进行安排。有必要时，可以根据当前入职员工个人情况进行培训方式的选择与调整。

下面是培训师对新员工入职培训的部分方案，能很好地反映出培训师脑袋里有"货"。

第三条　培训目标

1）使新员工在入职前对公司历史、发展情况、相关政策及企业文化等有一个全方位的了解，认识并认同公司的事业及企业文化，坚定自己的职业选择，理解并接受公司的共同语言和行为规范，从而树立统一的企业价值观念，行为模式。

2）使新员工明确自己的岗位职责、工作任务和工作目标，掌握工作要领、工作程序和工作方法，尽快进入岗位角色。

3）让新员工了解公司相关规章制度，培养良好的工作心态和职业素养，为胜任岗位工作打下坚实的基础。

4）加强新老员工之间、新员工与新员工之间的沟通，减少新员工初进公司时的紧张情绪，让新员工有归属感，满足新员工进入新群体的心理需要。

5）提高新员工解决问题的能力，并向他们提供寻求帮助的方法。

第四条　培训时间

第一阶段，由公司进行集中培训，起始时间为新员工入职后的第一个月，军事训练3～5天，规章制度与基础理论培训2～3天；第二阶段的培训，起始时间为新员工入职当天，为期1个月；第三阶段的培训，起始时间为新员工入职当天，为期3～6个月。在第一、二阶段早晚要坚持军事化训练。

第五条　培训内容

1）企业的发展历史及现状。

2）军事训练，培养服从意识、团队合作与吃苦耐劳精神。

3）企业当前的业务、具体工作流程。

4）企业的组织机构及部门职责。

5）企业的经营理念、企业文化和规章制度。

6）工作岗位介绍、业务知识及技能和技巧培训。

5.其他考核标准

除了上面的几点外，培训师还需要有其他几点考核标准。下面具体介绍。

◆ 能担"责"

将培训工作作为自己的事业，并严格要求自己，保证在时间控制及细节、流程上不能有任何差错，充分以学员为自己的工作重心。

◆ 定位"准"

首先，对自己要有清醒的认识，要知道自己擅长的领域是哪一块，讲授的课程能够给学员带来哪些收获，是否能够真正地帮助企业解决问题等。其次就是找出自己与他人的不同点。

◆ 场能"控"

优秀拓展训练师要具备良好的观察及分析能力，在项目现场要能敏锐地观察整个活动中学员的反应和表现并及时总结。能顺畅地与学员快速融合，引导团队氛围，展示个人的人格魅力。

◆ 腿能"跑"

培训工作，其实也是一个体力活，虽然不用搬扛东西，但培训的时间长，有的甚至达到6～7个小时。所以，这就要求培训人员有一个良好的身体素质，不能在培训工作中出现体力不支的情况。这不仅会对培训人员的健康造成影响，同时也会打断培训的进程和职员受训的连续性，出现"断链条"情况。当然，良好的身体素质是可以加强和提高的。培训人员可进行相应的体育锻炼，如跑步、健身等。

1.1.2

哪些情况下需要安排培训

企业内部培训不是随意进行的，因为培训本身是一项复杂的项目，而且需要投入一定的资金成本。在没有必要的情况下，一般不会进行。但是当企业在有下面几种情况时，则需及时进行员工的技能、素质等培训。

◆ 绩效持平或下滑

无论是企业的整体绩效或员工个人绩效，都保持不变或下滑，甚至是出现下滑的趋势时，就应对员工进行培训，巩固并提高员工的技能、减少损失和人为浪费，提高工作质量和效率，从而恢复和提高企业效率。对于这类培训，HR可采用图1-3所示的几种培训方式。

脱产培训

员工离开工作岗位进行技能巩固和提高的全面培训。

互动式培训

由大家共同参与，每位员工都是老师，各负责主讲部分内容，每讲完一部分，员工就其授课内容及方式展开集体讨论，总结长处、改进不足，提高培训效果。

岗位复训

对于在某一岗位工作一段时间后的在岗员工进行岗位复训，以温故而新知，紧密结合生产实际，按需施教，根据实际工作中出现的问题和需要，缺什么补什么。

师带徒

岗位轮换，对于缺乏岗位经验或对岗位情况不熟的新员工，可通过带岗者的言传身教，使员工获取实践经验，以尽快达到岗位要求（此种方法主要适应于新员工和晋升员工）。

独立学习

让员工独立完成一项具有挑战性的工作，在整个工作中必须合理地安排每一个工作步骤，在什么时间达到怎样的目标；决定采取哪种工作方式、哪种技能；遇到困难的时候，要自己去想办法，拿出一些具有创造性的解决方案。

贴身式学习

安排受训者在一段时间内跟随"师傅"一起工作，观察"师傅"是如何工作的，并从中学到一些新技能。同时，"师傅"还需要留出一定的时间来解决工作中实际存在的问题，并随时回答受训者提出的问题。

图1-3

◆ 提高企业整体素质

企业员工拥有自己的价值观、信念和工作作风及个人习惯。公司可以通过培训将公司文化和经营理念传递给员工，并让其接受，形成一个团结、和谐的大集体，提高员工个人和企业整体的工作和生活质量，从而增强企业的凝聚力和对外的竞争力。

◆ 降低企业成本

企业成本居高不下，除了通过对员工技能进行培训（培训方式大部分与绩效持平和下滑的方法相同）以外，管理人员也应该进行培训，如成本控制意识培训、产品浪费控制培训、生产过程流程高效的培训及产品质量和返工的监管培训等。

◆ 企业外部环境发生变化

企业外部环境变化（如宏观的政治环境、经济环境、社会文化环境和微观的行业性质、竞争状况、消费者、供应商及利益等）是企业发展的外因，影响企业的经营策略和方向。随着外部环境的变化，及时对内部员工进行相应的培训，特别是微观的外部环境变化，如行业竞争加剧，需要对员工的技能进行提高和优化培训，或向其他领域发展新技能培训等。

◆ 员工成长和发展需要

大部分员工明显表现出对新知识和技能的渴望，希望接受具有挑战性的任务，希望得到晋升。这时需要通过培训来增强员工的满足感，让其转换为员工的自我诺言实现。

1.1.3
培训师的核心能力

培训师是企业培训体系的重要组成部分，是企业培训的基石，对培训起着至关重要的作用。因此，培训师的核心能力的具备和提高就显得尤为重要。下面就一起来认识培训师的核心能力，作为HR的你是否全部具备或在考察他人时作为判断标准。

1.沟通的能力

沟通能力是人与人之间、人员群体之间思想与感情传递和反馈的互动过程。作为培训师应该具有良好人际交往和沟通的能力和技巧，这样才能保证整个培训效果更好。除了对他人的担忧表现出敏感和耐心，对他人的世界观、价值观、恐惧和梦想都表示赞同和理解，能够聆听并提出能激发热情的适当问题。同时，做出清晰、直接的反馈，清楚地识别出哪些行为不受欢迎。下面是一些常用到的沟通短句，HR可在培训中进行参考、引用和扩展。

◆ 我不知道，但我会找到答案的。

◆ 我将尽力弄清这个问题。

◆ 我将仔细找出问题的解决办法。

◆ 我将获得这方面的信息。

◆ 你最近在忙些什么？

◆ 你的事情进展如何？

◆ 谢谢你的帮助和建议，我将重新整理一下思路。

◆ 这次讨论真是极为有效，我们今天的任务顺利完成了。

2.激励他人的能力

培训师应具有激励学员认同自己情感和价值观的能力，意识到学员发展的需要。激发学员内在的动力，鼓励培训者克服任何妨碍达成目标的障碍和限制。能成功激励和鼓励学员发展自己的潜能。在培训中HR可采用以下激励方式，如表1-1所示。

表1-1 HR培训中常用的激励方式

激励方式	具体措施
奖惩激励	培训中，及时肯定和奖励表现好的学员，多奖少惩可提升学员的积极性。当然，奖励是一些小物品，如漂亮手机壳、可爱的小布娃娃等，也可以是精神鼓励，如加星等
参与激励	可以用提问、案例分析、分组讨论及游戏等方式使学员参与其中，让他们从中体验培训的主题和内容，增强学员的归属感，激发学员积极性
竞争激励	培训中给学员设定任务，限定时间完成，会激发竞争意识，促进学员参与的积极性，激起好胜心。如设计"优秀学员团队评比"的竞赛活动，将每次活动的成绩进行累加

续上表

激励方式	具体措施
荣誉激励	给予表现优秀的学员一定的荣誉，如团队最佳学员、标杆及先进等，既可激发学员本人的积极性，又能对其他学员树立榜样，一举两得
排名激励	以个人或组为单位进行竞赛，以讨论、演练的速度和质量来评分，并进行名次的排列且予以公布，但不给出具体得分情况，以达到鼓励学员的目的
故事激励	给学员讲一些进取拼搏的故事或实例，从而激起他们的主动性和参与性

下面是一则激励学员自发向上和正确看待压力的小故事。

有一天，某个农夫的一头驴子，不小心掉进一口枯井里，农夫绞尽脑汁想办法救出驴子，但几个小时过去了，驴子还在井里痛苦地哀嚎着。最后，这位农夫决定放弃，为了免除驴子的痛苦，农夫的邻居们人手一把铲子，开始将泥土铲进枯井中。

刚开始，驴子哭得很凄惨。但出人意料的是，一会儿之后这头驴子就安静下来了。农夫好奇地探头往井底一看，驴子将背部的泥土抖落在一旁，然后站到铲进的泥土堆上面，再站上去。很快地，这头驴子便上升到井口，死里逃生。

3.其他判断标准

除了上面的几点外，培训师还可以采用以下几点判断标准来判断。

（1）建立关系能力

企业培训师应该是可接近的、友好的和值得信任的。往往乐于助人，不斤斤计较，有很多办法来解决出现的问题，并且能充分地表达自己的想法，能够全神贯注于他们的任务并不计较得失。

因为培训的成功，很大程度上取决于企业培训师和学员之间的关系，而这种关系需要培训师来建立。需要注意的是，培训师与学员建立的关系不是哥们儿关系，也不是其他私人关系，一定是类似老师与学生的关系，如教练与学员等。

（2）变通能力

变通能力主要是要求培训师能够根据实际情况进行培训事宜的安排，如培训课程内容的安排、培训课程进展的灵活控制、确定优先考虑的问题和目标、制定出具体计划以适应行为的改变，以及能够调整日程并且进行"课外"培训以适应个人的不同需要。

在培训中遇到问题时要临危不乱，以幽默的方法对待或是将问题转移，也可以发动学员来回答或化解，切记不能与学员正面对峙，造成对立面，影响培训结果。

（3）自我感知能力

自我感知的能力就是对自己的认识、控制和反馈。作为培训师，既不能高估自己，也不能贬低自己，要正确认识和接受自己，能够找到激励和安抚自己的方法，这样才能做好培训工作，成为更优秀的培训师。

（4）制作能力

培训师不仅要有收集资料、整理资料的意识，而且还要具有制作课件和练习的能力，特别是多媒体课件的制作和设计，包括影音动画的搭配、图表和文字串联及风格统一等，且在不断实践中进行总结和提高。

（5）创新能力

作为一名优秀的培训师，一定具有将新知识理论、新方法和新发明应用到实际的培训实践中，如将多媒体技术应用于实践中，突破既有经验、知识与视角模板和定势，产生新的思路、方法和操作，对培训手段和方法不断进行创新，从而提高培训效果，更好地满足企业对培训工作的目标要求。

（6）学习能力

培训师只有不断地学习才能进步，并取得更大的成就。同时，还要学得快、学得勤，接纳不同（包括来自学员、同事和领导）的意见。以不同的视角看待和分析问题，以多元化思维，形成更多的精华课程和方法技巧。

培训师的类型和扮演的角色

培训师的类型大体上可分为如表1-2所示的几种常见类型。

表1-2 培训师的常见类型

类型名称	介绍
专业型	拥有扎实的理论功底和丰富的实践经验，对各种培训技能熟练掌握，运用自如
演讲型	极富个人魅力，又有相当丰富的知识和经验，但缺乏培训技能。虽然口若悬河、妙语连珠，娴熟地运用现场效果，受到受训者的连续的掌声，但培训的实际效果并不佳
技巧型	掌握各种培训技能，同时富有个人魅力，受到受训者的接受和欢迎，感觉不错。不过实际效果不一定最佳，重要的是他们缺乏相关的知识和经验
讲师型	有丰富的知识和经验，缺乏个人魅力，容易使受训者一直处于催眠状态，前听后忘
卓越型培训师	既有丰富的理论知识和实践经验，又能熟练掌握各种培训技能和方法，同时具有个人魅力
弱型培训师	在知识和经验、培训技能和个人魅力3个方面都处于低水平。他们通常读讲稿或叫受训者轮流读教材，培训效果很差
肤浅型培训师	既缺乏个人魅力，又缺乏必要的知识和经验。在培训中可能故事不断，笑话连篇，但最终使培训走过场，不能获得应有的效果

无论何种类型的培训师，在培训过程中可能会在不同的时段扮演和转换不同的角色，从而适合培训工作的需要，这些角色有以下几类。

◆ **实践者（力行者）角色**：职业培训师必须是实践者，身体力行，把多年实践的工作经验、体会及得失与大家分享，使学员有所受益。

◆ **专家的角色**：企业培训师在自己课程领域有一定的研究造诣，形成自己独特的观点和视角。同时，有自己的一套东西，从理念、方法和工具到技巧，使课程更具有实用性、可操作性，帮助学员解决实际问题。

◆ **主持人角色**：在培训中会将职员进行小组分配，进行讨论，然后把各组简报进行汇总，并进行点评拔高，最后把结果运用到企业实际工作当中，真正起到解决问题的作用。此时，讲师的主持人角色是很重要的，活跃气氛、连贯。承前启后，把整个培训过程做得很完美（在主持受训者进行讨论时，为了更好地调动大家，一般最好的方式是各占50%的时间，也就是培训师讲的时间占50%，员工讨论演练的时间占50%）。

◆ **分享者角色**：将行业经验、工作经验和技能技巧分享给学员，促使他们进一步或快速成长。

◆ **教练角色**：在整个培训过程中启发受训者寻求解决方案并在现场指导，督促培训的转化，如辅助、引导，让学员身体力行地参与到培训项目中来。常见的方法包括拓展训练、体验式教学和游戏教学等。主要体现在以下3个方面，分别是示范性、耐心指导和严格性。

◆ **咨询顾问角色**：根据企业状况提出培训课程及培训重点的建议。

◆ **老师角色**：无论是引导学员如何成功地做人，还是传授销售或者财务技巧，都要具备老师一样的专业知识和授课技巧。同时，做好表率，多从正面的、积极的角度出发，切记带过多个人的情感，特别是消极负面的。

1.1.5 培训师必须达到的要求

培训师必须要达到的要求分为两个方面：一是具有一定必要的基础知识；二是具备一些培训的高端技能。其中，必要的基础知识主要包括如图1-4所示的几项。

教育培训基本常识
教育培训基本知识、教育培训统计有关知识、课程与教学理论的基本知识和培训经济学基本知识。

人力资源开发与管理常识
人力资源开发基本知识、人力资源管理基本知识。

经济学基本常识
市场经济基本知识、劳动经济基本知识。

政策法规基本常识
劳动保障政策法规、职业培训和职业教育政策法规、职业资格制度政策法规和有关重要论述。

行为规范
团队精神的基本要求、工作中人际交往的基本要求。

图1-4

在下面的企业培训师招聘信息中即可清楚看到，对培训师的基础知识要求。

【助理企业培训师】

1）连续从事本职业工作6年以上。

2）具有以高级技能为培养目标的技工学校、技师学院和职业技术学院本（人事培训）专业或相关专业毕业证书。

3）具有本专业或相关专业大学专科及以上学历证书。

4）具有其他专业大学专科及以上学历证书，连续从事本职业工作1年以上。

5）具有其他专业大学专科及以上学历证书，经助理企业培训师正规培训达规定标准学时数，并取得结业证书。

【企业培训师】

1）大专毕业，连续从事本职业工作8年以上。

2）取得大学本科学历后连续工作5年以上。

3）取得硕士研究生及以上学历后连续工作2年以上。

4）取得助理企业培训师职业资格（三级）证书后，连续从事本职业工作4年以上。

【高级企业培训师】

1）连续从事本职业工作19年以上。

2）取得企业培训师职业资格（二级）证书后，连续从事本职业工作3年以上。

对于培训师必须要达到高端培训技能的要求，主要有如下几点。

（1）值得尊重的榜样

培训师需要具有高尚的伦理道德和价值观，同时具有强烈使命感和责任感，以及很高层次的职业文化素质。

（2）以目标为取向

从始至终清晰地告知学员在分享什么、训练什么，不会偏离大方向而忽略主题和重点。更不会为了迎合少数学员的某些要求，而做许多与主题并没有什么关联的活动。

（3）讲话时间控制得当

能够很好地控制自己的表现欲，通常讲话不超过40%的时间，更多的是让自己做一个主持人、协调者和导演，让学员更多的参与其中，这样才能让学员有更多的体验和收获。

（4）节奏控制得当

大多培训师口才都比较好，鉴于这种情况，优秀的培训师会采用前紧后松的方式，这样能更充分地安排互动、训练，甚至答疑。

（5）很强的主动沟通

为了让学员在最短的时间内接受培训内容，有时会主动出击，包括开场前、小组活动中及休息时间等。主要表现出对学员的尊敬和关注，他们则会配合培训，使效果更好。

（6）及时指导学员

能及时发现学员的需求及短板，同时照顾他们的面子，为他们提供很有效的指导。

（7）灵活调整方式

在培训中很多学员的需求是不一样的，如有的喜欢启发性的，有的人希望借机会多与不认识的同事沟通，有的人愿意表现，有的愿意分享等，即便是同一个题目，每一场的学员需求都不同。所以培训师要非常灵活，尽可能在满足目标的前提下，满足学员其他方面的诉求。

1.2 培训的步骤、计划和课程

培训工作要想顺利展开并收到良好的效果，就得有详细的步骤、明确的计划和制定开发的课程。在实际工作中HR应怎样做到，下面分别进行介绍。

学员的特点与需求

　　企业内部的培训是针对企业职员，在培训前HR应了解他们的特点和需求，然后制定出相应的培训步骤、课程和计划，从而让整个培训更加顺利和高效。如图1-5所示是培训学员的需求。

需求1 学历高、求知欲较强，价值取向多元化、注重工作和生活平衡。

需求2 关注职业生涯规划、对工作条件有较高要求。同时，离职率高。

需求3 学习目标比较明确、主动参与性强，积极性比较高。

需求4 注重学习效率和实用性，实践性强，同时希望直接得到答案。

图1-5

　　如图1-6所示是培训学员的普遍需求。

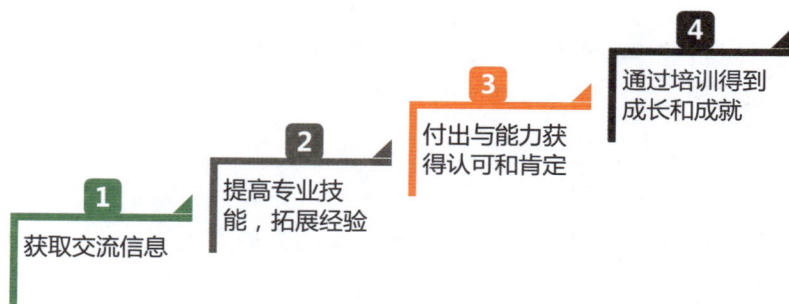

1 获取交流信息

2 提高专业技能，拓展经验

3 付出与能力获得认可和肯定

4 通过培训得到成长和成就

图1-6

　　同时，在培训中也会遇到这样一些负面、消极的障碍，如图1-7所示。

障碍1 态度消极，觉得自己年龄不适合再进行培训深造。

障碍2 不容易投入全部精力，往往过目就忘。

障碍3 不太愿意主动进行深入思考和思维发散。

障碍4 觉得培训影响到正常工作和生活。

图1-7

TIPS *改善培训学员自身障碍的方法* 🔍

受训人员自身的这些普通障碍，我们可以通过制造危机感、引发成就感和好奇心、及时回归和学员之间的竞赛来进行改善。

1.2.2

培训计划的制定和原则

企业内部培训计划的制定，不能盲目进行，而是需要根据各职位所应担负的职责、主要工作成果、所需工作技能及绩效，跟各职系训练发展委员会访谈确认各职位在职期间各阶段的训练需求（到职3个月、到职12个月和到职24个月等），设定在公司工作个人训练需求定义的基础（各职位职责，主要工作成果及应具备之工作技能）。

同时，HR从员工所处职位的功能训练需求出发，根据员工的个人能力特点及绩效表现，给员工设定个人训练发展计划，生成员工的个人训练课表，包含个人应上课程、研修方式及课程到期时间（新进、3个月、12个月和24个月等）。

在制定培训计划的过程中，HR应遵循以下几个原则。

◆ **原则一**：培训计划必须首先从公司经营出发，"好看"更要"有用"。

◆ **原则二**：更多的人参与，将获得更多的支持。

◆ **原则三**：培训计划的制定必须要进行培训需求调查。

◆ **原则四**：在计划制定过程中，应考虑设计不同的学习方式来适应员工的需要和个体差异。

◆ **原则五**：尽可能多的得到公司最高管理层和各部门主管承诺及足够的资源来支持各项具体培训计划，尤其是学员培训时间上的承诺。

◆ **原则六**：提高培训效率要采取一些积极性的措施。

◆ **原则七**：注重培训细节。

◆ **原则八**：注重培训内容。

◆ **原则九**：注重培训实效性。

1.2.3
如何确定培训分类

对员工的培训方法有很多种（在1.4节中将会具体介绍），但不是每种培训方式都适合于每类员工。在实际培训中，要想让整个培训工作开展得更加顺利，同时培训效果更加突出，HR需要对不同岗位或职务的员工进行分类培训并采用合适的培训方法。在企业中培训的分类可分成以下几类，并采用对应的培训方法。

（1）一线员工培训

对于一线员工较为实用的方法类似于师带徒，也就是实习法。培训师或师傅的任务是教会学员如何做，提出如何做好的建议，并对学员进行鼓励。但是，在培训前，HR或师傅一定要有详细、完整的教学计划。

（2）技能速成培训

对于一些要求或能快速掌握的操作技能或技巧，较为合适的是演示法。演示法其实是讲授法的实验过程，指运用一定的实物和教具作示范教学，使学员明白某种工作是如何完成的，然后让学员试着做并给予指导，此方法的效果能够立竿见影。

（3）通才培训

对于那些这也会那也知晓的职员，对其较为合适的方式就是轮岗法（轮换法）。让学员在预定的时期内变换工作岗位，获得不同岗位的工作经验。丰富工作经历、扩展知识面，同时让企业真正了解和掌握学员的实际能力和兴趣爱好。但这种培训方式不能让员工在工作岗位上停留时间太短。

（4）储备干部培训

储备干部/领导是公司未来的管理人员，对他们的培训可采用研讨法、案例法、头脑风暴法、工作指导法、特别任务法及角色扮演法等。

（5）管理人员培训

对管理人员的培训目的是以最大范围的综合研究方式，学习基本管理知识，提高管理能力。这里最适合的方法就是MTP法，而且是完全脱产培训。

MTP（英文全称Management Training Program）原意为管理培训计划，是由美国在1950年，为有效提高企业管理水平而研究开发的一套培训体系。

（6）现任高层管理人员的培训

企业对高层管理人员的能力要求显然与其他管理人员有着根本性的区别，他们不太需要操作技能的提高或销售能力的提高，主要是对经营方式、思维模式和战略意识的开导或完善。对这类人员的培训，HR可采用的培训方法是案例法、头脑风暴法等。

1.2.4 如何确定培训预算

在确定培训预算或是计算培训预算前，应该清楚培训费用由哪几个部分构成，如表1-3所示。

表1-3 培训费用构成

费用项目	费用明细
人员成本	包括培训管理者的工资、人员上课时的工资、讲师上课时的工资、授课费、外出培训的差旅费、上课费及学员培训造成的用工成本
设备成本	包括设备的购买费和折旧费，培训师的使用费和折旧费等
管理成本	包括后备人员的薪水、管理的工资、电话费、邮递费、房间的使用或租赁费用等
材料成本	包括DVD、移动硬盘、书籍及U盘等费用

HR要想做好培训预算，可从3个方面入手，如图1-8所示。

1 确定核算基数　　**2** 明确预算方法　　**3** 做好预算审核工作

图1-8

1.确定核算基数

确定核算基数分为两个方面，分别是年度培训预算基数和阶段性培训预算基数。其中，年度培训预算基数可按照如图1-9所示的3种方法来计算得到。

1	根据销售的收入来确定培训费用最终的使用比例，一般占销售额的5%。
2	根据最后的利润额来确定培训费用最终的使用比例，一般占利润额的1%。
3	根据员工工资总额来确定培训费用的使用比例，一般不超过工资总额的15%。

图1-9

阶段性培训预算基数是针对阶段性培训做的预算，它包括两个方面：一是对于项目开展的临时性培训，可以根据项目的利润来进行培训基数的确定，同时会根据项目的进展情况分段设计"分段投入培训费用"的预算方案；二是对于国家和行业内部指定的一些培训，HR可以结合企业和学员投入进行比例预算。如在职称培训方面，企业一般占比为60%以上。在资格培训方面，企业一般占比为90%以上。

2.确定预算方法

培训预算方法需要区分是内部培训还是外部培训。对于企业内部培训的费用预算通常是员工的工资、设备和材料损耗费的总和。而外部培训的（聘请培训师到企业进行培训）预算方法是员工的工资、设备和材料的损耗费，以及培训师的费用的总和。

对培训费用进行预算，HR可以采用两种预算技巧，分别是承袭预算和零基础预算。其中，承袭预算的具体做法有3种：其一，根据往年的数据作为培训预算的总体系数依据；其二，将历年的数据的平均值作为培训预算的基数；其三，根据当年培训的增减项目情况予以预算调整。

零基础预算是根据实际工作需要在成本效益分析的基础上，重新排出各项培训预算的优先次序，它也有3种具体操作方法。

其一，结合公司计划中的各项工作目标，从零开始，逐项审核培训的作用和必要性，包括对工作目标的增长幅度、员工数量增长幅度，以及对于新技术的需求等进行分析审核，再制定培训项目，进行预算。

其二，通过对比审核已有的培训项目是否能满足企业需求，是否能够满足员工需要。

其三，根据优先顺序确定培训预算的总数及预算的分配比例。这就需要结合各个工作目标来分析工作目标的重要程度，确定核心工作目标。也可以根据对工作目标的重要程度划分预算比例，如公司的发展目标是二次创业，那么核心需要首先就是创新求变，其次是提高意识，最后才是辅之于提高技能。

3.预算审核

审核工作包括制定的预算（成本的集中与预算的合理性，是否还有一些节约的方法）、培训科目的必要性、培训有没有实际价值、培训是否是企业现在能够用到的及培训场地人员是否能保证完成培训。

审核结束后还需要编制培训预算报告，将培训的费用以报表的形式进行汇报。其中，报表要求各项费用的分类要明晰不含糊，培训的各个阶段要清晰，各项分析数据要完整，要做到数据准确。

1.2.5
制定培训计划的步骤

HR们在制定培训计划时，不是盲目或随意开展，它是有一定的条理和先后顺序的。在实际培训计划过程中，我们可以参考如下步骤。

（1）确认预算

制定培训计划工作的最佳起点是，确认将有多少预算要投入于培训和人力发展。在不确定是否有足够的经费支持的情况下，制定任何综合培训计划都是没有意义的。通常培训预算都是由公司决策层决定，但HR应该通过向决策层呈递培训投资的"建议书"，其中有投入金额的构成原因以及公司将得到的回报。

（2）战略/目标解读

HR需要对企业的战略、目标进行详细解读，弄清楚企业未来想要实现什么目标、想要达到什么目的，以及为了实现这一目标所应具备的能力。

（3）人员现状评估

在确定了基于战略和目标后，就需要对单位现有的人员能力进行评估，以此明确员工是否具备或具备多少能力。HR可通过摸底测试，对全体员工进行相应的能力排查，从中找出存在明显短板的能力项。在锁定了有短板的能力项之后，人力资源部门就可以开始有针对性地制订培训方案了。

（4）制订培训课程清单

根据培训需求，列出所有需要培训的课程。其中，需要包含针对少数员工的个性化的培训需求，也包含了大多数人都想或需要参加的共性化的培训需求。

（5）确定培训的供应方

当有了最终版的培训课程清单后，接下来就需要决定培训方或培训人选，也就是决定使用内部讲师还是聘请外部讲师。当然，除了考虑培训效果外，还需要考虑成本费用。

一般情况下，内部讲师的好处是成本较低，同时更了解企业现状和流程，有时比外部讲师优秀。有时内部无法找到讲授某个课程的培训人员，这时就必须寻找外部讲师，成本会相对较高。

（6）制订和分发培训具体安排的时间表

HR应制订一份包含所有计划运营培训的时间表，列明培训的时间和地点。通常做法是制作一本包含相关信息的小册子，例如课程描述等。

（7）做好后勤工作

安排好后勤保障学员的住宿及所有的设备和设施都要安排妥当，以保证整个培训顺利开展。

（8）评估培训效果

培训效果是我们直接关注的，所以在培训后应对培训效果进行直接和有效评估，如让参训者上完每门课程后都填写课程评估表格，让参训人员在每个培训之后举行一个培训小结会等。同时，参训人员在课后反馈他们如何将所学运用到以后的工作中去。

1.3　课程设计是做好培训的前提

培训课程对于培训至关重要，它直接关系到培训的内容、培训质量和培训效果，关系到是否能够达到培训的目的或最初设定的目标。所以，HR在进行内部培训前需要对课程进行精心设计。

1.3.1 确定课程的名称

培训课程的名称是很有讲究的，要求能直接体现出课程的对象、目的或收获。不能太广泛，如品牌管理、销售渠道管理等。一般情况下，培训课程的名称一般包括以下几个要素。

（1）学员

课程名称中包含学员信息，是让他人一眼就能看出该课程培训的对象是谁，如《图书编辑校排技能提升训练》，从中就能看出是公司对内部编辑人员的培训课程。

（2）核心知识点

课程名称中能清楚地体现出培训课程的直接目的和初衷，如在《图书编辑校排技能提升训练》培训课程名称中，可以明确地知道培训的目的是校对和排版的技能提升。

（3）教学方式

课程名称要清楚展示出该次培训到底是讲座、训练、会议，还是介绍会，学员就能明确判定出自己是否合适或是否必须参加。如在《销售员业务培训会》课程名称中，就能一眼看出教学方式是训练，要练习，不想练习的学员，就不会参与。

> **TIPS** *课程名称的语句要求* 🔍
>
> 　　课程是帮助学员解决问题或提升专业技能的，不是提出或增加问题，所以课程名称要是陈述句，不要是疑问句。如"如何做好渠道销售"，这是提出问题，不是解决问题。

课程内容的设计

　　培训课程内容的设计和选择是课程设计的最核心部分，也是最关键的部分，直接决定培训的质量和效果。HR在设计培训内容时，一定要遵循这样的条件原则：缺什么培训什么，需要什么培训什么。强调遵循的实用性、针对性、理论性和逻辑性原则。如表1-4所示是新员工入职的一份培训内容表格。

表1-4　培训内容一览表

培训时间	培训内容	培训方式
1小时	主要介绍公司的经营理念和发展状况、公司愿景、公司的组织架构、管理体系和各事业部职能、公司的经营业务和主要产品及公司在同行业中的竞争力状况	集中培训
1小时	主要是介绍公司文化，包括公司价值观、公司战略及公司道德规范培训管理	集中培训
2小时	介绍公司规章制度，如新酬体系、聘用制度、培训制度等	集中培训
2小时	安全生产管理	集中培训
2小时	铝合金材料基本知识	集中培训
2小时	产品加工工艺规程培训	集中培训
2小时	机械基础与技术测量	集中培训
2小时	质量管理知识	集中培训

1.4　企业培训的方式有哪些

　　HR在实际培训中可用或可选择的方式有多种，每种培训方式都有其独到的特点和优势。例如小组讨论培训、讲授培训、角色扮演培训、案例分享培训、多媒体培训和实地培训，下面分别进行介绍。

小组讨论培训

　　小组讨论培训法是一种常用的培训方式。由于这一方式着重解决现实问题，因此得到了许多企业领导人员的欢迎。小组讨论可以以小组研讨、全体学员的形式一起研讨报告，小组讨论可以以分组研讨或小组之间就某一问题辩论的形式进行，其目的是要深入分析问题并提出明确的解决方法。它总共包含3个阶段，分别是前期准备、具体实施和评价与总结。

其中，前期准备包括5个方面，分别是编辑讨论题目、设计评分表、编辑计时表、选定场地和确定讨论小组（包括小组人员分配）。具体实施阶段分为两个步骤，分别是宣读指导语和进入讨论阶段。最后的评价与总结也包括6个方面，分别是参与度、影响力、决策程序、任务完成情况、团队氛围和成员共鸣感。

在实际操作中，小组讨论形式较为常用的有如下3种。

（1）有组织地讨论

它的主要目的是达到预期的目标，小组成员在对相关主题进行讨论时，需加入一些心得体会促进学习。

（2）陪伴式讨论

陪伴小组成员全都是相关论题的专家，每人都有自己的分论题。话题引入都要从逻辑的起点开始，每位专家都是在前一位专家的内容上进一步阐明自己的观点，搭建自己论题的框架结构，同时保证整个讨论主题的连续性。

（3）开放式讨论

它是一种无组织的讨论形式，学员完全随意发挥和发表自己的观点。同时，仲裁者由促进话题者临时充当。需要强调的是，这种方式需要一些权威人士在场，以支撑和促进讨论的继续。下面是一则小组讨论的培训案例。

沙漠求生记

（1）内容

1）在炎热的8月，你乘坐的小型飞机在撒哈拉沙漠失事，机身严重撞毁，将会着火焚烧。

2）飞机燃烧前，你们只有18分钟时间，从飞机中抢出物品。

3）问题：在飞机失事中，如果你们只能从15项物品中挑选5项出来。在考虑沙漠的情况后，按物品的重要性，你们会怎样选择呢？请解释原因。

（2）沙漠情况

1）飞机的位置暂时不能确定，只知道最近的城镇是附近70公里的煤矿小城。

2）沙漠日间温度是40℃，夜间温度随时骤降至5℃。

（3）物品清单

请从以下15项物品中，挑选最重要的5项。

1）一支闪光信号灯（内置4个电池）

2）一把军刀

3）一张该沙漠区的飞行地图

4）七件大号塑料雨衣

5）一个指南针

6）一个小型量器箱（内有温度计、气压计、雨量计等）

7）一把45口径手枪（已有子弹）

8）三个降落伞（有红白相间图案）

9）一瓶维他命丸（100粒装）

10）十加仑饮用水

11）化妆镜

12）七副太阳眼镜

13）两加仑伏特加酒

14）七件厚衣服

15）一本《沙漠动物》百科全书

1.4.2
讲授培训

讲授法是最悠久、最简单，应用最普遍的方法，不需要特别的培训经验。它能在较短时间内让受训人员获得大量的系统理论知识。最常用的方式主要有如下几种。

◆ **讲述**：侧重在生动形象地描绘某些事物现象，叙述事件发生、发展的过程，使学员形成鲜明的表象和概念，并从情绪上得到感染。例如，公司的发展历程、文化体系建立过程、公司或企业获得荣誉等。

◆ **讲解**：进行较系统和专业的解释和解答，常用于专业技能的培训和提高。例如，仪器的基本操作、编辑校排的方法和技巧等。

◆ **讲读**：培训师的讲述、讲解与学员的阅读有机结合，常用于条款、条理与管理体系等培训。

同时，讲授法具有其独到的优点和缺点及其特殊要求。其中，优点主要包括受训者可以系统地接受新知识，容易掌握和控制学习的进度，有利于加深理解难度大的内容，可以同时对多人进行培训。

缺点主要是讲授内容具有强制性，培训效果容易受到培训师讲授的水平影响，互动性较差，讲授过的知识不容易被巩固。

HR在实际培训中，使用讲授法有这样几点要求，如图1-10所示。

1 讲授内容要有科学性，保证讲授的质量。

2 讲授要有系统性、条理清晰、重点突出。

3 讲授时语言清晰，生动准确。

4 培训师与受训者相互配合形成良性互动。

5 必要时运用板书。

图1-10

1.4.3

角色扮演培训

角色扮演（Role-playing）是一种情景模拟活动。被试者担任指定职务，编制一套与该职务实际情况相似的测试项目，将被试者安排在模拟的、逼真的工作环境中，要求被试者处理可能出现的各种问题，用多种方法来测评其心理素质、潜在能力的一系列方法。

在具体操作中可以进行这样几步操作，如图1-11所示。

1 事先与助手排练进行规范，包括讲话内容、肢体反应，在每个被试者面前要做到基本统一。

2 编制心理素质和实际能力的评分标准，标准不要看其扮演的角色像不像，主要看其是不是有演戏的能力。

3 实施评估。

图1-11

实施评估是对个体和整个角色扮演的效果考察，也就是一个收集信息、汇总信息和分析信息，最后确定被试者基本心理素质和潜在能力的过程。HR可参照如下几点进行评估。

◆ **第一步，观察行为**：每位主试者要仔细观察，及时记录一位或两位被试者的行为，记录语气要客观，记录的内容要详细，不要进行不成熟的评论，主要是进行客观的观察。

◆ **第二步，归纳行为**：观察以后，主试者要马上整理观察后的行为结果，并把它归纳为角色扮演设计的目标要素之中，如果有些行为和要素没有关系，就应该剔除。

◆ **第三步，为行为打分**：对要素有关的所有行为进行观察、归纳，要根据规定的标准答案对要素进行打分。

◆ **第四步，制定报告**：给行为打分以后，每位主试者对所有的信息都应该汇总，形成报告，再考虑下一位参与者。每位主试者要宣读事先写好的报告，报告对被试者在测评中的行为作一个简单的介绍及对要素的评分和有关的各项行为进行分析。在制定报告时，其他的主试者可以提出问题。

◆ **第五步，重新评分**：当每位主试者报告完毕，大家进行了初步讨论以后，每位主试者可以根据讨论的内容，评分的客观标准，以及自己观察到的行为，重新给被试者打分。

◆ **第六步，初步要素评分**：等第一位主试者独立重新评分以后，再把所有主试者的评分进行简单的平均计算，确定被试者的得分。

◆ **第七步，制定要素评分表**：一般角色扮演评价内容分为4个部分，如图1-12所示。

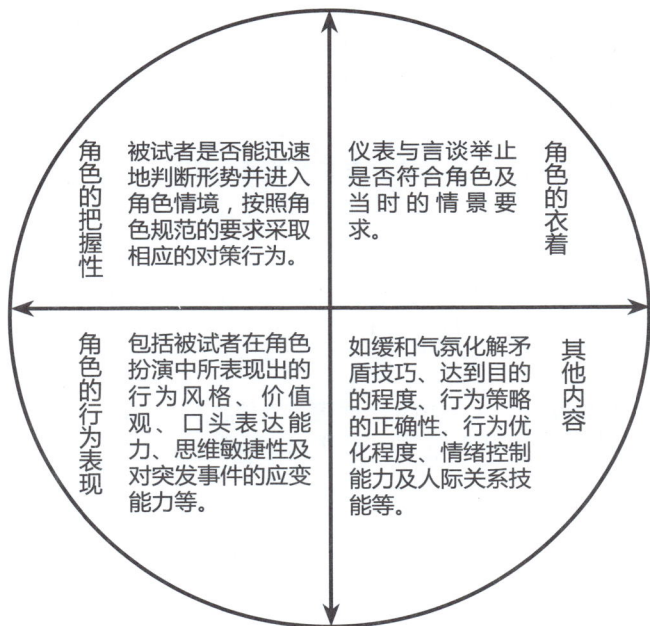

图1-12

◆ **第八步，主试讨论**：根据上述内容，主试进行一次讨论，对每种要素的评分发表各自的意见。

◆ **第九步，总体评分**：通过讨论以后，第一位主试者在独立地给被试者评出一个总体得分，然后公布结果，由小组讨论，直到达成一致的意见，这个得分就是被试者在情景模拟中的总得分。

角色扮演培训方式是一个互动和参与性非常强的项目，需要HR事先对整个培训过程进行必要的准备。在准备过程中HR可按照图1-13所示的六大步骤进行操作。

1 **明确目的**：重点希望可以反映出什么样的问题，培养或提高哪些技能。

2 **场景设置**：根据培训目的设计一个能较好实现培训目的的场景（一般是组织真实场景），引起参与者的共鸣，对以后在处理实际工作中的相似问题提供有用的帮助。

3 **设定角色**：角色的设置与所设计场景的真实情况相吻合，保障角色扮演的人物、情节符合现实中的实际情况，增加真实感。对角色要设置具体的要求，如工作内容、任务要求等。

4 **制作剧本**：剧本的编写能给角色提供合适的展示情节，并要求各相关角色根据剧本的要求进行扮演。同时，剧本只对表演规定一个大体的框架，不用太详细。

5 **设定时间**：对具体的表演时间做出合理要求，让角色扮演者在规定的时间内完成相关任务。

6 **加强控制**：HR在这个过程中要加强控制，确保角色扮演能够基本按照预定的轨迹发展，但不过分控制，标准是不影响角色扮演者的表演。

图1-13

同时，在整个角色扮演过程中要对受训者或被试者提出一些具体的角色扮演要求，如图1-14所示。

要点1 接受作为当前角色的事实，并处于一种充分参与的情绪状态扮演角色。在角色扮演过程中，注意态度的适宜性改变。

如果需要，注意收集角色扮演中的原始资料，但不要偏离案例的主题。在角色扮演中，不要向其他人进行角色咨询。 **要点2**

要点3 不要有过度的表现行为和个人想法，因为这样可能会偏离扮演的目标。

图1-14

下面是一个简单的角色扮演培训案例。

【扮演角色：人事科主管】

你是人事科的主管，刚才你已注意到一位年轻人似乎正在隔壁的党委办公室推销书，你现在正急于拟订一个人事考核计划，需要参考有关资料。你想买一些参考资料，但又怕上当受骗，你知道党办主任走过来了。你一直非常忌讳别人觉得你没有主见。

1.4.4
案例分享培训

案例分享培训是指学员根据自己的学识和经验，通过讨论来解决案例中提出的问题，从而达到培养学员的实际工作和解决问题的能力。所以，HR在设计时除了保证案例的真实可信、客观生动和开放性答案，还要注意如图1-15所示的几个关键因素。

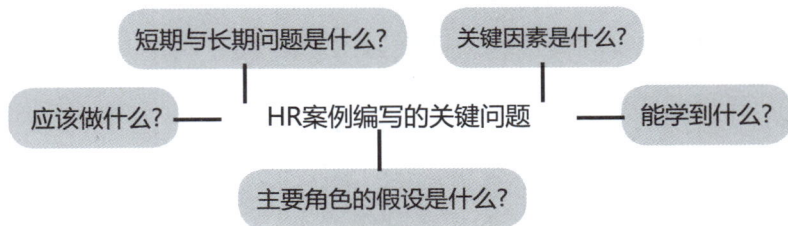

图1-15

一个好的案例通常具备这样几点，HR需进行掌握并以此来衡量自己设计的案例，如图1-16所示。

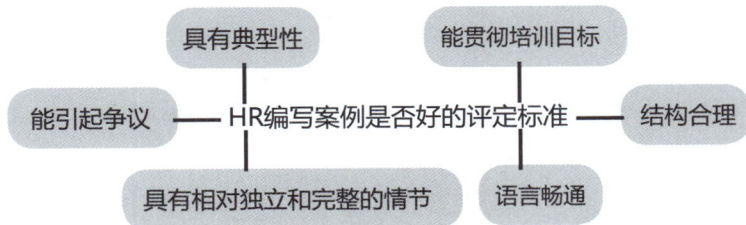

图1-16

在实行案例分享培训时，需要按照严格的先后顺序来执行，大致如下。

（1）学员各自准备阶段

学员阅读案例材料，查阅指定的资料和读物，搜集必要的信息并积极地思索，初步形成关于案例中的问题的原因分析和解决方案。

（2）小组准备并讨论阶段

将学员划分为3～7人的小组，指定45分钟～1小时的时间让他们表达意见，加深学员对案例的理解。同时各个小组的活动场所应彼此分开，并以他们自己有效的方式组织活动，培训人员可巡视但不可进行干涉。

（3）小组成果交流和总结

HR主持讨论交流，让小组派一名代表将自己小组的成果向大家作一简要的汇报，时间一般在50分钟左右。然后HR对整个讨论进行点评或讲解，并进行相应的总结。

下面是一份项目策划的案例分析实例，其具体内容如下。

W先生是某国营机械公司新上任的人力资源部部长，在一次研讨会上，他了解到一些企业的培训搞得有声有色。他回来后，兴致勃勃地向公司提交了一份全员培训计划书，以提升人力资源部的新面貌。公司老总很开明，不久就批准了W先生的全员培训计划。

W先生深受鼓舞，踌躇满志地对公司全体人员（上至总经理，下至一线生产员工）进行为期一个星期的脱产计算机培训。为此，公司还专门下拨十几万元培训费。

培训的效果怎样呢？据说，除了办公室的几名人员和45岁以上的几名中层干部有所收获，其他人员要么收效甚微，要么学而无用，十几万元的培训费用只买来了一时的"轰动效应"。一些员工认为，新官上任所点的"这把火"和以前的培训没有什么差别，甚至有小道消息称此次培训是W先生做给领导看的"政绩工程"，是在花单位的钱往自己脸上贴金。

而W先生对于此番议论感到非常委屈，在一个有着传统意识的老国企，给员工灌输一些新知识效果怎么会不理想呢？W先生百思不得其解，觉得在当今竞争环境下，每人学点计算机知识应该是很有用的。

【分析要求】

（1）你认为W先生组织的培训为什么没有收到预期效果。（10分）

（2）要把培训工作落到实处、获得实效，应该把握好哪几个环节？（10分）

【参考答案】

（1）员工培训是企业提升员工素质与技能进而实现企业发展的重要手段，企业通过员工培训，不仅可以拓展员工职业发展空间，而且可以激励和稳定优秀员工。然而，在实施培训时，企业如果不重视培训自身的一些规律和原则，就不可能达到预期的培训效果。案例中出现的培训问题就与忽视这些规律和原则有关，分别表现在以下几点。

1）培训与需求严重脱节。（3分）

2）员工层次含混不清。（3分）

3）忽略最重要的评估环节。（4分）

（2）把培训落到实处，获得实效必须把握好以下几个环节。

1）事前做好培训需求分析。培训需求分析是培训活动的首要环节，既是明确培训目标、设计培训方案的前提，也是进行培训评估的基础。企业可以运用数据调研、问卷调查、面对面访谈及员工申请等多种技术和方法进行培训需求分析。（2分）

2）尽量设立可以衡量的培训目标。一项培训成功与否决定于是否确立可衡量的培训目标。例如，由于培训而导致的工作数量上的提高，工作质量的提高，工作及时性的改善等。（2分）

3）设定一套硬性的培训考核指标体系。任何一项制度，离开了考核便形同虚设。培训的参与次数、培训考试成绩、课堂表现和结业证书都可作为考核指标。还可以把考核结果与加薪、晋升、持证上岗、末位淘汰相结合，这样的考核才具有真正的意义。只有这样，才会提高员工学习的积极性，促使员工真正把培训当回事，使培训事半功倍。（2分）

4）做好培训效果评估。在培训过程中，重点检查员工对培训内容、培训方式的满意度。可通过问卷调查或信息反馈卡（采取半开放式较好）及时了解员工对培训的意见和建议，了解培训的内容与实际问题的关联度，培训内容的难易程度是否适当等。通过了解这些信息可与培训机构或培训师沟通，避免员工学而无用或"消化不良"。（2分）

5）为员工提供体现培训价值的机会。比如，一个经理参加完培训，要求他回来后必须培训本部门的其他人。这样就对受训人员的要求提高了，但同时也给了他一个体现培训价值的机会。（2分）

1.4.5 多媒体培训

多媒体培训是特指运用多媒体电脑并借助于预先制作的多媒体教学软件来开展培训活动。由于它具有直观性、形象性、动态性、交互性模拟性、重复性等特点，现在越来越多被应用于培训中。

HR使用多媒体进行培训，总体上要进行3个大的步骤。首先是相应信息的采集，如企业文化、制度等信息采集；然后是多媒体培训课件制作；最后是培训中实际使用。

多媒体由两大部分组成，分别是多媒体硬件系统和多媒体软件系统。多媒体硬件系统就是我们常常使用的多媒体台式电脑和笔记本电脑。

对于多媒体软件系统，也就是各种应用软件。包括编辑软件、创作软件和多媒体应用软件。下面分别进行介绍。

◆ **编辑软件**：是用于采集、整理和编辑各种媒体数据的软件，如文字处理软件Word、图像处理软件Photoshop等。

◆ **编程软件**：是用于集成汇编多媒体素材、设置交互控制的程序，包括语言型编程软件，如Visual Basic；工具型合作软件，如Tool Book等。

◆ **多媒体应用软件**：也就是多媒体教学教材或多媒体课件，如PowerPoint、Authorware。

下面是使用多媒体对新职员进行入职培训的大体实例操作。

◆ 收集企业的文化和制度等资料。

◆ 在电脑上使用PowerPoint软件制作多媒体培训课件。

◆ 将课件复制在U盘或移动硬盘中。

◆将培训课件保存的U盘或移动硬盘插入多媒体播放设备上。

◆使用PowerPoint软件打开制作的培训课件，通过投影仪投放影像，同时通过音响设备同步播放声音。培训师进行同步操作，并进行讲解。

1.4.6
实地培训

实地培训就是在实际工作的场景中，有目的的对员工进行训练的方式。它分为专项（产品知识、一对一、多对一）和综合（多种技能综合应用）。其大体操作流程如图1-17所示。

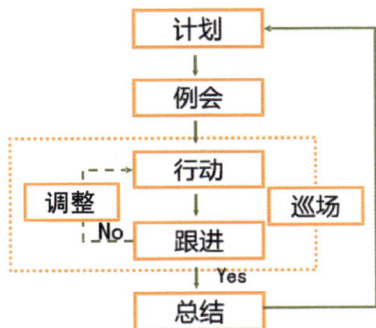

图1-17

如图1-18所示是根据实地培训流程制作的对职员在店铺上进行实地培训的操作流程。

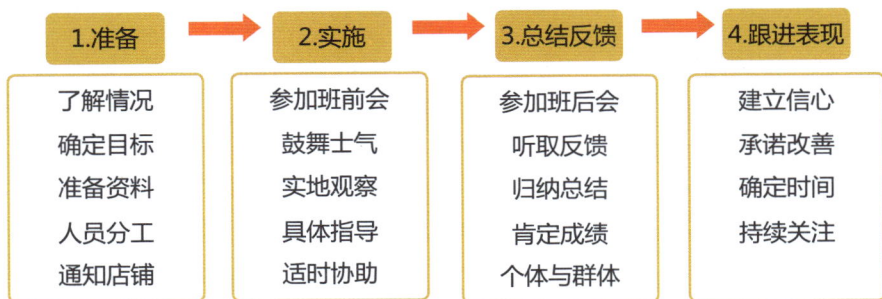

图1-18

我们在订立目标时可以从这样几个方面入手，如图1-19所示。

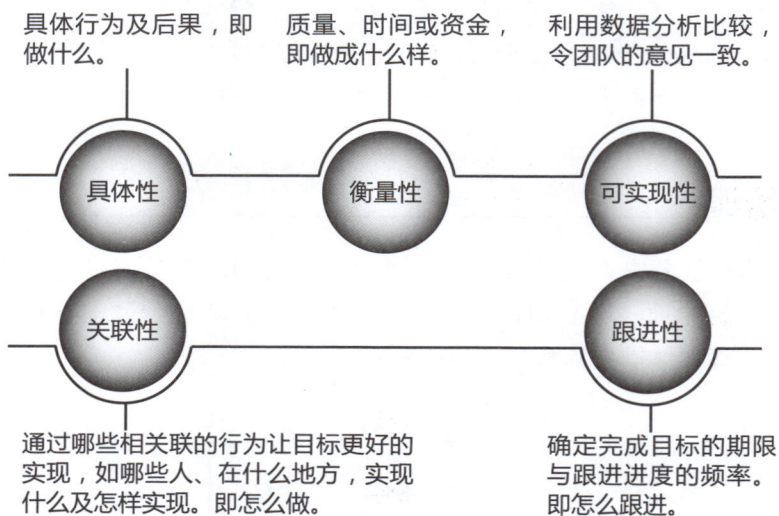

具体行为及后果，即
做什么。

质量、时间或资金，
即做成什么样。

利用数据分析比较，
令团队的意见一致。

具体性

衡量性

可实现性

关联性

跟进性

通过哪些相关联的行为让目标更好的
实现，如哪些人、在什么地方，实现
什么及怎样实现。即怎么做。

确定完成目标的期限
与跟进进度的频率。
即怎么跟进。

图1-19

第2章

做好一场培训的必经过程

培训是一套系统的体系，可分为培训前准备、培训的开始、培训中和培训结束，每一环节都非常重要。HR必须做好每一环节的工作，才能有一场成功的培训"秀"。

2.1 做好硬件准备才能万无一失

无论是企业内部培训还是外部培训，都必须准备两件东西。一是培训场所和设备的硬件，二是培训师的"知识"软件，二者缺一不可。同时，两者都有很高的要求。下面我们就对其中的培训硬件进行介绍和讲解，如场地的布局方式、配需设备等，从而帮助HR轻松掌握培训硬件的准备。

2.1.1
场地布置要符合培训方式

培训前，场地的选择和布置是必须要细心策划的。场地大多数情况是企业内部指定或固定场所，如会议室。而会场的布置，则需要根据实际情况进行，也就是培训职员所选的培训类型或方式来决定。

下面分别展示几种常见的培训场地布置形式及其优缺点。

1.教室性/课堂式

它是以讲师为主的培训方式，主要用于大型或传统性的培训，如图2-1所示。

图2-1

优点：学员将注意力集中到讲师身上；非常合适不需要太多互动形式的大型培训，如演讲。

缺点：气氛不活跃；随着时间的推移，学员容易分散注意力；讲师不能有效地监督学员的学习情况。

2.长桌式/长牌方形

学员分坐在中间长桌的3边，左右两侧对称，一边面向讲师，常用于中型的培训，如图2-2所示。

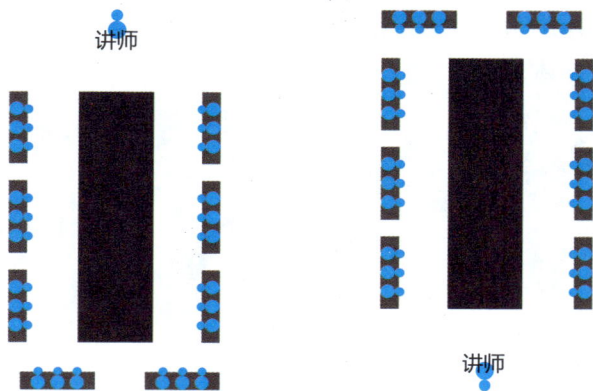

图2-2

优点：快速增加学员之间的了解并融入课堂氛围；培训师容易监控现场情况。

缺点：限制讲师的灵活性；团队型的教学活动游戏受到限制；坐在左右两侧的学员听课容易受到坐姿的影响。

3.圆桌团队式/圆形

学员分别以圆的方式入座，并以讲师为圆的中心，如图2-3所示。

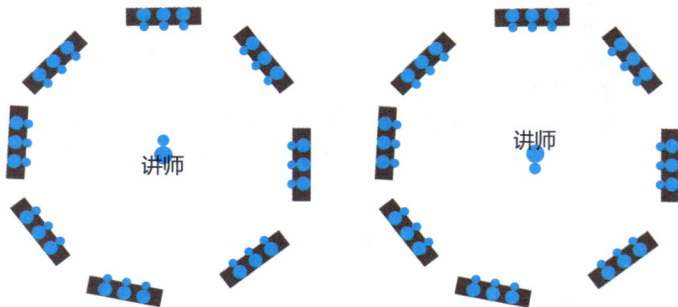

图2-3

优点：利于培训师激发学员参与；适合团队型培训项目开展；方便培训师与学员互动。

缺点：培训师需具备丰富的经验与技巧；部分学员可能会背对或斜对着讲师而坐，不利于交流。

4.扇形/半圆形

学员以扇形的方式围坐在讲师正前方，如图2-4所示。它与圆形布局方式的优缺点基本相同。

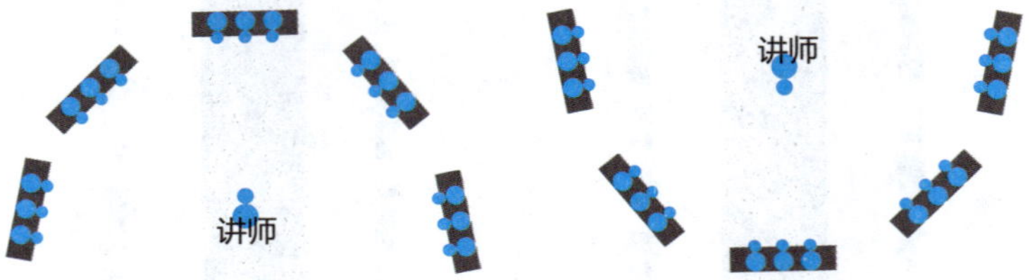

图2-4

5.U形/马蹄形

它类似于扇形，不过它比扇形的人数更多，排列座次更加矩形化，而且每一边都可以坐多排学员，如图2-5所示。其一般要求培训总人数为80人以下，一人一位，不分组，学员很少走动。如果总人数超过80人，可用传统的教学（教室）型摆放。

图2-5

优点：适合学员参与活动；由于培训师站在U形内部，能有效减少教室后排学员听不清楚的问题；讲师与学员容易互动，增加培训体验。

缺点：学员之间不方便沟通交流；对培训师的培训技巧和现场控制能力要求较高。

6.八字团队式

学员的座位依次以培训师为顶点，以"八"的形状和走势依次排列，如图2-6所示。

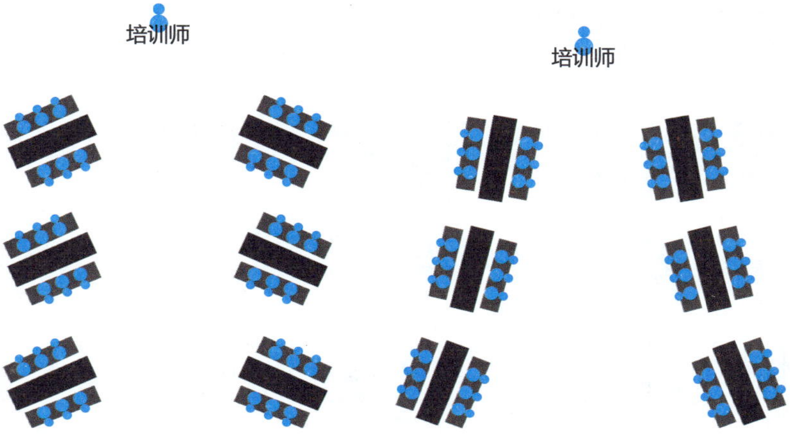

图2-6

优点：利于培训师激发学员参与；方便培训师与学员互动；便于设计和开展团队游戏。

缺点：部分学员会背对或斜对着讲师而坐；培训人数不能太多；对培训师的培训技巧和现场控制能力要求较高。

2.1.2
物料准备齐全

培训场地布置完成后，HR应考虑培训中需要使用到的物料或设备，如麦克风、投影仪、电脑等，将它们置放于合适位置。如表2-1所示是培训中通常会使用到的设备/器材。

表2-1 培训通常会使用到的设备/器材

物料	名称	单位	数量
设备	电脑	台	1
	投影仪	台	1
	投影屏	张	1
	麦克风	把	2
	功放	台	1

续上表

物料	名称	单位	数量
设备	调音台	台	1
	无线接收器	台	2
	音响	台	2
器材	桌子	张	根据学员人数确定
	椅子	张	根据学员人数确定
	音频线	根	2
	音频线接头	个	2
	插线板	个	1
	教杆	根	1
	白板	个	1
	暖水瓶	个	3
	培训纪律模块	块	1
	培训标语模块	块	1
	培训师简介及授课记录	条	1

2.1.3 设备检测和控制

　　培训需要的设备，不仅必须要有，而且还需要检测其是否能用。其中较为重要的设备检测包括麦克风的测试（音质、音量和音效）、投影仪的测试、多媒体电脑的测试（包括播放课件的软件是否安装）及座椅是否可用或够用等。最后制作成一张表格，将需要维修或补充的设备形成表单，交给相应的部门代办。

　　如表2-2所示是一张检测培训设备和器材后，需要进行补充、维修的清单表格。

表2-2 设备检测结果表

物料	名称	状态	备注
设备	电脑	反应慢	建议及时修复
	麦克风	2台良好，1台故障	需要及时维修
	调音台	输入接口损坏	需要及时修复
器材	椅子	76张良好，4张损坏	座椅质量较差
	教杆	轻微故障	勉强使用

同时，对培训设备进行调整和控制，具体内容如下。

◆ 教室音响音量调到适当高度。

◆ 室内的灯光和光线应该非常柔和、自然。

◆ 室内的空气流通和通风。

◆ 影视器材屏幕摆放到学员都能够看清的位置。

◆ 投影机或幻灯机接好电源，并确认可以正常工作，同时要调试好焦距和色度，保证学员在前排和后排都能看得清楚。

◆ 麦克风的音量调到适当高度，音质清晰。

◆ 白板笔能够正常使用，并摆放到方便拿放的位置。

◆ 激光笔有电池，可以正常使用。

◆ 白板纸是否已装订好，是否需要提前书写内容，将其写到白纸上面并留出第一页空白。

◆ 各种需要展示的工具都事先放在学员看不到的地方，以免分散学员注意力和降低所要展示的工具的新鲜感。

◆ 讲台的高度适合，白板的摆放位置与讲台之间的距离要适中，它们距离应在1~2米之间。

◆ 培训场所的学员座位摆放应适合培训方法的需要，能够方便学员与培训师之间的沟通。

2.2 自我准备充分不会怯场

HR在为职员作相应培训前，必须得有充分的准备，才能应付自如，不至于手忙脚乱，也不至于怯场。当然这些准备不仅包括培训内容的充分准备，还包括自己心理和对听众两方面的准备。

2.2.1 正确自我准备的方法

即使是经验丰富的培训师，在面对一些陌生的学员时，也会有一点紧张。新手或经验不足的培训师则更容易怯场。不过，我们有良好的自我解决方法，也就是培训前做好相应的自我准备，就可以克服或减弱这种怯场的心理。

（1）内容演练

课前对培训或演讲内容进行多次演练，直到目标牢记在心、内容完全清晰、过渡完全自然，以及重点部分重点突出。这样就会自然而然地产生自信与勇气，克服对学员的恐惧。这是任何培训师都必须具备的课前准备工作，是必不可少的，也是最重要的。

（2）情绪控制

回想以前的成功经历，激励和鼓励自己，然后充满热情地登上讲台，从而开始一场非常精彩的演讲。或是回顾自己学习到的知识和技巧及前辈们传授的经验，先稳住自己的情绪。如控制临场的恐惧心理时，我们可以采用如图2-7所示的几种方法。

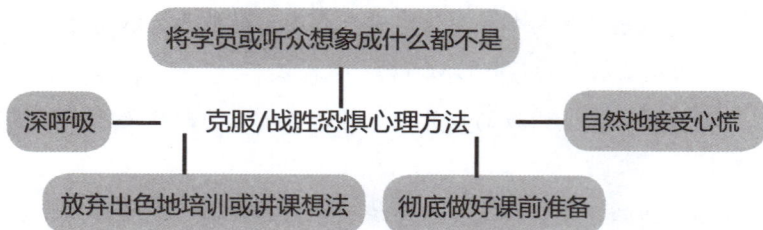

将学员或听众想象成什么都不是

深呼吸 —— 克服/战胜恐惧心理方法 —— 自然地接受心慌

放弃出色地培训或讲课想法　彻底做好课前准备

图2-7

（3）外在形象

根据学员的品位对自己的外表形象，如西装、衬衫、领带色彩、鞋子及发型等作适当的调整、设计和包装，提高在学员心中的专业形象，当然这事先需要对学员进行分析了解。在具体操作中，我们可以注意下面一些细节。

◆ 保持低调、持重。

◆ 与学员保持合适、一致。

◆ 服装专业，同时注意灯光对服装效果的影响。

◆ 服装的图案禁止是格子。

◆ 不穿戴活动或散动的挂饰。

◆ 禁止浓妆艳抹。

（4）其他自我准备

在培训前，培训师应该注意的其他方面或需要准备的内容包括下面几点。

◆ 培训之前，要有充足的休息和健康饮食，以保证培训时精神充沛，身体健康。

◆ 培训师对自己的培训水准、经验和能力有清晰定位。

◆ 培训前事先熟悉培训场所、相应设备的操作及听众的相关情况。

◆ 培训前提前到达培训场所，同时准时开课。

◆ 提前预备一些可能发生的应急措施或准备，如投影仪突然不显示画面或坏掉等。

◆ 整个培训流程的制定。

2.2.2
分析听众，选择合适的培训方式

作为培训师，我们要让培训更具有针对性、培训效果更能让学员或企业接受，我们可以先对学员或企业进行调查分析，从而选择适合的培训方式。

在调查和分析学员或企业时，大致有这样几个大步骤，调查准备工作和计划、实施需求、对需求调查分析和撰写调查报告，下面分别进行介绍。

1.调查准备工作和计划

在对学员和企业进行培训需求调查前，我们要有充分准备，然后制定大体的计划。其中准备工作包括如下几点：

1）调查需求的相关资料准备。

2）调查学员或企业的背景档案，也就是"摸底"。

3）与调查学员或企业进行接洽，如见面会、座谈会等。

同时，我们要明确需求调查计划的内容，不能盲目进行，其中包括如下几点。

1）明确调查计划的目标。

2）制定较为明细调查行动计划或时间进度计划。

3）制定需求调查的内容。

4）明确需求调查的方法，使整个调查过程顺利、高效。

2.实施需求调查

需求调查工作的准备工作完成，且计划制定完善后，我们就可以采取具体的需求调查。其具体操作步骤如图2-8所示。

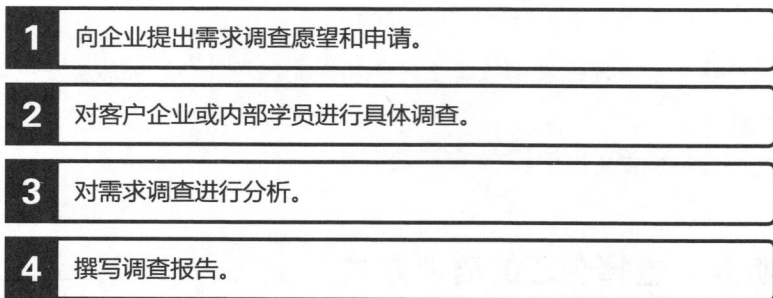

1	向企业提出需求调查愿望和申请。
2	对客户企业或内部学员进行具体调查。
3	对需求调查进行分析。
4	撰写调查报告。

图2-8

下面是一份针对智能化相关知识培训的需求调查问卷，HR可进行参照和仿效。

培 训 需 求 调 查 问 卷

填写人姓名：_____　　　　填表日期：_____

在本公司工作年限：_____　　　所属部门：_____

岗　　位：＿＿＿＿＿＿　　　　现任职务：＿＿＿＿＿＿

首先请您以2～3句话简单描述您在晋升路上遇到的困难。

> 1）
>
> 2）
>
> 3）

1）您认为公司网建中心对培训工作的重视程度如何。

□ 非常重视　□ 比较重视　□ 一般　□ 不够重视　□ 很不重视

2）您认为网建中心培训对于提升您的工作绩效、促进个人职业发展能否起到实际帮助作用，您是否愿意参加培训。

□ 非常有帮助，希望多组织各种培训。

□ 有较大帮助，乐意参加。

□ 多少有点儿帮助，会去听听。

□ 有帮助，但是没有时间参加。

□ 基本没有什么帮助，不会参加。

3）您认为自己对于网建中心培训需求的迫切程度如何。

□ 非常迫切　□ 比较迫切　□ 有一些培训需求，不是那么紧迫

□ 无所谓，可有可无　　　□ 没有培训需求

4）关于以下培训理念，您比较认同哪些（可同时选择3项）。

□ 培训很重要，公司逐步发展壮大，应该逐步发展和完善培训体系，帮助员工成长，吸引和留住人才。

□ 作为销售经营型公司，业绩最重要，培训对员工而言是一种负担，会占用到员工工作的时间、休息时间。

□ 以公司业务特点而言，外部讲师不了解公司的经营状况与业务特点，培训也不会有什么效果。

□ 基本上公司招聘来的员工都是有经验的熟手，已经符合公司的要求，不需要花大力气去进行培训。

□ 主要依靠公司内部的培训力量就够了，让经验丰富的员工或经理

来担任讲师，他们熟悉公司的情况。

□ 其他看法：_____

5）目前您认为网建中心举办培训的数量怎么样。

□ 绰绰有余　　□ 足够　　□ 还可以　　□ 不够　　□ 非常不够

6）部门内部关于商品知识、行业和市场信息、岗位工作技能的培训、学习、分享是否充分。

　□ 非常充分　□ 充分　　□ 还可以　□ 不够充分　□ 基本没有分享

7）您目前的学习状态是。

□ 经常主动学习，有计划地持续进行。

□ 偶尔会主动学习，但没有计划性，不能坚持。

□ 有学习的念头或打算，但没有时间。

□ 有工作需要的时候才会针对需要学习。

□ 很少有学习的念头。

8）您最能接受的培训方法是。（可多选）。

□ 课堂讲授法　　　□ 案例研究法　　　□ 情景模拟法

□ 工作轮换法　　　□ 参观考察法　　　□ 其他：_____

9）您认为较为理想的培训评估方式是。（多选，限两种）。

□ 培训组织者与受训者面谈

□ 培训效果问卷调查

□ 写培训心得

□ 培训考核

□ 受训者直属领导或同事评价

□ 绩效考核

□ 其他：_____

10）您认为哪种培训方法最有效。

□讲授　　□案例分析　　□游戏　　□情境模拟　　□课堂讨论

☐团队解决问题　☐现场参观　☐专题研讨会　☐公开讨论会

☐视频　☐光碟　☐户外训练　☐组织参观　☐交流座谈会

☐其他：＿＿＿＿＿＿＿＿＿＿＿＿

11）公司在安排培训时，您倾向于选择哪种类型的讲师？

☐实战派知名企业高管　☐学院派知名教授学者

☐职业培训师　☐咨询公司高级顾问　☐本职位优秀员工或专家

☐其他：＿＿＿＿＿＿＿＿＿＿＿＿＿＿＿

12）以下讲师授课风格及特点，您比较看重哪一点？

☐ 理论性强，具有系统性及条理性。

☐ 实战性强，丰富的案例辅助。

☐ 知识渊博，引经据典，娓娓道来。

☐ 授课形式多样，互动参与性强。

☐ 语言风趣幽默，气氛活跃。

☐ 激情澎湃，有感染力和号召力。

☐ 其他：＿＿＿＿＿＿＿＿＿＿＿＿＿

13）您认为培训时间安排在什么时候比较合适。

☐ 上班期间，如周五下午2～3小时

☐ 工作日下班后2～3小时

☐ 周末1天　☐ 双休日2天

☐ 无所谓，看课程需要来定

☐ 其他：＿＿＿＿＿＿

3.对需求调查进行分析

通过需求调查后，我们就能对其数据进行整理汇总和分析，最后制作需求报告。在分析培训需求时，主要有以下几点。

1）汇总培训需求调查结果，并与企业进行确认。

2）企业或学员的现状情况。

3）企业或学员现存的主要问题、重点问题和普遍问题有哪些。

4）企业或学员，希望的培训的方式、愿望，以及他们的想法。

如表2-3所示是一份员工培训需求调查情况汇总表。

表2-3 员工培训需求调查情况汇总表

一、基本情况			
参加调查人数	17 人	汇总时间	2018 年 8 月 5 日
二、需求调查总结			
1	您认为公司的培训重点应该是（可多选，限选 3 项）：	5人：企业文化 2人：入职教育 3人：规章制度 9人：专业技能 3人：管理技能 8人：营销战略 3人：梯队与后备人才培养 □其他	
2	您希望参加公司各种培训的频率是：	4人：每周一次 4人：每月两次 5人：每月一次 1人：每两个月一次 1人：每季度一次 有好的想法与先进的知识随时可以提前通知培训。但最好不要下午会上午才开始通知	
3	您认为公司培训的讲师来源最好是：	6人：公司内部 4人：部门内部 5人：外聘讲师 1人：其他 1.公司底层销售，听最前线的认识和分析。2.外聘专业讲师增长见识。3.公司里边所谓的讲师每天都是那一套，没什么新意	
4	您最喜欢的培训方式是：	3人：课堂讲授 5人：案例分析 5人：模拟操作 2人：音像多媒体 2人：游戏竞赛 2人：研讨会	
5	您希望培训师的风格是：	9人：知识丰富 1人：口才好 8人：生动幽默 2人：理性 1人：其他：1.结合实际的，贴近生活的。2.有战略眼光与大格局心态分析事情的	
6	您希望培训时段安排在：	8人：工作时间 3人：晚上时间 1人：周末时间 4人：其他（周一或者周五）	
7	您希望的每次培训时间长度为：	5人：半小时到一小时 10人：一小时到两小时 1人：两小时以上 □无所谓	
8	您个人感觉，在工作中是否存在下列困惑？（请如实填写，可多选） 4人：工作压力大，有时或经常因工作原因情绪低落。 □工作任务个人感觉多，总是感觉忙不过来。 1人：和同事合作时，感觉沟通不够顺畅。 1人：工作中和同事发生意见分歧时，有时不知如何处理，或处理后感觉效果不好。 2人：个人感觉工作已经很努力，但目标仍无法完成，或领导有时感到不满意。 4人：日常活动中，个人的有些行为不知是否恰当，是否合乎礼仪要求。 3人：其他（请详细说明） 邓晶晶 1. 目前对工作流程和操作不是很明白，希望尽早得到相关培训。 何庆超 2. 刚刚来公司，对于自己的工作任务等各方面还不太了解，但自己感觉还是有一定的压力，不至于使自己的情绪低落。现在从PPT文件中学习的专业知识，相对来说还是比较笼统，在实践中，对于一些客户所提到的问题，在PPT中根本没有。公司也没有相关问题的介绍。 刘 健 3. 执行力不强（团队）			

4.撰写调查报告

对培训需求调查结果进行整理、总结和分析后，我们就可以撰写出培训需求报告。一份比较完整的培训需求报告，包括以下几个方面：

1）对培训需求报告进行要点概括。

2）需求实施的背景、目的和性质。

3）需求分析实施的方法和流程。

4）对需求分析提出简要建议。

5）附录。根据实际需要确定是否要包括该部分，是否需要对需求分析的方法进行一些说明，从而让看报告的人员进行评判，如方法是否科学、合理等。

下面是摘取部分需求分析报告。

培训需求分析报告

【培训需求调查概况】

（1）调查问卷及调查对象

为了有效提高调查的针对性及可信度，特意设置了《2018培训计划问卷调查》。经过数据整理分析，基本能反映客观事实和大部分职工对培训工作的评价和期望。

（2）调查问卷结构与内容

调查问卷分3卷，第一卷由主管领导填写；第二卷由部门填写；第三卷由员工填写。每卷分两个部分，第一部分为培训意愿和需求调查，目的是为了调查对象的培训意愿和2018年度个人的培训需求。第二部分为对培训的意见和建议。

（3）调查问卷的发放与回收

办公室给各部门员工纸质档调查问卷共235份，收回198份，回收率为84.2%。其中，主管领导回收率为21.7%，部门回收率为21.7%，员工回收率为56.6%。

【培训需求调查统计结果及分析】

（1）培训需求及现状调查统计分析

培训需求及现状调查统计分析可多选问卷调查中培训意愿、培训需求，共设置了7个调查项，列举3个具体相关调查结果分析如下。

1）您认为分管部门最需要哪方面的人才？

30%选择高级中层管理人员，45%选择了专业技术人员，20%选择了一线操作工，15%选择了文秘。说明绝大多数部门缺乏专业技术人员。

2）比较适合分管部门的培训方式是什么？

20%选择了专题讲座，53%选择了外聘专家，10%选择了内部培训，17%选择经验分享。说明绝大多数员工需要高等技术的学习。

3）您认为培训对自己有什么用？

10%选择拓展视野，23%选择提高技能，42%选择增长知识，25%选择升职、加薪。说明各个岗位人员需要增长知识。

（2）您对本部门开展培训工作有何意见和建议，请列举。

只有了解到参训对象的真实意思和评价，才能有助于我们更好地进行2018年度培训工作的规划和改进，以下汇总具有代表性的意见和建议。

1）专业知识继续深入与扩充（涉及新技术应用、勘探、开发、油田注水、综合计量、井下作业等专业技术领域）。

解决设想：这一类型的需求和困惑与员工的知识结构、年龄结构息息相关，在竞争日益激励的市场环境下，需要从业人员不断更新和扩充专业知识，紧跟行业发展的步伐，这样才能在竞争中立于不败之地。对于各岗位的专业知识学习将是2018年培训计划中的重中之重，通过聘请行业专家内训、送员工外出培训、鼓励员工自学及向经验丰富员工学习等多种形式来解决。

2）操作技能类员工职业技能鉴定培训（包含高级工以及技师鉴定培训等）。

解决设想：这一类型的需求是企业每年培训的主要工作，在2018年企业将多注重高级工和技师鉴定与培训。

代表观点：培训的内容应尽量贴近企业的实际，案例分析可让员工更易理解和接受，现场应以交流和问题分析为主。

2.3 如何精彩地开始培训

一系列的准备工作完成后，我们就可以开始培训。培训师如何才能有一个精彩的开始呢？特别是对经验不足的HR而言。我们可以先进行有吸引力的自我介绍，然后进行课程的导入。

2.3.1 怎么进行自我介绍

绝大部分培训师在培训正式开始之前都要把自己介绍给学员，为了让自己给学员留下一个特别的印象，一般会采取一些特殊的方法。下面我们就分别来介绍这些方法。

（1）故事法

讲明名字的来历或者编一个关于名字的故事，是比较好的方法。如林晓燕，可以这样介绍：我叫晓燕，据我妈妈讲，在我出生的那天，我家阳台上飞来很多可爱的燕子，于是我妈妈就给我起了这个名字；又如林小雨，出生的时候外面下着小雨等。

我们在拓展思维的时候，还可以参照这样几条，如震生（地震时出生）、忆洪（洪水时出生）等。

（2）谐音法

利用谐音也能很好的给人留下想象的空间，留有余味。如邢芸，就可以这样介绍：我叫邢芸，芸是芸芸众生的芸。又如，我告诉大家一个秘密，你们要经常叫我的名字，你们就会得到好运。因为我的名字的谐音就是：幸运，请大家记住我，我会带给你们幸运的。再如刘学，就可以这样介绍：大家好，我叫刘学，刘是刘邦的刘，学是学习的学；或者介绍：我叫刘学，但从小学到大学，我并没有留过级，而后来，我确实去美国留学了半年，现在可谓是名副其实啊。

（3）和地名挂钩

和自己相关的地名挂钩，既让对方记住了自己的名字，又能知道一些其他信息。

如李淮河，可以这样介绍：我姓李，在秦淮河边长大，因此我名字叫作李淮河。有很多人的名字里面有湘、蓉、黔等，仔细分析一下也许就是因为他们的出生地在那里，才以地为名。

（4）寓意拆字法

拆字不可取，但是拆字时赋予它特别的意义就非常特别了。如老舍，姓舒，字舍予——舍予为人，非常富有特别的意义；有位作家叫张长弓，名字就很特别。

再如，有位培训师名字中有个"富"字，他是这样介绍自己的：我的名字单字一个"富"字，口在中间，口才才能致富，口中之富必须要学习好演讲口才，所以我希望自己能够口到钱来，话讲出去，钱收回来，让自己真正富起来。

（5）赋予名字积极的意义

为自己的名字添加上一段积极的意义，也会让学员印象深刻。如赵杰，可以这样介绍：赵，是赵钱孙李的赵，百家姓中第一姓；杰，是英雄豪杰的杰，我的理想就是要做一个堂堂正正的英雄豪杰，不枉百家姓中第一姓。

（6）古诗词法

一些培训师的名字取自于古诗词，这样就可以直接借助诗句来进行自我介绍。例如，时新——无边光景一时新；张恨水——自是人生长恨水常东；张习之——学而时习之。

（7）名人对比法

就是将自己的名字与名人挂钩，让自己一鸣惊人。它的语法格式是古有……，今有……或是演艺名星×××，在下×××。如古有诗仙李太白，在下设计师李太强。这种方法简单实用，只要自己名字有一个或两个字和名人相似就可以了。

（8）与名人挂钩

将自己的名字与名人挂钩，利用名人效应，让学员更容易记住自己。如曾黎淑，可以这样介绍：曾国藩的曾，黎明的黎，魏淑芬的淑，这样就能一鸣惊人，非常富有创意。

其中需要注意的是，这些名人必须是大家耳熟能详的，不能太偏或过时，否则就达不到预想的目的。

（9）图像法

就是营造一种图像，让别人想象一下，这样更能让人记住你的名字。但必须是生动的画面，而不是很难记住的抽象画面。

如大家肯定都听说过高尔基的《海燕》吧，请大家想象，在苍茫的大海，有一道黑色的闪电，张开翅膀在高傲的飞翔。那就是我——林海翔。

2.3.2 巧妙导入培训课程

作为培训师要将培训内容引导出来，需要有一定的讲究和技巧，包括导入的原则、方法和禁忌。作为一名合格和优秀的HR必须掌握这些讲究和技巧，下面分别进行介绍。

1.课程导入原则

人们在较为陌生的环境中，心理通常会经历3个主要的阶段：控制（Control）→融入（Include）→开放（Open-share），也就是CIO原则，如图2-9所示。

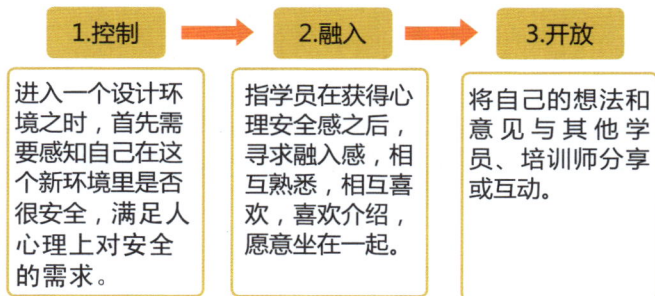

1.控制	2.融入	3.开放
进入一个设计环境之时，首先需要感知自己在这个新环境里是否很安全，满足人心理上对安全的需求。	指学员在获得心理安全感之后，寻求融入感，相互熟悉，相互喜欢，喜欢介绍，愿意坐在一起。	将自己的想法和意见与其他学员、培训师分享或互动。

图2-9

鉴于此，HR在导入课程时需要遵守以下几点原则。

◆ 打破先入为主，引起学员的好奇心和注意力，激起他们积极参与的欲望。

◆ 活动开场最好让学员亲身参与，让学员去写，去开口分享，去参与活动，也可以加入社交的元素。

◆ 引导学员思考，打破学员与课程之间的隔阂。

◆ 树立大家学习的信心，让学员保持一种快乐的心情进入课程。

◆ 让学员明确培训的主要内容，特别是重点学习的内容。

2.导入课程技巧

导入课程技巧常用的有7种，HR可直接使用或变通，如表2-4所示。

表2-4 导入课程的7种技巧

方法名称	课程导入设计方法说明
忆旧引新	以学员已有的知识为基础，引导他们温故而知新，通过提问、练习等，找到新旧知识的联系，然后从已有的知识自然过渡到新知识
设疑导入	根据课程要讲授的内容向学员提出有关问题，以激发他们的求知欲
开门见山	在培训开始时，培训师选列课程要达到的课程目标和要求，以求得到培训对象的配合与支持
讨论导入	培训课程一开始，培训师就组织学员对课程所涉及的重要问题进行讨论，启发学员的思维，集中他们的注意力
游戏导入	在培训的开始，培训师先组织大家做游戏，再导入对新知识的学习，激发学员参与培训课程的热情
案例导入	培训开始时，培训师通过引用一个现实的案例导入所要培训的课程内容，增加学员的学习兴趣
影片录像	在培训开始时，培训师让大家观看某一影片或录像，从而导入所要培训的课程内容，同时可以集中学员的注意力

无论HR采用何种技巧导入的培训课程，所选择的内容需注意四大标准，具体如下。

1）引起学员对课程内容的兴趣。

2）与学员建立信任和友好的关系。

3）将学员的注意力集中在授课内容上。

4）预告主题包括事件、问题、事实、现象和数据。

在导入课程前，为了让学员更加安心地进入接下来的课程中，我们可以解答这样几个困惑：

1）大约什么时候会休息？

2）大约什么时候用餐？

3）临时休息室在什么地方？

4）有无特殊的活动安排？

5）大概什么时候会结束？

6）结束后是否会有评估？

3.导入课程禁忌

课程导入，HR一定要避免涉及以下几个禁忌。

1）道歉式开头，如一开口就是对不起，不好意思，今天准备不充分，还望大家谅解。又或者是不好意思，领导安排我给大家分享，还望大家支持。

2）消极或负面情绪开头，如我将不会耽误大家更多时间，我会很快过完的，或者是其实这个课程真没有好讲的，我也不知道领导为什么安排我来讲这个。

3）过分夸大自己，如这个课程，我敢说在我们公司里，也只有我能讲了等。

4）时间把握不好，课程导入时间太长，一般要控制在20分钟内（根据总课程量，如果是2个小时的，要控制在5分钟内，1天以上的，要控制在20分钟内）。

2.4 如何完美地结束培训

我们的培训要有一个好的准备、自我介绍、课程导入及演讲。在这些精彩的开始、过程后，也应该有一个完美的结束，从而让整个培训变得更加精彩和完美。

2.4.1 要点回顾结尾

要点回顾结尾，也可以叫作总结式结尾，这是最常用的结尾方式。其目的是告诉学员，培训内容已经结束，现在需要的是学员实际中的运用。

其操作方法很简单，在培训即将结束的时候，带领学员一起回忆培训的主要内容，再次强调培训的重点内容，加深学员对主题与要点的记忆，帮助学员整理思路，掌握重点。

尤其是培训时间比较长、内容比较多、范围比较广及学员可能有些抓不住重点的情况下，一定不要匆匆结束，给学员一种还有很多内容没有讲完的错觉，更不能让学员带着困惑离开，这时可用上一天或者两天的时间进行回顾综述。

下面是一段采用综述结尾的实例。

【案例1】入职新员工培训的结束语

今天我们跟大家分享了，为什么要培育部属？培育部属的原则和方法。让我们来回忆一下各章的内容……请问，大家还记得张瑞敏说的那句话吗？部属素质低下不是你的错，但不能提升部属的素质，就是你的错！所以说，培育部属是管理人员最重要的职责之一。今天，我们不但认识到了这一点，还做了很多讨论和演练。请问，对大家而言，今天的培训是结束还是开始？没错！知道不等于做到，不断演练才会熟能生巧，大家回去后，能够积极运用今天所学的知识和技能吗？大声告诉我，你们因此而让工作更轻松吗？好的，看来大家很有决心，我期待各位的行动，也祝大家工作愉快！谢谢各位今天的精彩表现！

【案例2】安全培训结束语

俗话说得好，安全生产犹如警钟长鸣，时刻敲响着、提醒着我们。只有对安全意识的重视，并将安全意识落实到实际工作岗位上，才能从根本上消除安全隐患，确保安全生产，平稳开展。让我们大家一起再来回忆一下各个生产环节的安全要素的内容……

最后祝愿贵公司蓬勃发展，日胜一日，谢谢大家！

2.4.2 号召结尾

引导或是号召学员在未来的工作中采取相应的行动，通常具有鼓动性、号召性或是要求等。下面是一段对新入职职员进行内部培训后的结束语。

这次培训中我学到了很多知识，但感触最深的是每位领导基本上都提到一个要求，那就是学习、学习、再学习。一刻也不能放松，不仅要钻研本专业的知识，还要了解其他专业的知识。比如说我自己，就应该多了解勘察、测量等方面的知识，这样有利于我提高工作效率与工作质量。

此外，就是希望能尽快地进入工作状态，做好思想意识的转变，从受者转变成施者。我认为我在这方面做得也比较到位，毕竟已经经过了两个月的培训，感觉现在也慢慢走上正轨了。最后就是希望我们能脚踏实地的工作，养成良好的工作与生活习惯，为自己积累资本、为公司创造利益，大家有没有信心？

学员齐声答到：有！！！

那你们还在等什么，赶快把干劲和热情投入未来的工作岗位和学习中去吧！

2.4.3 故事结尾

故事结尾就是用一个意味深长的故事作为整个培训的结尾。当然这个故事要起到深化主题、激发学员思考、促使学员采取行动，并将所学到的知识和技能应用到实际中的作用，从而达到完美收官的目的。

下面是两则以故事来作为培训结尾的实例。

【实例1】授人以鱼不如授人以渔

今天是培训的最后一天，剩下的几分钟我用一则小故事来介绍整个培训，希望大家能从这个故事中有所领悟，并得到启示，对未来的工作或生活有所启迪。

有个老人在河边钓鱼，一个小孩走过去看他钓鱼，老人技巧纯熟，所以没过多久就钓了满篓的鱼，老人见小孩很可爱，要把整篓的鱼送给他，小孩摇摇头，老人惊异的问道："你为何不要？"小孩回答："我想要你手中的钓竿。"老人问："你要钓竿做什么？"小孩说："这篓鱼没多久就吃完了，要是我有钓竿，我就可以自己钓，一辈子也吃不完。"

通过这个故事我希望大家能将培训中学习到的知识，也就是"渔"应用到实际工作中，解决具体问题"鱼"。最后，谢谢大家，祝大家身体健康、工作顺利。

【实例2】干吗不去钓鱼呢？

最后，我将用一个故事作为我们今天交流的结尾。

一天的光阴对这个乡下来的穷小子来说太长了，而且还有些难熬。但是年轻人还是熬到了5点，差不多该下班了。老板真的来了，问他说："你今天做了几单生意"，"1单"年轻人回答说。"只有1单？"老板很吃惊，接着说："我们这儿的售货员一天基本上可以完成20～30单生意呢，你卖了多少钱？""300000美元"年轻人回答道。

"你怎么卖到那么多钱的？"目瞪口呆，半晌才回过神来的老板问道。乡下来的年轻人说："一个男士进来买东西，我先卖给他一个小号的鱼钩，然后中号的鱼钩，最后大号的鱼钩。接着我卖给他小号的鱼线，中号的鱼线，最后是大号的鱼线。我问他上哪儿钓鱼，他说海边。我建议他买条船，所以我带他到卖船的专柜，卖给他长20英尺有两个发动机的帆船。然后他说他的××牌汽车可能拖不动这么大的船。我于是带他去汽车销售区，卖给他一辆××新款豪华型'巡洋舰'。"

老板后退两步，几乎难以置信地问道："一个顾客仅仅来买个鱼钩，你就能卖给他这么多东西？"

年轻人回答道："不是的，他是来给他妻子买卫生棉的。我就告诉他'你的周末算是毁了，干吗不去钓鱼呢？'"

2.4.4 综合运用

综合运用是将多种结尾的方式进行整合，而不是单纯的某一种，这是最好的结尾方法。只要兼顾培训主题，现场状况，讲师风格，学员反应及时间等各种因素即可。常用到的模式有如下两种。

1）内容概括→重点内容→问题回答→故事/明显警句→感谢大家，结束培训。

2）要点回顾→故事启发→号召→感谢祝福学员或企业，结束。

TIPS 培训助教结尾方式 🔍

助理培训师的结尾方式较为简单，通常都是感谢——感谢培训师、感谢组织方、感谢学员→温馨提示、送上祝福→宣布培训结束。

2.5 培训结束后的考核、评估和跟进

培训结束后并不意味着培训真正结束，特别是对于企业内部，需要HR事后进行观察、测试和跟进。以此来了解培训效果、改进培训方式和方案并适当进行完善。

2.5.1 反应评估：观察学员的反应

反应评估是评估的第一个层次，即在课程结束时，了解学员对培训项目的主观感觉或满意程度，简单理解为学员对培训项目的印象如何。目的是学员对培训项目的肯定、意见反馈和既定计划的完成情况。反应评估内容通常包括如图2-10所示的几个方面。

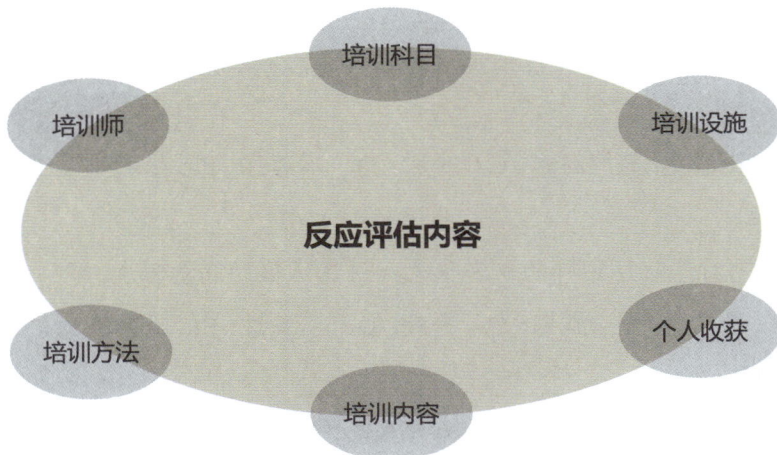

培训科目　培训师　培训设施　培训方法　**反应评估内容**　个人收获　培训内容

图2-10

反应评估常用的方法是借助调查问卷或表来完成，下面是一份反应评估的调查表样式。

培训反应评估问卷

为了解本课程对您需求的满足程度，我们需要您花费几分钟的时间填写这份问卷，填写问卷时请注意以下两点。

1）请务必填写您的真实感受，这对我们培训工作的改进很重要。

2）请注意所有的选择性题目均为单选题目。

下面请作答。

1）培训课程的内容与我的工作的相关程度。

A. 密切相关 B. 一般相关 C. 关系不大 D. 没什么关系

说明：_____

2）培训课程的讲解方式是否生动、有趣。

A. 很吸引人 B. 比较有趣 C. 一般 D. 没感觉

说明：_____

3）辅助材料的选用和设计的满意程度。

A. 很满意 B. 满意 C. 一般 D. 不满意 E. 很不满意

说明：_____

4）您对培训服务（培训场所的舒适度、方便性、及时性等）的满意程度。

A. 很满意 B. 满意 C. 一般 D. 不满意 E. 很不满意

说明：_____

5）您对课程培训师的仪容仪表和讲课风格的满意程度。

A. 很满意 B. 满意 C. 一般 D. 不满意 E. 很不满意

说明：_____

6）就本次课程而言，您认为需要改进的地方在哪里？请填写您的宝贵意见。

_____

_____。

学习评估：对培训内容进行测试

　　学习评估主要是评价参加者通过培训对所学知识深度与广度的理解及掌握程度，其方式有书面测评、口头测试及实际操作测试等。书面测评是了解知识掌握程度最直接的方法，而对一些技术工作，如工厂里的车工、钳工等，则可以通过绩效考核来掌握他们技术的提高情况。

　　下面是一份学习评估目标的检查清单。

学习层次评估目标的检查清单

基本考虑对评估的影响

　　（1）学习目标不明晰。在正式开始培训前重新考虑、设计学习目标。

　　（2）学习目标中并没有明确指出"必须掌握"。重新核对期望达成的目标，如果该目标仅仅要求受训者对相关内容有所了解则评估的内容与标准应相应降低。

　　（3）学习目标要求进行技能的操作测试应侧重于"表现"方面，即如何熟练应用这些技能。

　　（4）企业或受训者的上级对学习内容深度感兴趣，了解他们的兴趣点，进而采用合适的方法来满足他们的兴趣。

　　（5）学习需要循序渐进开展，采用测试法，但依据工作需要分为初级、中级、高级等不同的技能级别。

　　（6）培训后需要取得一定的证书或资格采取分技能级别的、基于证书或资格要求的测试方法。

　　（7）培训后需要将这些新的技能应用于工作采用假设的方法确立工作标准并通过培训后的相关评估测试、修订这些标准。

　　（8）如果评估的结果将被使用于升迁或岗位调整这样的用途，需要使用客观的评估方式，如笔测和表现测试并确保该评估方法能够满足严格、有效、可信等基本要求。

下面是一份评估问卷。

学习层次的评估问卷

由受训者填写

受训者姓名：_____　　　部门：_____

培训项目名称：_____　　　时间：_____

（1）在工作中您遇到的最大的困难是什么？为什么您认为这会对您的工作带来一定的困难？

_____

_____

（2）通过本期培训您有哪些方面的收获？您是否感觉可以帮助您解决在问题中提到的困难？请结合工作具体说明。

_____

_____

（3）本次培训巩固了您哪些方面的知识?请结合工作具体说明。

_____

_____

（4）经过本次培训后，您将在今后的工作中采用何种与以前不同的方式做事？

_____

_____

2.5.3
行为评估：跟进员工培训后的表现

行为评估是指受训者在接受了培训以后工作行为的变化，是行为层次上的评估。一般是在培训结束后的一段时间，由上级、同事或客户观察学员的行为，了解其行为在培训前后是否有差别，以及是否在工作中运用了培训中学到的知识和技巧。

这个层次的评估可以包括学员的主观感觉、自我评价、下属和同事对其培训前后行为变化的对比。若学员的行为没有发生太大的变化，则说明培训没有起到作用。

需要注意的是，这种行为层次上的评价，要求HR与职能部门之间建立良好的关系，不断获得员工的行为信息。

在具体操作中可采用如下几点跟进措施。

1）对其直属上级进行调查，通常是以问卷调查的方式进行。

2）对相关人员进行访谈，让学员进行自我解读，并做好记录。

3）对于团队的管理者（特别是"一把手"）培训后，我们可以通过对团队建设和员工离职率两方面进行分析跟进。

4）借助外部专业的素质测评机构进行素质测评。

5）召开团队会议，跟进者可进行提问，而且是多提开放式提问，如"觉得这样做，能达到预期结果吗？"，又如"为了提高团队一致性，做出了哪些努力？"等，从而让大家积极地发表看法，以此来实现培训的跟进。

6）在学员的岗位实践中进行跟进，方法有案例共享、日常的团队会议及一对一谈话等。

下面是一份评估与结果评价的刚性指标部分，供HR进行参照。

第一部分：刚性指标

【产出】

单位时间内的产出单位（如吨、米等）

单位产出所需要的时间

单位时间内装配的零件量

生产率

销售回收比率

库存周转期

完成项目数

销售周期内的订货额（量）

新客户开发量与实际销售额成本

预算控制率

【单位成本】

单个客户成本

固定成本（以及下降率）

变动成本（以及下降率）

管理费用（以及下降率）

操作成本（以及下降率）

误工成本（以及下降率）

废品成本（以及下降率）

销售成本（以及下降率）

【质量】

残次品率

废品率

退回不良品（数量与比率）

错误比率

返工率

偏差率（同标准相比）

库存调整（数量与金额）

任务完成比率

事故发生率

【时间】

开工期与停工期

加班时间

准时交货率

项目完成时间

第3章

进行有效培训的要点和技能

　　培训，既要求培训师有扎实的功底和经验，同时也需要一些要点和技能来作为培训的"润滑剂"，使其进展更加顺畅和高效。在本章中将会介绍这些要点和技能，以及针对不同对象的培训区别。

3.1 良好的外在形象和语音为培训加分

培训师是整个培训的核心人物，学员大部分焦点都会集中到培训师身上，这就要求培训师有一个良好、专业的外在形象，以及清晰准确的发音。其中，包括着装、表情、身姿、手势及语言等。

3.1.1

着装——将你的专业权威性提升20%

俗话说：人靠衣装马靠鞍。专业的培训师在一定程度上，扮演着教师或教练的角色，为学员传递知识、答疑解惑和鼓励训练。为了提升培训师的知识权威性和个人的权威性，会对着装进行严格要求。

所以，需要把握好自己的着装，使自己的培训的专业权威性提升20%，从而收到良好的培训效果。从大体方面来看，培训师着装分为男士和女士两种，下面分别进行介绍。

1.男性培训师着装

男性培训师专业着装以西装为主，它的要求主要在西服、衬衫、袜子方面，下面分别进行介绍。

（1）西服

1）单排扣外套的纽扣有2～3颗，有两颗单排的纽扣的扣上方一颗。有3颗纽扣的扣上方两颗，如图3-1所示。

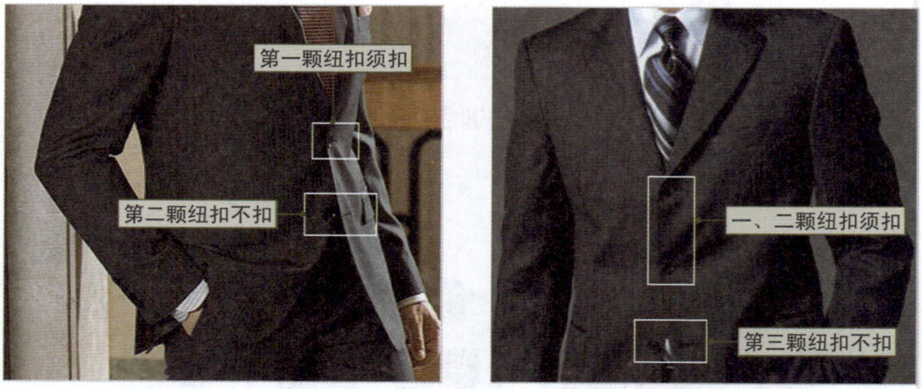

图3-1

2）西服衣袖主要有以下几个方面的讲究。

◆ 袖口开口直接大约在15厘米。

◆ 衬衫袖口应至少露出外套袖口1.5厘米，若手臂较短露出1厘米。

◆ 西服袖筒在垂直时，上臂处不能出现横向的褶皱，同时保证向手腕方向略微收窄。

（2）衬衫

男士西服搭配的衬衫主要有两个方面的讲究，一是尺寸，如图3-2所示。

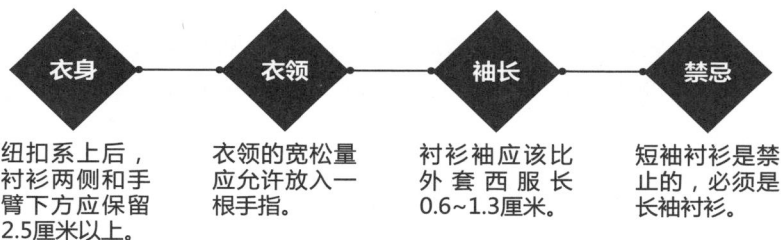

衣身	衣领	袖长	禁忌
纽扣系上后，衬衫两侧和手臂下方应保留2.5厘米以上。	衣领的宽松量应允许放入一根手指。	衬衫袖应该比外套西服长0.6~1.3厘米。	短袖衬衫是禁止的，必须是长袖衬衫。

图3-2

二是颜色。衬衫颜色主要包括白色（传统经典色）、浅蓝、米色或乳白色。需要注意的是，带有印花、条纹或格子的休闲衬衫是不被接受的。培训师着装时尽量避免这样穿着。

（3）领带

领带的讲究主要体现在3个方面。

1）领带图案以几何图或纯色为主。

2）佩戴领带时，领结要饱满，与衬衫领口的吻合要紧。

3）领带长度系好后大箭头垂到皮带扣处。

（4）裤子

搭配西服的裤子有以下几个方面的讲究。

1）带有卷边或翻边的宽西裤最好在鞋面上拖得稍低一些。窄的西裤最好在鞋面上稍高一些。不卷边或翻边的裤子应在鞋面上略垂直于脚后跟，如图3-3所示。

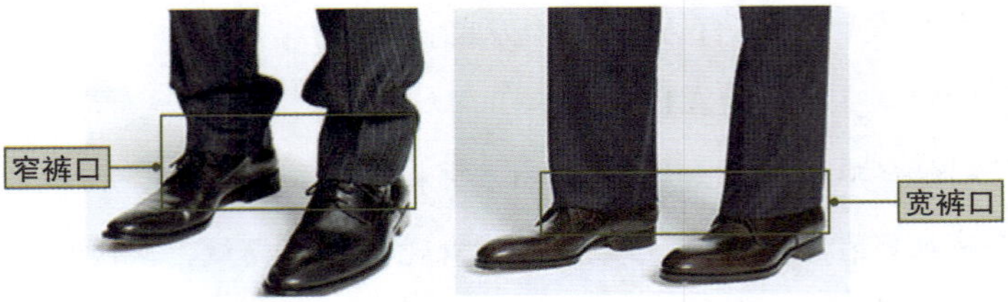

图3-3

2）裤中线应保持在膝盖和鞋面中央，裤腰应穿在腰际。

3）培训师在站立时，不能露出袜子。

（5）袜子

它的要求主要有3个方面，分别是颜色、材质和长度。

1）袜子颜色主要是以黑色、深棕色、深蓝色和炭灰色为主，忌白色和彩色的袜子。

2）袜子材质主要是优质的棉袜、羊毛袜。

3）袜子要足够长，保证踢腿或蜷腿时不露出腿。

（6）皮鞋

皮鞋的颜色和样式要与西装搭配，如深蓝色或黑色西装，则搭配黑色皮鞋；咖啡色西装，则可以搭配棕色皮鞋。其中，压花、拼色、蛇皮或鳄鱼皮等样式的皮鞋不适合。

2.女性培训师着装

女性培训师着装主要有3个方面的讲究，一是色彩的深浅、纯杂、明暗、图案的简单和复杂，以及规则与凌乱；二是面料的厚薄、挺括与下垂等；三是款式的松紧、经典与现代，复杂与简洁。

女性培训师在具体的搭配中，可以按照以下几种方法进行着装。

1）单色或成套服装的搭配。

2）绚丽与朴素、花与素的搭配。其中，花与素搭配，也就是绣花或花纹裙子与素上衣搭配。

3）黑与白、明与暗的搭配。其中，较为经典的搭配是黑色外套、黑色裤子和白色衬衣搭配。

4）棉质硬/刚与柔的搭配。通常是柔质的裙子或裤子和硬/刚的上衣搭配。

5）上紧下松、下紧上松、里紧外松、外紧里松的松紧搭配。

下面是一组常见的女性培训师的着装，如图3-4所示。

黑与白搭配

单色/成套搭配

硬/刚与柔搭配

上紧下松搭配

图3-4

下面是一份企业对内部培训师着装形象的规定，HR可进行相应的借鉴与参考。

培训师形象要求

【服饰】

（1）服装

1）培训师必须穿着工作服，并保持工作服洁净、平整、挺括。

2）新员工若无统一工作服，需自行购买白色衬衫、黑色套装等接近工作服的职业装。

3）衬衫衣领、袖口需保持干净，扣好纽扣，领口最上一颗可不扣。

4）培训期间工作服下装以裙装为主，特殊情况可以穿裤子。

（2）丝巾

培训师需佩戴丝巾，按规定形状系丝巾，并保持丝巾干净、整洁。

（3）丝袜

培训师穿裙子需配穿黑色丝袜。

（4）鞋子

1）培训师需穿着黑色、全包脚皮鞋，不宜露趾。

2）除及踝靴外不宜穿着各类长短靴。

3）鞋跟需独立，跟高在3～5厘米之间。

【饰品】

（1）头饰

培训师不宜佩戴过于花哨的头饰。

（2）首饰

1）耳部不可佩戴垂悬耳坠。

2）手部佩戴戒指不超过1个，限铂金色。

3）项链不宜外露。

【妆容】

1）必须带妆上课，以淡妆为主，须使用粉底、眼线、唇膏或唇彩。

2）可以涂指甲，但不宜夸张，以清透裸色系为主。

【发型】

1）每人需按指定发型上课，若有新发型，需集体审核通过。

2）头发干净、整洁，不能太过毛躁。

3.1.2
表情——好面容不如好表情

表情是人的内心情感在面部形象上的表现。古希腊演说家德摩西尼曾说过："表情是演说家最大的才能"。所以，要成为一名优秀的培训师，就得掌握一些"表情包"，其主要由3部分组成，分别是面容表情、眉目表情和嘴唇表情。

1.面容表情

培训师面容表情能直接传递出直观信息，学员也会直接受其影响。同时，培训师在针对不同的培训内容、时间点和具体问题时，需根据实际情况做出适合的面容表情。如平时的通用表情是微笑，表情柔和，目光平和。在表现注意和惊奇的感情时，浮现前额纹。

在实际培训中，培训师的表情要遵循如图3-5所示的技巧性原则。

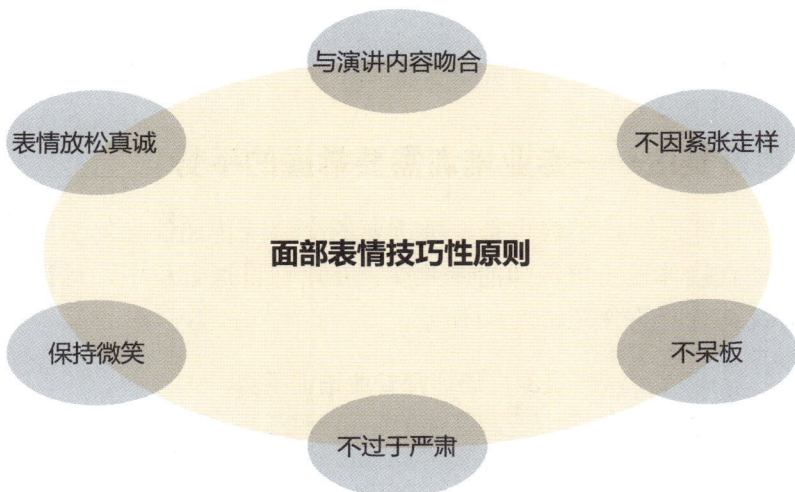

与演讲内容吻合

表情放松真诚

不因紧张走样

面部表情技巧性原则

保持微笑

不呆板

不过于严肃

图3-5

> **TIPS** *情绪同步法* 🔍
>
> 　　情绪同步法就是模仿对方的情绪及面部表情与对方同步，如学员表情严肃，培训师表情应是严肃；学员表情很轻松愉快，培训师表情应是轻松愉快；学员很爽朗地笑，培训师也就大笑等。

2.眉目表情和嘴唇表情

　　眉目表情是眉毛与眼眶的组合表现，不是眼神，培训师可通过眉形的变化来表达和传递当下的感情。如表示愤怒时两眼圆睁，双眉竖起；表示忧愁时，可将双眉紧锁；表示思考时眉头微皱等。

　　嘴唇表情主要是通过嘴唇的张合、嘴角角度来实现的。培训师除了用嘴讲话外，还可以根据实际需要进行表情的展示和传递。常见的嘴唇表情如下。

　　1）嘴唇紧闭，口角直平，表示坚决、果敢。

　　2）嘴唇紧闭，口角向下，表示不高兴或不满。

　　3）嘴唇微闭，表示谦逊、骄傲或厌恶。

　　4）嘴唇微开，表示注意、期望、悲哀或痛苦。

　　5）嘴唇大张，表示畏惧惊恐、惊愕诧异。

　　6）嘴角向上，表示高兴、愉快。

3.1.3

手势也是表达——专业培训需要掌握的手势

　　对培训师而言，手势也是一种重要的交流或传递信息的手段，专业的手势能直接体现出培训师的专业性。在培训讲课过程中，培训师的专业手势及其对应的含义如表3-1所示。

表3-1　培训师专业培训手势

表达/传递信息	手势
交流沟通	五指并拢，掌心向上，双手前伸
拒绝	掌心向下，做横扫状

续上表

表达/传递信息	手势
致意	五指并拢，掌心向前
警示	掌心向前，双手上举
号召	手掌斜上，挥向内侧
区分	手掌侧立，做切分状
指明	五指并拢，指向目标
组合	掌心相对，向内聚拢
延伸	掌心相对，向外展开
否定	手掌斜下，挥向外侧
鼓舞	握拳，挥向上方
决断	握拳，挥向下方
果断、坚决、排除	五指并拢，手掌挺直，像一把斧子用力劈下
赞美、欢欣、希望	手部抬高
好、行的、OK	拇指食指成弧形，其余手指伸开
微不足道、蔑视	竖起小指，其余四指弯曲合拢
胜利、二、二十	食指、中指伸直分开，其余三指弯曲
示威、报复	单手或双手握拳平举胸前
愤怒、呐喊	单手或双手握拳，高举过肩或挥动或直捶或斜击
矛盾冲突	双手握拳或胸前做撞击动作
担负工作、责任和使命	用手指拍肩击膀
愤恨、哀戚、伤悲	用拳捶胸，辅之以跺脚、顿足
做好准备，期待取胜	双手摩擦
向前、希望	指尖并拢向上，掌心向外推出
强大、肯定、赞美	竖起大拇指，其余四指弯曲

培训师在使用手势时，需要做到如图3-6所示的使用原则。

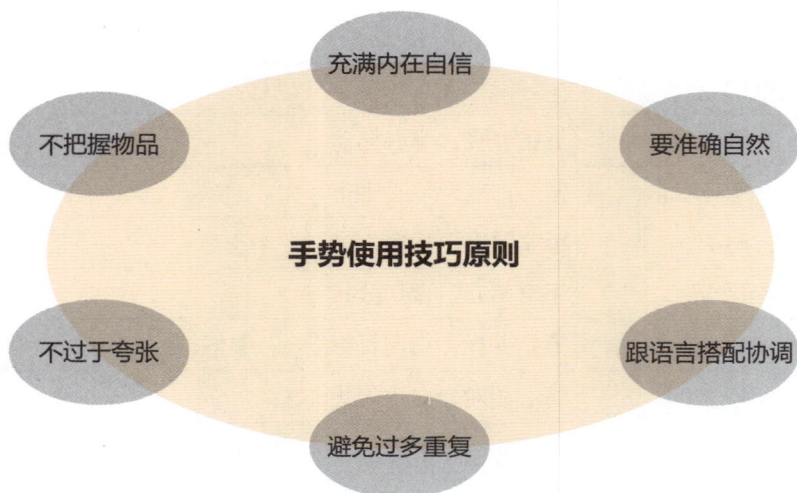

图3-6

下面是一些培训师的常用手势示意图，如图3-7所示。

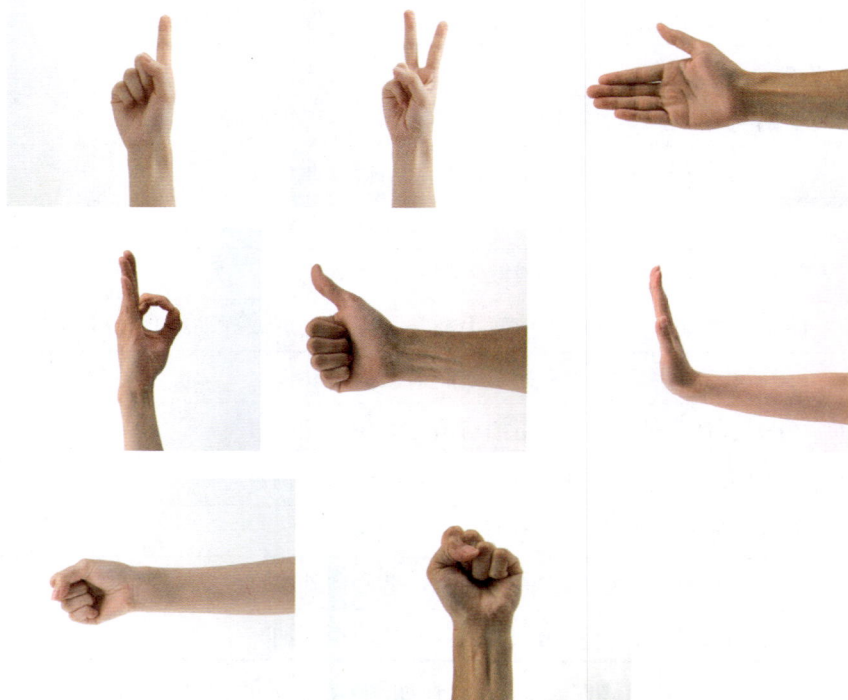

图3-7

目光接触——让交流更自然

在培训过程中与学员进行目光接触和交流是很正常的。不过怎样的目光接触才能让培训师和学员都感到自在，而且能增强所讲内容的可信度。此时，可以采用如表3-2所示的方法和事项。

表 3-2 培训师与学员目光接触事项

应该做的事项	避免做的事项
同某位学员保持目光接触达 3 秒钟	把你的大部分注意力都集中在某位学员身上
在室内随意地转移你的注视目标	
人数较多时，给予不同区域的学员以目光接触	看着地板或天花板
在回答问题时，把目光上移注视全体学员	
保持目光接触直至讲述完某一完整的内容	眼光绕过学员直视前方

同时，培训师在培训中还可以掌握如下几种目光交流方式。

1）视线平直向前面弧形流转，立足听众席的中心线，然后以此为中心弧形照顾两边，直到视线落到最后的听众头顶上（视线推进时不要匀速，要按语句有节奏进行，要顾及坐在偏僻角落的听众）。

2）视线以环形的方式在所有学员周围扫动，而且这种环形扫视是由每一段弧线扫视组成。

3）按Z或S形在学员之间进行扫视。

4）对学员中有情绪骚动或不守秩序的学员进行点视。

5）刚上场进行培训时，为了克服内心的紧张，可进行虚视，也就是眼中无听众，心中有听众。

6）当讲解到一些英雄人物传奇时，可有1秒左右的闭眼动作。

7）表示爱护、怜悯与宽容时视线向下；表示尊敬、思索、回忆时可视线向上。

3.1.5

语言——让学员好好听

　　培训中通过语言来向学员讲解内容、传授知识和答疑解惑等，这是不可缺少的元素和途径。但是，语言完全不等于说话，合格培训师的语言有4个方面的要求。

◆ **音量**：说话时声音的响亮程度和音量的对比能突出强调的重点，主要表现在这样几点上，在需要时变化音量和语速，如强调某处时，适当提高音调和放慢语调；在有深刻内涵或重要内容时调整音量。

◆ **语速**：每分钟说出的字数。培训师一般情况下约150字/分钟，会议情况下180～200字/分钟，熟练的培训师300字/分钟以上。停顿是语速控制的一种具体表现，它常用在过渡时、在回答问题前、为取得强调效果等。最常见的训练法有最大声、最快速、最清晰等。

◆ **吐字**：清晰的吐字能使学员轻松地接受到你传达的信息，这也是培训师最基本的要求。

◆ **感染力**：说话时融入感情色彩，使学员在听课时感觉更轻松、愉快。

　　下面是培训师对声音方面的实际练习方案。

　　（1）音准练习

　　四和十、十和四，四十和四十，十四和十四，谁说四十是"细席"，谁说十四是"实世"。

　　在苏州有一个六十六条胡同口，那么住着一个六十六岁的刘老六，他家有六十六座好高楼，在那楼上有六十六篓桂花油，篓上蒙着六十六匹绿皱绸，绸上绣着六十六个大绒球，楼底下钉着六十六根檀木轴，在那轴上拴着六十六头大青牛，牛旁边蹲着六十六个大马猴。这个刘老六他坐在门口正把那牛头啃，打南边来了这么两条狗，两条狗抢骨头抢成仇，碰倒了六十六座好高楼，碰洒了六十六篓桂花油，油了那六十六匹绿皱绸，脏了那六十六个大绒球，拉躺下六十六根檀木轴，吓惊了六十六头大青牛，吓跑了六十六个大马猴。这正是狗啃油楼篓油漏，狗不啃油楼篓不漏油！

（2）爆破音练习

八百标兵奔北坡，炮兵并排北边跑。炮兵怕把标兵碰，标兵怕碰炮兵炮。八了百了标了兵了奔了北了坡，炮了兵了并了排了北了边了跑。炮了兵了怕了把了标了兵了碰，标了兵了怕了碰了炮了兵了炮。

白石白又滑，搬来白石搭白塔。白石塔，白石塔，白石搭石塔，白塔白石搭。搭好白石塔，白塔白又滑。

（3）低层音练习

参观一座阴森的古堡时，一位女士悄悄告诉导游，她很怕鬼，害怕在参观时会碰上一个。为了安慰她，导游对她说，他在这里工作这么多年，从来也没见过一个鬼。女士问导游："你在这里工作多久了？"，导游低沉的回答："三百年。"

（4）弱控制练习（缓慢持续地发出 ai、uai、uang 和 iang，声母和韵母之间气息拉长，要均匀、不断气）

床前明月光，疑是地上霜。举头望明月，低头思故乡。

春眠不觉晓，处处闻啼鸟。夜来风雨声，花落知多少。

一位夫人打电话给建筑师，说每当火车经过时，她的睡床就会摇动。"这简直是无稽之谈！"建筑师回答说，"我来看看。"建筑师到达后，夫人建议他躺在床上，体验一下火车经过时的感觉。建筑师刚上床躺下，夫人的丈夫就回来了。他见此情形，便厉声喝问："你躺在我妻子的床上干什么？"建筑师战战兢兢地回答："我说是在等火车，你会相信吗？"

（5）口腔共鸣训练

元音练习：ba、da、ga、pa、ta、ka、peng、pa、pi、pu、pai

词组练习：澎湃、冰雹、拍照、平静、抨击、批评、哗啦啦、噼啪啪、吭啷啷、扑通通、胡噜噜、快乐、宣纸、挫折、菊花、捐助、吹捧。

绕口令练习：山上五株树，架上五壶醋，林中五只鹿，柜中五条裤，伐了山上树，取下架上醋，捉住林中鹿，拿出柜中裤。

（6）鼻腔共鸣训练

鼻辅音练习：ma、mi、mu、na、ni、nu。

词组练习：妈妈、光芒、中央、接纳、头脑。

（7）胸腔共鸣训练

词组练习：百炼成钢、翻江倒海、追悔莫及。小柳树，满地栽，金花谢，银花开。

3.2 培训过程中怎么进行有效地提问

培训中我们要多与学员进行互动，其中，提问是最直接的方式之一。不过提问不是随意性的，而是要进行有效的提问，因为目的是为了激起学员的参与性和主动性，了解和探寻学员的情况，对他们进行引导，启发思维，有时还可以打破僵局。

3.2.1 提问的方式有哪些

在培训中培训师提问的方式，经常用到的有以下几种。

（1）封闭式提问

这类问题的提问方式是要找到一个明确的答案，回答通常为是或不是，或者要求学员做出问题的答案选项（答案选项由培训师提供）。这类问题通常是以"什么"、"何时"或"多少"为开头。或者是问对方同意或不同意指定的观点或说法等。如"你对这个计划满意吗？""他的回答正确吗？""下面的游戏你们喜欢哪一项？"……。

（2）开放式提问

这类问题的显著特点是问题条件不完善、答案不确定，也就是没有标准答案，学员发挥的程度很大。如"你觉得灵活的工作时间怎么样？""你对目前的培训进度有什么建议吗？""如果你是主管你会采取哪些措施？""如果将你工资涨3倍，你会怎样？"等。

（3）直接式提问

这类问题直接向指定学员提问并让其回答，其目的是听取对方意见或测试其对知识的理解程度或是否理解。如"张××，你有什么建议和看法？""李××，你认为工作中最重要的什么？"等。

（4）间接式提问

这类问题有个明显特点，就是任何人都可以回答，其对象是多人、一批人或整个团队，是引起话题的好方法。如"刚才讲的重点是什么呢？有谁知道吗？"

（5）转移式提问

它是将问题转移给其他人回答，如"罗××同学提出的这个问题不错，张××同学认为答案是什么呢？"

（6）无回答式提问

这类问题不需要学员回答，而是自己来作答，以引出自己的观点和看法。所以，它的提问有两个特征。一是不向具体学员提问，二是这个问题能让全部学员留下深刻印象。如"今天培训内容的重点是什么呢？可能是……。"

3.2.2
提问技巧

在提问的过程中，为了让学员的互动性和参与积极性更高，使更多的学员参与进来，我们的提问可以采用以下一些技巧。

1）提问后稍作停顿，给学员思考的时间。

2）观察学员身体语言，让自愿者回答。

3）避免用轮流方法点名进行回答，如名字笔画顺序、座位顺序、学号顺序等，因为一旦学员发现规律，对于不是自己回答的问题就会掉以轻心或漠不关心，从而减少了问题的参与性。

4）用眼色鼓励每位学员，让他们自愿回答。同时，让学员感到受到被重视和鼓励。

5）避免经常或多次让知道答案的人回答问题，尽量让更多的人参与，启发大家进行思考。

6）无论学员回答是否准确，都可以表示感谢。如果有补充的问题要及时补充。

7）问的问题一定要准确，不能有歧义或争议。

8）对于是非题问的次数不能太多，因为这类问题的答案就两种，它不能启发学员进行思考。

9）避免问题的答案可以重复自己曾说过的话或作为参考资料。

如何处理学员的回答

我们提出问题后，可能得到3种回答结果，分别是没有反应（主要出现在向多人或小组提问的情况）、正确答案、错误答案或是无边际的回答。在应对每一类情况时，我们都应有与之相对应的方式处理。

（1）没有回答

对于没有学员主动回答的情况，培训师可以采用以下4种常用方法来处理。

1）换一种方法，将问题再进行陈述一遍。

2）给出相应的提示信息。

3）若是问题复杂，可以将其进行拆分成多个简单的小问题。

4）让指定学员来回答。

（2）正确答案

学员回答正确，我们要表示感谢，并适当进行表扬和鼓励，可用语言或非语言，或两种都用。

1）语言方面

◆ 回答得很好！你说的这点很重要。

◆ 还有谁有过同样的感受？

◆ 好例子！！！

◆ 谢谢你的回答，答案比我想象得要好。

◆ 答案是正确的，谢谢，请坐。

◆ 请再说一次你的答案，让每位学员都听到。

2）非语言方面

◆ 保持目光交流

◆ 身体靠近对方。

◆ 点头。

◆ 竖起拇指，表示鼓励。

（3）错误答案或是无边际的回答

学员回答错误或答案不着边际，我们可以通过如下几种常用方法进行处理。

1）可以表示抱歉将其打断，并重新解释问题。

2）可能我没有问清楚，我的意思是……

3）可以多给一些提示。

4）你为什么有这样的回答呢？

5）继续让其他人回答问题，如有没有人需要补充的？

6）你的答案不正确。

7）你没有讲清楚。

8）这个话题跟课程内容无关。

3.2.4

处理学员提出的问题

在培训过程中，学员会实时地提出与培训主题相关或不相关的问题，特别是一些我们不能回答或不知道的问题，作为培训师应该怎样来解决呢？

对于学员提出的问题，可以分为3种。一是与培训主题毫不相关；二是与课程和其他学员不相关，与培训主题有些关系；三是问题与课程和其他学员相关。我们在处理这3类问题时，可以采用如下技巧来应对。

1.与培训主题毫不相关的问题

面对这类问题我们有以下4种解决方法。

1）承诺为其寻找答案并在适当的时候为其提供答案或相应的资料，帮助其解决问题。

2）让其他学员来回答这个问题，如"××提出了一个很有趣的问题，我想听听大家有什么想法？"

3）以赞赏的方式将问题回抛给他。

下面是两个巧妙处理学员提出的问题，但与培训课程完全无关，同时培训师不知道答案，用3种不同的方法轻松处理的案例。

学员：请问老师，你如何看待当前中国的股市？

【第一种处理方法】

培训师：这位学员非常关心时事，问题问得很好，但是我们的课程安排非常紧张，我已经将您的问题写在白板的右上角了，中午休息的时候，我们可以一起相互交流一下，谢谢你的提问。

【第二种处理方法】

培训师：这位学员非常关心时事，问题问得很好，刚好我们还有几分钟的时间可以讨论一下。我相信你一定非常关心和了解这方面的一些知识，我们很有兴趣想听听你在这方面的独到见解，能否给我们先分享一下？大家掌声鼓励他。

提问题学员阐述……

培训师：我基本赞同你的观点，不过我们可以课后再详细交流，因为我们马上要进入下一个环节。

【第三种处理方法】

培训师：这位学员非常关心时事，问题问得很独到，刚好我们还有几分钟的时间可以讨论一下，在我回答这个问题之前，我想先听听各位学员朋友的宝贵想法，每个人都谈几句，请某某某先来……

学员开始各种讨论，待时间一到。

培训师：对于目前的股市讨论，我基本赞同某某某学员和某某某学员的观点，时间关系，我们必须进入下一环节……

2.其他两种问题的处理方法技巧

对于与课程和其他学员不相关，与培训主题有些关系或是问题与课程和其他学员相关的问题，培训师可以采用以下几种方法来处理。

1）将学员的问题重复一遍，并让每一位学员都听清楚，然后进行相应的回答。

2）在回答学员问题前，先做短暂沉默停顿。

3）无论学员提出的问题、提问题的方式，以及提问本人是多么不喜欢，都必须保持冷静并回答相应问题或提出解决问题的方式方法。

TIPS *处理问题遵循的原则* 🔍

这里要特别注意，学员无论提出哪类问题，我们在处理时都必须遵循这样几点原则。

（1）不让学员难堪，也就是要尊重学员、赞赏学员。

（2）不让自己难堪，也就是处理技巧的恰当运用。

（3）不让课堂失去控制，也就是要设定时间。

3.3　修炼掌控培训现场的能力

培训师的控场能力是一项必须要具备的能力，因为培训师必须要能解决培训中的一些常见问题，如引导学员参与、维持课堂秩序，以及解决学员的质疑等。使整个培训得到顺利开展，获得预期效果。

3.3.1
如何鼓励学员参与

学员做任何事情都是由能力和意愿两个方面的因素决定的，能力是能不能做，意愿是愿不愿意做。一个人能力再强，如果没有意愿，或意愿不强，都不可能有很好的效果。

要想提高学员的积极性和参与度，就需要不断地激励学员，具体有以下几种方法。

1）结合精神或物质的奖励，激发学员的积极性。物质方面的奖励主要是一些小玩意儿、小礼物等。

2）用提问、案例分析、分组讨论及游戏等方式，使学员参与其中，让他们从中体验培训的主题和内容。

3）在培训中我们给学员设定任务，限定时间完成，它会激发竞争意识，提高学员参与的积极性。

4）对学员的赞赏和认可进行精神激励，如先进个人、优秀学员和小组标杆等。

5）将小组的成绩用白板进行公布，形成组与组、队与队之间的竞争，并进行排名。

下面是一个将学员引入培训中的分组讨论游戏。

【游戏】蒙眼三角形

目标：使学员互助合作形成共识、积极参与到培训活动中。

规则：用眼罩将所有学员的眼睛蒙上，在蒙上眼睛之前先观察一下四周的环境。然后将双手举在胸前，像保险杆般保护自己与他人。目标是整个团队找到一条很长的绳子，并将它拉成正三角形，且顶点必须对着北方。完成时每个人都能握住绳子。

讨论：

1）回想一下发生过什么事。

2）各位是怎么找到绳子的？

3）各位是如何拉正三角形的？

4）想象和蒙上眼睛之前看到的差异大吗？其他人当时的想法如何？

5）各位觉得绳子像什么？

6）这个游戏和工作类似吗？

7）游戏最有价值之处是什么？

8）如果再玩一次你会怎么做？

3.3.2

气氛比较沉闷怎么办

培训课程中可能会出现气氛较为沉闷的现象，最直接的现象就是现场气氛低沉，学员听得无精打采。对于这种现象，培训师需要调动学员的整体氛围。常用的方法有以下几种。

1）穿插一些趣闻、名人轶事、突发事故、科学幻想或个人经历等，都能激发听众的好奇心。

2）说一些关系到学员切身利益的话题，最好是以间接的方式。

3）对于青年学员，可讲解一些对人生的探索、对理想的追求、对事业的开拓等话题。

4）将笑话、故事穿插于演讲之中，或单独进行。

5）掌握学员的基本情况，在演讲过程中穿插一些能满足学员优越感的话题。

6）讲一些能满足求知欲望的话题，如陌生的知识领域、无限的宇宙、遥远的过去、神秘的未来等。

7）临时更换培训方式，以学员最喜欢的方式进行。

8）以平等的身份和语气与学员交流意见，抱着一种沟通的心态进行。

9）使团体成员了解到责任的分担义务，共同运作、催化团体，达成目标。

10）提问或一些小游戏调动气氛。

下面是两个调动气氛的团队游戏。

【游戏】开火车

道具：无

人数：两人以上，多多益善

方法：在开始之前，每个人说出一个地名，代表自己。但是地点不能重复。游戏开始后，假设你来自北京，而另一个人来自上海，你就要说："开呀开呀开火车，北京的火车就要开。"大家一起问："往哪开？"你说："上海开"。代表上海的那个人就要马上反应接着说："上海的火车就要开。"然后大家一起问："往哪开？"再由这个人选择另外的游戏对象，说："往某某地方开。"如果对方稍有迟疑，没有反应过来就输了。

兴奋点：可以增进人与人的感情。

【游戏】拍七令

道具：无

人数：无限制

方法：多人参加，从1～99报数，但有人数到含有"7"的数字或"7"的倍数时，不许报数，要拍下一个人的后脑勺，下一个人继续报数。如果有人报错数或拍错人，则受惩罚。

兴奋点：没有人会不出错，虽然是很简单的算术。

同时，作为一名优秀的培训师，在培训前也可以做一些准备，以防止培训过程中出现氛围沉闷的情况。

1）培训课程指定内容丰富、生动、全面和准确。培训师在表达过程中要抑扬顿挫，不断调动现场气氛，逐渐在全场形成热烈的场面，使听众全神贯注。

2）培训前充分了解学员的情况，根据具体情况来确定培训的方式和风格。

3.3.3
有效维护课堂秩序

要想让整个培训开展得顺利和有效，最基本的就是要有一个良好的课堂秩序。我们作为培训师可以采用以下一些常用的方法。

1）正式上课之前，与学员约定各项培训纪律，并张贴在教室出入口的显著位置，让员工作出遵守的承诺。而在后面多个环节，引导、激励员工要信守承诺。

2）多提问，同时穿插一些有趣的笑话或幽默语言。

3）统一的问好方式，强化集体荣誉感，使学员融入培训课堂中。

4）将学员的课堂表现进行记录，然后对表现好的进行奖励。

5）激发学员表现欲，赞美鼓励。

6）安排HR同事做好助教、主持、现场维护和监督的工作。

7）善于借助外力，请领导时不时过来巡视检查一下培训现场。

8）课堂纪律竞赛看板，培训前进行分组，各组选组长，让他们互相监督，对纪律好、积极发言和回答问题的小组和个人进行相应的奖励加分。

9）对睡觉、迟到、缺勤、大声喧哗及现场电话铃响等，给予扣分处罚并记录。

10）进行登记排名评比，排名较差的同学可能会收到主持人的"特殊奖励"到讲台上表演节目。

11）课堂纪律考核和培训考核成绩挂钩，占培训总成绩20%～30%的比重。

12）培训的课堂纪律将会影响到今后的调岗调薪、考核培养等方面（主要是针对企业内部）。

13）课前和课间放暖场音乐，课前做一做互动小游戏等。

14）设立班长，负责记录课堂纪律。最厉害的是秘密指定班长，谁都不知道谁是班长，有可能谁都是班长。

下面是一份培训课堂纪律要求规定部分，供HR借鉴。

培训室使用及课堂纪律要求

【目的】

为了营造共同自律、文明和有序的培训课堂氛围，合理使用培训室，以确保培训教学课程能如期、有效开展。

【适用范围】

所有课程及所有参与公司内训的人员

【内容】

（1）培训室设备使用注意事项

1）要爱护培训室公用设备，有任何异常情况要及时反馈。人为损坏的，由当事人照价赔偿，并做处罚处理。

2）要保持培训室的清洁，严禁在培训室内吸烟、乱丢垃圾及随地吐痰，不得在培训课桌或是墙壁上乱涂乱画。

3）使用投影仪须按规范操作，详见《投影仪使用指南》。

4）玻璃门、桌椅、窗帘等公物要轻拉、轻挪，不使用时要归位收好、摆放整齐、保持整洁。

5）培训用器材及钥匙由当堂课的培训讲师进行保管，根据课程表交接至下一堂课的培训讲师并进行设备交接登记。

6）当天最后一堂课的讲师需将培训器材及时归还至所借部门。

（2）课堂要求

1）上课时严禁随意走动、大声喧哗、嬉笑打闹、聊天、打瞌睡、玩手机及吃零食等行为。

2）上课时严禁接听和拨打电话，需要自觉将手机关闭或设置为静音状态。

3）上课时禁止离开教室（上洗手间、喝水及特殊情况除外）。

4）上课时言行要得体，随身物品不得放在桌面上，上课结束离开时务必将椅子归位并保持培训室清洁。

5）学员在培训时要认真听讲，适时做好笔记，对于教学内容有不明之处要勤于发问。

6）学员自备纸笔。

7）培训期间若有特殊情况，须事先写好请假条交小组长并经班长批准。同时，填写请假条和考勤记录。

（3）培训讲师及学员考勤管理要求

培训讲师及学员均须准时到场，若迟到、早退、缺课、缺考按公司《培训管理规定》处理。

3.3.4
遇到个别不配合的学员怎么办

在培训过程中，总会遇到这样或那样的不配合甚至是找茬的学员。面对这些学员，我们在尊重的基础上可采取以下措施。

1）可慢慢地、好像无意识地走向他不远处的位子，站在他身边授课，让你的声音足以"吵"到他的耳朵。

2）逐个由他身边人开始提问，最后的目标是他，要让他知道你要提问了，但不要直接问他。

3）停下授课，看着他，其他的学员都会不约而同地看向他，当全部学员都注视他的时候，然后再做出恰当的行为。如学员聊天正高兴或打电话，我们可以停下授课看着他，让其他学员一起看着他。然后开玩笑地问："这位学员是否有很开心的事情需要跟大家分享？不妨给大家讲一下吧！"把问题抛给他，让他自己觉得很没趣。

4）对于那些喜欢提意见的学员，我们可以肯定其有道理或正确的地方，忽略那些不恰当的言论或建议。

5）对于那些做出蓄意破坏或严重影响其他学员学习行为的破坏者或是嘲笑、攻击别人缺点的学员，要保持冷静、耐心，当他们发现自己无法惹恼你时，通常会发泄不满，等发泄好之后就会积极配合你。

6）对于从不主动回答问题或做出任何评价的学员，当被提问时，回答即使很短，我们可以采用宽容，不作评判，向他们提出不带威胁性的问题，鼓励他们积极参与，适时利用其他学员帮助他们，关注他们的优点。

TIPS 应对不配合学员应遵循的观点 🔍

培训师要注意，应对或纠正不配合的学员时，要遵循以下几个观点。

（1）尊重所有的观点并避免争论、缓和气氛。

（2）采用礼貌的评论，保全对方的面子。

（3）避免恐吓和生气。

（4）礼貌地拒绝卷入争论或和他们的抵触情绪对立。

（5）对事不对人，把重点放在捣乱的行为上。

下面是一则培训时遇到不配合的学员的案例，供大家参考和拓展。

【案例】总经理的电话

某位培训师到一个企业讲课，讲课前大家把手机都关了，就是总经理没关，还坐在第一排。结果讲着讲着，他的手机响了，但并没有打断课程，他就拿出手机接听，结果是他的下属向他汇报了一件好像挺严重的事，他不满地说道："谁让你们这么干的，你不想干就走，你哪能这样干呢？"培训师没有理他，继续讲课，结果接下来，这位老板就开始发牢骚骂人了。这时候，学员都不听培训师的，都看总经理了。培训师就停了下来，笑呵呵地瞅着他，总经理正在那骂着，骂了半天了，突然感觉到全场死一般地寂静，一抬头，看着员工就说："瞅我干啥，瞅老师。"一看老师也瞅他，马上明白了，"呱"把手机关了，然后说："老师你讲，你讲。"培训师说："没事，您打完吧，领导事很多。"

总经理不好意思地说："不用不用，你讲。"

3.3.5 学员总有质疑怎么办 ━━━━━━━━━━━━━━━━━━━━━

在培训中，个别学员质疑培训师是较为常见的。作为HR要做到冷静对待、灵活处理。同时，处理学员的质疑也是我们必须要掌握的功课之一。

当然，这类质疑如与培训内容相关，同时又不干扰正常的培训进度和时间，我们可以给他解答。如果时间不允许，可以先放在一边，如记录在白板上，放在课下解决。

若是要培训的主题和课堂内容无关可参照3.2.4中处理与培训主题无关提问的方法。

面对学员质疑的处理，首先要冷静，然后对问题具体分析+主动引导或是将问题放置到课下解决。若学员质疑问题中有肯定或积极点，可给予赞赏，然后加以引导，必要时发动其他学员。下面有两则案例供大家借鉴。

【案例1】来自中层领导的质疑

某企业在进行内部培训时，学员都是中层领导，当时有一名学员提出了问题，"你讲的培训和教育的差距，我没太听明白，你能不能再给我讲一次。"培训师接着又讲了一次。"哎呀，我还是有点儿没听明白，您能不能再讲一次。"，培训师又用另一种方法给他做了一次讲解，并打了一个形象生动的比喻。然后问这位学员，"怎么样，这位学员，你听明白了吗？"。这位学员表示还没是没有听懂，培训师感觉到这是一起故意为难自己的学员，然后采用了以下方式，冷静对待。

培训师："这位同学，我问你几个问题，我再来给你解答，你是不是经常给内部的员工讲课呢？"

中层领导学员："是的。"

培训师："那你的讲课对象大部分是新入职员工呢，还是老员工？"

中层领导学员："新入职的员工，老员工都有。"

培训师："那你主要讲技术类，还是管理类呢？"

中层领导学员："主要讲技术类。"

培训师："你在课堂上讲解的时候，是要求大家都明白了再下课，还是课下再与部分不明白的人沟通呢？"

中层领导学员："当然是大部分明白，就讲课，哪有那么多功夫。"

培训师："那如果有一两个人要是不明白呢？"

中层领导学员："那课下再跟他沟通嘛。"

培训师："那好，今天我就课下和你沟通。"

【案例2】商业秘密的质疑

某培训师根据培训机构与某企业培训部的商议，为提升学员的授课技巧，要求学员每人做一份讲授时间为10分钟的课件，内容是工作方面的一些问题。但是当培训师第一天开场时向学员宣布此事时，有一名年经的学员当场就站起来说："老师，这个作业我是不会做的！"

培训师问："为什么这么说呢？"

学员说："我们有很多工作内容属于机密，如果我把这些内容做成课件发给你，谁能保证你不泄密呢？"，此时其他同学都看着培训师。

培训师微笑着问："你的保密意识很强，不错，请问说完了吗？"

学员说："说完了"。

培训师赞许地向这位质疑的年轻学员点了一下头，然后对所有学员说，"这位同学提的问题很好，是个有想法的人，我们先把掌声送给他！"。然后接着说："这位同学有担心泄密的顾虑，现场有没有看法不同的同学？"

一位学员举手说："我觉得事情也没那么严重。第一，这个作业是我公司与你方机构达成的共识……。

培训师接着说："这位学员说得真好，大家同意这位同学的观点吗？同意的话，同样掌声鼓励一下！"现场掌声一片。

最后，培训师说："这两位同学都很真诚，我们现场也需要不同的声音，大家只要有想法，我都欢迎大家说出来。我们把最热烈的掌声送给这两位发言的同学，感谢他们的真诚分享。"

3.3.6
内容出现错漏怎么办

培训过程中出现的错漏，一般是指讲错了或忘了培训中的某点。

对于讲错了或因为一时疏忽造成的小问题，我们可以一笔带过，不必过多纠结，也不用所谓的道歉，避免小题大作越描越黑，应该镇定自若、巧妙纠正。下面的案例就是因为培训师的一时疏忽大意造成的小错，却采取了道歉的方式，从而留下了不小的影响。

一位培训师在给装修公司的中层领导讲课时，由于紧张的原因，一上来就错了：各位设计精英们，大家早上好。说完后就想起来了，不是设计师而是领导，于是，他马上纠正道："对不起，各位领导，大家早上好。"其实，这就没必要了。他下了课还跟领导道歉，闹得主要领导都不好意思了。人家就觉得这老师很脆弱，就这么点小错，一次一次道歉。他应该镇定自若，巧妙纠正。

对于漏讲的内容，我们通过小技巧也能轻松解决，那就是将漏掉的内容，作为重点、详解的内容进行最后补充。或是充分利用学员，如"同学们是否注意到我刚才故意漏掉了什么？""有同学觉得哪里还有没讲到的吗？"等。

下面是一则培训师漏讲了知识点，但通过技巧弥补的案例。

一位培训师讲课时，讲了前面3个知识重点，突然将第4个知识重点忘记了。他不慌不忙，按照正常心态和方式将第5、第6个知识点继续讲解，在这段时间他回想起来了第4个知识点了。

接着，他问学员："各位学员，这个工作只有这5项流程吗？"好多同学开始翻书："老师不对啊，6项，您只讲1、2、3、5和6，第4项还没有讲呢。"

培训师回答道："对，第4项的知识点尤为重要。接下来，我着重将这个知识点与大家进行讲解"。

当然，作为一名优秀的培训师，在课前做好充分的准备，制作出较为详细的课件或将准备的知识量扩大一些，如培训课程是3天的学习量，我们可以准备5天左右的，就能有效避免或减少课堂上出现错讲或漏讲的情况。

3.4 提升培训活力的游戏

在培训的不同阶段都需要学员保持活力，以良好的状态接受我们所传递的方法或知识等。不过在整个过程中难免会有学员不在状态的时候，如开始阶段、中间阶段或结束阶段。这时，我们可以通过一些游戏来进行活力的有效提升。

3.4.1
破冰游戏——促使学员相互认识

破冰游戏可以帮助人们变得乐于交往和相互学习，打破陌生人之间的隔阂，消除同事之间的积怨，使整个培训有一个良好的开端。常用到的破冰游戏有我是谁、人椅、名字接龙、猜猜我是谁和团队节奏等。

下面具体介绍"我是谁"和"猜猜我是谁"两个破冰游戏。

【游戏1】我是谁

目标：提供一个新颖的方法来互相认识。

过程：

1）向团队解释本练习的目标是通过每个人选择代表自己的某一物件来达到互相认识的目的。

2）告知他们每人有15分钟的时间在教室周围找一个能够代表自己个性特征或表达自己身份的物件，并把它带到课堂来。

3）让每一个参与者展示他所选的物件并解释其所表达的含义。例如，我选了一块石头，因为它坚硬、光滑、色彩丰富、古老等。

讨论问题：

1）你从其他参与者身上学到了什么？

2）为什么你在各式各样的物品中选择此类物品，解释其特征。

3）你对其他参与者了解达到何种程度？

物质要求：无

时间要求：大致需30分钟，具体时间取决于团队大小。

【游戏2】猜猜我是谁

目标：使初步认识的队员再次彼此认识。

道具：不透明的幕布一条。

操作程序：

1）参加的人员分成两边。

2）依次说出每人的姓名或希望别人如何称呼自己。

3）训练员与助理训练员手拿幕布隔开两边成员，分组蹲下。

4）第一阶段两边成员各派一位代表至幕布前，隔着幕布面对面蹲下，训练员喊一、二、三，然后放下幕布，两位成员以先说出对面成员姓名或绰号者为胜，胜者可将对面成员俘虏至本边。

5）第二阶段是两边成员各派一位代表至幕布前背对背蹲下，训练员喊一、二、三，然后放下幕布，两位成员靠组内成员提示（不可说出姓名、绰号），以先说出对面成员的姓名或绰号者为胜，胜者可将对面成员俘虏至本分组。

6）活动进行至其中一边人数少于3人即可停止。

注意事项：

1）选择的幕布必须不透明以免预先看出伙伴失去公平性及趣味性。

2）成员蹲在幕布前，避免踩在幕布上，以免操作幕布时跌倒。

3）训练员应制止站立或至侧边偷窥的情况发生。

4）组员不可离训练员太近，以免操作幕布时产生碰撞。

5）组员叫出名字时间差距短，训练员须注意公平性。

6）本活动不适用于不熟悉的团队。

3.4.2
暖场游戏——活跃培训气氛

暖场活动一般是活动开场或中间，当学员处于疲劳期进行的活动，其目的是恢复或提升学员对培训的活力、热情和参与度，增进学员的注意力与记忆力，帮助主要活动的进行。常用的暖场游戏有团队节奏、雨点变奏曲、变通玩法和大树与松鼠等。

下面对"大树与松鼠"暖场游戏进行具体介绍。

【游戏】大树与松鼠

说明：热身活动，让学员兴奋、紧张起来，具有一定的娱乐性。

活动方法：

1）事先分组，3人一组。两人扮大树，面对对方，伸出双手搭成一个圆圈；一人扮松鼠，并站在圆圈中间；辅导员或其他没成对的学员担任临时人员。

2）辅导员喊"松鼠"，大树不动，扮演"松鼠"的人就必须离开原来的大树，重新选择其他的大树；辅导员或临时人员就临时扮演松鼠并插到大树当中，落单的人表演节目。

3）辅导员喊"大树"，松鼠不动，扮演"大树"的人就必须离开原先的同伴重新组合成一对大树，并圈住松鼠，辅导员或临时人员就应临时扮演大树，落单的人表演节目。

4）辅导员喊"地震"，扮演大树和松鼠的人全部打散并重新组合，扮演大树的人也可扮演松鼠，松鼠也可扮演大树，辅导员或其他没成对的人亦插入队伍当中，落单的人表演节目。

活动程序：

1）将学员按上个单元的分组进行竞赛。

2）使用横排轮流的方式，每位同学轮到时坐着说出自己轮到的数字，但在轮到数字有7（7,17,27……）或是数字为7的倍数时（7,14,21,28……），该位同学必须站起拍手，且不可说出此数字。

3）进行比赛，直至时间停止，并奖励优胜组别。

3.4.3
沟通游戏——促进学员相互交流

沟通游戏，主要应用讲沟通的例子时（也就是正式进入培训阶段），没有太多具体的限制，只要培训师觉得适合即可。常用的沟通游戏有撕纸、环环相套、翻叶子和蒙眼作画等。下面我们对撕纸游戏和环环相套游戏进行具体介绍。

【游戏1】撕纸

材料：准备总人数两倍的A4纸（废纸亦可）。

适用对象：所有学员。

活动目的：为了说明我们平时的沟通，经常使用单向的沟通方式，结果听者总是仁者见仁，智者见智，个人按照自己的理解来执行，通常都会出现很大的差异。但使用了双向沟通之后，又会怎样呢？差异依然存在，虽然有所改善，但增加了沟通过程的复杂性。所以什么方法是最好的？这要依据实际情况而定。作为沟通的最佳方式，要根据不同的场合及环境而定。

操作程序：

1）给每位学员发一张纸。

2）培训师发出单项指令：大家闭上眼睛，全过程不许问问题，把纸对折，再对折，再对折。把右上角撕下来，转180°，把左上角也撕下来。睁开眼睛，把纸打开，培训师会发现各种答案。

3）这时培训师可以请一位学员上来，重复上述的指令，唯一不同的是这次学员们可以问问题。

有关讨论：

1）完成第一步之后可以问大家，为什么会有这么多不同的结果。

2）完成第二步之后又问大家，为什么还会有误差。

【游戏2】环环相套

活动目的：了解竞争的本质，学习沟通与合作的技能。

器材场地：室内外均可，每组8～12人，一组3～4个呼啦圈。

规则：

1）每组排成一纵队，队员将左手穿过双腿间，向后握住背后那位队员的右手。

2）训练员手持3～4个呼啦圈站在起点，将第一个呼啦圈递给第一位队员（呼啦圈需穿越头部落下），当呼啦圈传到第三位队员时，第二个呼啦圈才依次递下。

3）第一个呼啦圈传至最后一位时，必须带着呼啦圈跑至队伍最前头成为排头，并依照原方式与队员握手，继续进行活动。

4）当每一位队员都轮过排头，再回到最初进行的位置，任务才算完成。

5）可采用小组竞赛方式进行此活动，进行2～3个回合。

分享重点：

1）决策如何形成？是否所有人都明白并确实执行？如何对伙伴提供适当的协助？

2）参与竞赛的小队，是敌人还是对手？不同的角色定位对策略有哪些影响？生活中有哪些类似的经验可以分享。

3.4.4
团队游戏——增进团队成员协作能力 ——————•

团队游戏非常适合在培训课程的休息时间进行，不仅可以活跃气氛，训练人的反应能力。同时还能增加团队的凝聚力。较为常用的团队游戏有圆球游戏、传瓶游戏、捆绑过关、摔鸡蛋等。下面我们对捆绑过关和摔鸡蛋团队游戏进行介绍。

【游戏1】捆绑过关

简述：借着被绑在一起来完成数件任务。

人数：不限。

场地：不限。

道具：绳子或其他可以绑的东西。

游戏方法：

1）分组，不限几组，但每组最好两人以上。

2）每一组组员围成一个圈圈，面对对方。老师帮忙把每个人的手臂与旁边的人绑在一起。

3）绑好以后，每一组的组员都是绑在一起的，老师策划一些任务要求每组去完成。

目的：在共同完成任务的同时，考察学员团队的合作能力。

【游戏2】摔鸡蛋

活动目的：如何发挥团队中个人的力量，最后达成一致意见，锻炼学员的沟通能力，如何组织好各成员协调的合作关系。

形式：5个人一组。

时间：20分钟。

材料：每组一把剪刀，10只软吸管，一个胶带，一颗鸡蛋。

适用对象：全体学员。

操作程序：给8分钟时间，最后鸡蛋经过处理后，由该组中最高的一名学员站在桌子上，平手把鸡蛋扔下，扔到地上不摔碎，没有裂痕，算成功。

有关讨论：

1）自己本组的实际想法，如何处理鸡蛋。

2）你们小组的分工情况。

3）你认为哪一组做得比较好。

4）如果再做一次，你认为该如何改进？

3.5 如何做好新员工入职的培训

在实际的培训工作中，并不是一种培训方式就能解决所有人员的问题。培训方式方法必须根据不同的培训对象进行调整，因为目标、需求等不一样。

新员工的入职培训是绝大部分用人单位都会进行的工作，目的是让新职员快速了解和融入组织，较快地适应工作环境和工作岗位，掌握和提升必要的业务能力，快速地进入良好的工作状态，为公司服务。

3.5.1 新员工的培训形式有哪些

对于新入职的员工培训，主要目的是让新职员更快更好地融入新环境和新岗位中，快速进入工作模式，胜任工作岗位。在实际中，新职员培训较为普遍的形式主要有以下几种。

◆ 培训形式一：师带徒

师带徒就是把一位或多位新职员分配给一位经验丰富的老职员，由老职员帮助这些新职员了解和掌握他们实际工作所涉及的各种知识和技能，这种方式在企业对新职员培训中普遍存在。同时，HR必须做好两点，一是要对"师傅"进行科学的评估和选拔，并辅以适当的激励手段；二是要形成师带徒的教学模式和标准。

◆ 培训形式二：沙龙讨论

定期和不定期地将相应新入职人员聚集在一起，对工作方法、工作思路、经验教训及具体工作问题的解决和实现方式进行讨论，形成头脑风暴，意见交换。在这种培训形式中，需要一名或多名专业的人员及时纠正他们的错误，同时给予正确的意见或具体方法。

◆ 培训形式三：聘请外部讲师做内训

这是最常见的培训方式之一，已经被许多企业采用。企业选择一位来自外部培训公司或自由职业的讲师，将新职员集中在一个特定的空间内，由聘请的讲师运用一定的专业培训设备和技巧进行为期0.5～3天的主题训练。如一些教学光盘制作公司，会聘请其他公司的老师来对新职员进行为期3天的集体培训。

企业在聘请外部讲师时，需要考虑以下几点。第一，培训师的课酬、培训师及其助教的交通食宿费、培训场地和器材费、培训师的需求调研费用及学员脱产培训的支付工资等，都需要企业来埋单。所以成本较高，企业要考虑是否能够承受。第二，培训师所授予的知识和技能可能并不适应企业的实际需要，因为他们不完全了解企业的实际情况。第三，培训师在培训中所传达的某些信息可能导致新职员对本公司的管理形成不满，因而可能引起内部观念冲突。

◆ 培训形式四：内部讲师执行内训

许多企业出于培训成本和效果的考虑，越来越注重内部培训师的培养和运用，特别是消费品领域的企业，它们比其他企业更注重内部培训师的培养。

◆ 培训形式五：视频学习

包括两种具体方式，一是购买视频课程，让新职员集体观看；二是购买培训公司的网络视频课程，让新职员随时上网学习。这一方式目前正在为许多小公司所采取。

◆ 培训形式六：读书活动

这是一种成本极小，但效果正面的培训方式。一方面，它可以使新入职人员从读书中学习到知识和技能；另一方面，可以提高新入职员工的自我学习能力。使用这种形式进行培训，HR一定要选择实用性强的图书，并且让新职员积极分享心得。同时，可以适当采取一些小而有意义的奖励和处罚手段。

3.5.2 如何对新员工进行企业文化培训

企业文化本身包含理念文化、制度文化、行为文化和物质文化4个方面的内容。通过对新员工的企业文化培训，可以使其对公司的各个方面都有一个比较全面地了解。正是因为企业文化的复杂、多面和理论性较强，所以对新员工的培训就很有讲究，尽量保证全面，同时保证员工能很好地接受和使用培训内容。HR在实际培训中，可参照以下操作方法进行。

◆ 选好培训内容

对新进职员进行企业文化的培训，首先应选好培训的主要内容。大部分企业文化经过分解后，其主要内容基本上呈现出以下几点。

1）公司如何对待员工的主要思想与配套措施，如公司如何对待员工，有哪些福利措施，为员工实现个人价值创造了哪些条件，个人在公司的发展前景等。

2）突出公司的文化愿景、战略及核心价值观。

3）发生在企业的有名的故事与案例，让大家在一种身临其境的感觉中学习公司的文化。

4）文化对公司发展的重要性及与公司文化保持一致的方法。

5）公司员工的行为准则。

同时，准备一份优秀的学习文本，做一份全面介绍企业各方面情况的员工手册。以方便新员工随时随地进行学习，更好地对自己的思想和行为进行调整和约束。

◆ 选好培训对象

企业文化属于战略层面的东西，它的培训有深浅之别。所以，培训对象应讲究层次性，应对其进行合理的选择。如规章制度适用于所有新入职职员培训；部分企业战略或目标适合高层入职人员培训。

在对新职员进行企业文化培训时，培训师的专业度、理论思想、授课经验与技能、身体语言、讲课特点与模式及个人行为修养，会直接影响培训的质量和效果。特别是培训师的专业度和理论思想是企业文化培训全面、详尽的保证。

◆ 选择合适的培训方式

在企业文化培训过程中要根据不同的培训内容来采取合适的培训方式，尽量使培训内容和形式相匹配，提高培训效果。如针对企业价值观的培训，适合采取企业领导人宣讲的方式；针对企业文化知识和理念等内容的培训，适合采用知识竞赛的形式；针对企业文化行为的培训，适合采用拓展训练、趣味游戏等寓教于乐及活泼互动的方式，让员工积极参与进来，使员工真正成为企业文化建设的参与者和实践者。

◆ 选好环境

作为受培训的学员，不仅受培训内容和授课讲师的影响，而且也会受到培训环境或氛围的影响。这就要求为学员创造良好的文化环境与氛围，以便用文化氛围唤醒受培训学员的主观意识。因此，企业在选择培训地点时，要考虑环境安静度、格局布置，还要策划文化环境。

◆ 做好安排

对于一部分新入职员工，对企业文化的学习并不是那么惬意和轻松。所以，HR在课程设置、授课方式及授课时间等方面，应该做好策划，妥当安排，让学员感到轻松愉快，从而提高培训效果。

◆ 做好评估

对培训效果的评估可从培训的效益性和科学性两个方面进行。针对培训目标的实现程度，既要关注过程和投入指标，又要关注结果指标。比如，针对参加培训的员工，可以从其反应层面和学习层面对培训的过程进行评估，也可以从其行为层面和效益层面对培训的结果进行评估。

同时，一方面，可以通过评价学员个人对企业文化的认同感、工作态度和作风的转变、工作效率的提高等进行评定；另一方面，可以选择销售额、客户满意度及销售收入利润率等指标进行分析，从而得出企业文化培训对企业经济效益的贡献、对企业获利能力的影响，使培训效果在实际工作中得到检验。

◆ 动态信息掌控

培训结束后，将学员聚集到一起进行学习成果的讨论，共享培训成果，从中总结经验，发现问题，纠正问题，全面提高培训效果。同时，每隔一段时间对新入职员工进行一次互动交流，如部分员工的座谈会、问卷调查等，了解员工在融入企业过程中所遇到的问题，进行有针对性的帮助与教育。

多做测试来检验新员工的培训情况

HR对新员工培训情况进行检验的常规方法有4种，如图3-8所示。

问卷调查
发放调查表给学员，以了解培训师的讲课水平、受欢迎程度、培训内容是否满足需求、受训后的感受和受训人的建议。

考试与实际操作检验
通过考试与实际检验，确定受训人员对培训内容的理解和掌握程度。

观察法
对学员在实际工作中的行为变化进行关注，以了解受训人员通过培训对实际工作产生好的、积极的影响。

业绩总结
根据新员工在实际工作中表现出来的业绩效果的大小、多少来评估培训效果。

图3-8

在实际工作中，HR可按照4个步骤对新员工进行培训情况考核，如图3-9所示。

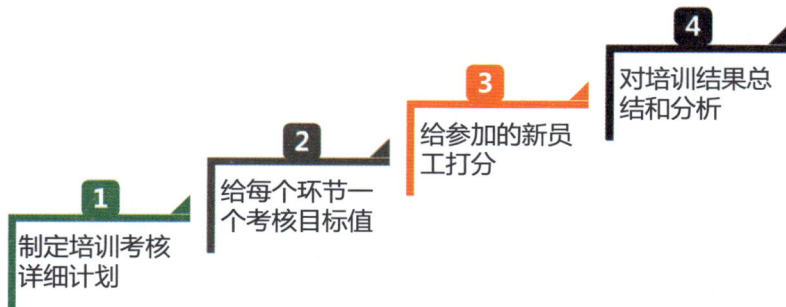

1 制定培训考核详细计划

2 给每个环节一个考核目标值

3 给参加的新员工打分

4 对培训结果总结和分析

图3-9

新入职学员的培训考核综合评估结果由3个部分组成，分别是职员的自我评估、培训师的评价和岗位中实际工作情况、操作能力和效率。下面是一张专门用于新职员培训测试的表格样式，如图3-10所示。

为了不断提高我们的培训质量，请您认真、完整填写此调查表。以下均为必填项

1、您对课程内容、讲师表现或培训组织工作的建议：

2、入职培训的内容中，还有哪些是您想了解但讲师未涉及的？

3、您对企业文化内涵是否认同？不认同企业文化内涵哪些观点？

4、您对企业文化内涵感触最深的一句话，请说出原因

5、您在公司的职业发展规划是怎样的？

6、您还想参加哪些课程的培训？

7、您的优势性格特征（与职位要求相符合的性格特征），请具体举例说明

8、您最想改善自己的是哪些方面？

图3-10

下面是一份对新员工培训考核的测试题。

新员工入职培训测试题

姓名：　　　　部门：　　　　得分：

一、填空题

1. 公司现在生产产品包括＿＿＿＿＿＿＿＿＿＿＿＿。

2. 公司目前作息时间上午＿＿＿＿＿＿下午＿＿＿＿＿。

3. 7S定义是指＿＿＿＿＿＿＿＿＿＿＿＿＿＿＿。

4. 7S起源国家是＿＿＿＿＿＿＿＿＿＿＿＿＿＿。

5. 培训的作用＿＿＿＿＿＿＿＿＿＿＿＿＿＿＿。

6. 培训的目的是＿＿＿＿＿＿＿＿＿＿＿＿＿＿。

7. 公司全称为＿＿＿＿＿＿＿＿＿＿＿＿＿＿。

8. 试用期结束后公司为员工缴纳＿＿＿＿＿险。

二、选择题

1. 下列行为没有违反公司制度的为（　　　）。

A.浪费原材料或损害公务

B.在公司上班时间吸烟

C.工作主动积极不抱怨

D.工作期间串岗，擅自离岗

2. 工作期间有事离开，必须请假，否则按旷工处理，旷工（　　　）天，视为自动离职。

A.1　　　　　　　B.2　　　　　　　C.3　　　　　　　D.4

3. 您认为企业员工的个人素质重要吗？（　　　）

A.非常重要　　　B.可有可无　　C.不重要　　　D.无所谓

4. 您认为提升员工知识技能对企业发展有没有作用。（　　　）

A.至关重要　　　　B.没有用　　　C.有点作用　　D.作用不大

5. 您认为如何提升企业员工的综合素质？（　　　）

A.通过培训提高学习能力　　　　B.执行公司规章制度

C.良好的工作环境　　　　　　　D.管理者以身作则

6. 您对企业内部的评价（　　　）

A.企业领导者缺乏职业化意识

B.管理层职业化素质普遍不高

C.大多数员工没有职业化的素养

D.大多数管理者和员工都比较职业化

三、判断题

1. 7S包括整理、整顿、卫生、清洁、素养、安全和善良。（　　　）

2. 在公司厂区内任意地方可以吸烟。（　　　）

3. 员工在上班时间，不得擅自离岗，如有特殊情况必须由主管或是负责人以书面形式同意后，方可离开。（　　　）

4. 产品标识是为了防止不合格产品和合格产品混淆。（　　　）

3.6 如何做好营销一线人员的培训

企业或营销经理要想让销售业绩得到提升，谈成更多客户，吸引更多优质客源，就需要对营销一线人员，也就是销售人员进行方法和技巧的培训，从而将他们打造成精兵强将。

3.6.1
全面分析营销一线人员的特点

营销一线人员通常就是那些与客户直接打交道的人员，也就是销售员或业务员等。他们普遍具有如下特点。

◆ **热情**：业务员在业务活动中待人接物要始终保持热烈的情感，使客户感到亲切、自然，从而缩短情感距离，创造出良好的交流思想和情感的环境。

◆ **开朗**：业务员通常都需要坦率、爽直，能积极主动地与他人交往，提高交易成功的可能性。

◆ **温和**：乐意与别人商量，能接受别人的意见，使别人感到亲切，容易同别人建立亲近的关系。

◆ **坚毅**：与其他工作相比，营销活动具有更大的难度，营销人员实现业务活动目标总是与克服困难相伴随。因此，业务人员必须具备坚毅的性格，只有这样才能找到克服困难的办法，才能最终获得营销活动的胜利。

◆ **耐性**：营销人员是连接企业产品与顾客之间的桥梁，不仅要耐心地向客户介绍企业的产品或服务，同时也不免会遇到客户的投诉，被当作"出气筒"。此时，营销人员就是一个耐心的倾听者，对别人的讲话表示兴趣和关切；又做一个耐心的说服者，使别人愉快地接受你的想法而丝毫没有被强迫的感觉。

◆ **大方**：营销人员时常因为业务需要参加各种社交活动，这种活动对营销工作的成败有很大影响，所以一定要讲究姿态和风度，做到举止落落大方，稳重端庄。

◆ **幽默感**：营销人员具备的有趣而意味深长的素养，能够使客户感到兴奋、活泼并得到启发和鼓励。

优秀的营销一线人员，他们不仅具有普遍特点外，还具有以下一些特质。

◆ 以客户为中心的现代营销理念，从客户出发，注重需求。营销焦点从先前的"生产"转移到"市场"，以适当的产品或服务来满足客户的需要与欲望。

◆ 严格按照大众所能接纳的道德标准来处事，努力处理好与竞争者、公司、客户等多方面的关系。

◆ 注意销售以外的事情，也就是那些被称为人之常情的事情，如帮助客户满足某种合理愿望等。

◆ 掌握必要的知识，对客户进行有针对性地说服与指导。

◆ 善于把握销售中的一切机会，同时已做好准备，这些准备包括动机的准备、观念的准备和才能的准备等。

◆ 将每次销售都视为一种尝试，而且视为逐渐接近成功的尝试。

◆ 具备旺盛的学习热情，不断充实、提高自己，开拓眼界和思维。

3.6.2 营销人员培训五步法

营销一线人员的培训在一定程度上与普通员工的培训步骤方法一致：根据能力要素建立模型→培训需求分析→培训课程体系搭建→培训组织实施→培训评估。

第一步：根据能力要素建立模型

根据营销一线人员能力来建立模型，可以从两个方面作为出发点和基准，分别是职业素养和营销技能。当然不同阶段的营销人员的职业素养和营销技能要求是不一样的，如业务员的职业素养主要是学习意识、产品知识、 沟通技巧和产品认可及积极平和的心态。营销技能主要包括执行力、品牌和产品了解和掌握、渠道销售力等。

第二步：培训需求调查

对营销人员的培训需求调查，可从3个方面作为基准点。

（1）企业的战略目标

综合企业的管理模式、产品与服务、销售渠道及企业销售政策和目标。

（2）员工综合素质要求

它包括员工的团队合作能力、沟通交际能力、执行力、抗压能力及销售动机等因素。

（3）员工能力和技能

主要是对营销人员产品知识的掌握、销售知识的理解和把握、市场开发、维护和分析的能力进行分析和整理。

第三步：培训课程体系搭建

根据营销人员素养、销售和技巧，就可以制定出科学合理的培训课程和计划，针对所有营销人员的通用课程和针对部分或个人的个性课程。需要注意的是，营销人员的通用课程可以针对所有级别的营销人员，也可以是对于同一阶段的学员而言，如业务员的通用课程、销售经理的通用课程及销售总监的通用课程。如图3-11所示是一份针对所有营销人员的培训课程安排表。

第四步：组织实施

组织培训时，HR要考虑到5个方面，分别是培训时间、地点、培训师、方式和具体实施计划。其中，除培训时间以外，其他培训方面的考虑与一般学员培训的基本相同，这里不再赘述。

其中，对营销人员培训时间的考虑和选择，可以从以下几个方面来进行。

1）大量新进销售一线人员进入公司时。

2）当有销售人员出现岗位晋升时，为其尽快适应新的岗位。

3）企业业务处于淡季或业务量处于普遍下滑时。

4）年度例行培训期间。

第五步：培训评估

培训评估是营销培训的最后一步，其操作方式很很多种，具体请参考2.5节知识，这里不再赘述。

培训内容	培训对象		
	高层	中层	基层
1．现代市场营销与销售	√	√	√
2．销售基本概念和理论	√	√	√
3．销售与社会、企业及个人的关系	√	√	√
4．销售产品或服务所属行业专业知识	√	√	√
5．客户类型及心理把握	√	√	√
6．销售渠道的开发与管理	√	√	√
7．销售人员的素质、品德与态度要求	√	√	√
8．销售人员的仪表和礼仪技巧	√	√	
9．销售人员的自我目标和计划管理	√	√	
10．销售前的准备	√	√	
11．客户约见与心理距离的拉近	√	√	
12．销售谈判艺术	√	√	
13．观察、倾听和询问技巧	√	√	
14．销售人员的时间管理	√	√	√
15．促成销售的方法	√	√	
16．与客户道别的方法	√	√	
17．增加销售业绩的方法	√	√	
18．如何处理销售过程中的疑义	√	√	
19．如何与客户建立长久的业务关系	√	√	
20．怎样进行电话销售	√	√	
21．面对大客户的销售艺术	√	√	√
22．销售人员的团队共识	√	√	√
23．销售合同的起草与订立	√	√	
24．销售人员的潜能开发	√	√	√
25．销售人员心理素质训练		√	√
26．销售人员的心态		√	√

图3-11

3.6.3
基于提升业绩的培训

　　要想让营销人员的业绩有所提升，就必须将绩效指标化，明确绩效存在的差距或短板，然后进行原因分析，制定出培训计划并实施，从而达到绩效改善提升的目的。下面是一份绩效考核的部分方案。

销售人员绩效考核方案

　　（1）考核原则

　　1）业绩考核（定量）+行为考核（定性）。

　　2）定量做到严格以公司收入业绩为标准，定性做到公平客观。

　　3）考核结果与员工收入挂钩。

　　（2）考核标准

　　1）销售人员业绩考核标准为公司当月的营业收入指标和目标，公司将会每季度调整一次。

　　2）销售人员行为考核标准。

　　a）执行遵守公司各项工作制度、考勤制度、保密制度和其他公司规定的各项制度。

　　b）履行本部门工作的行为表现。

　　c）完成工作任务的行为表现。

　　d）遵守国家法律法规、社会公德的行为表现。

　　e）其他。

　　其中，当月行为表现合格者为6分以上；行为表现良好者为8分以上；行为表现优秀者为满分10分。如当月能有少数突出表现者，突出表现者可以最高加到12分。如当月有触犯国家法律法规、严重违反公司规定、发生工作事故、发生工作严重失误者，行为考核分数一律为0分。

　　（3）考核内容与指标

　　销售人员绩效考核如表3-3所示。

表3-3 销售人员绩效考核表

考核项目	考核指标	考核标准（评分部门填写）	满分	实际完成数值（评分部门）	完成比率（人资）	得分（人资）	评分部门	备注
工作业绩	销售完成率	本月任务_____万元	15分	实际销售额_____元			财务	完成比率=实际完成销售额÷销售任务×100%
	销售增长率	上月销售额_____万元	10分	本月销售额_____元			财务	增长率=（本月销售额-上月销售额）÷上月销售额的绝对值×100%
	回款完成率	实际回款金额/计划回款金额	10分	本月回款额_____元			财务	完成比率=实际完成回款额÷计划回款额×100%
	销售费用完成率	实际销售费用/计划开发费用	5分	本月费用额_____元			财务	完成比率=实际发生费用÷计划费用×100
	新客户开发	实际开发客户/计划开发客户	5分	_____人			经理	完成比率=实际新客户数÷任务×100%

3.6.4

基于提升服务的培训

营销一线人员在销售过程中不仅销售产品，还销售服务。服务的质量直接关系到业务的达成情况，以及客户对产品的满意度和口碑，从而促进绩效的提升。

在销售过程中，销售服务分为3个层次，其具体介绍如下。

1）分内服务。也就是销售产品或业务达成时，向客户承诺的与产品相关联或配套的服务，常见的售后服务，如保修、包退等。

2）分外服务。也就是不在产品的服务范围内，属于提升客户满意度的额外服务，从而稳定客户和发展客户，促成再次成交。

3）与产品无关的服务。如购买婚礼设备时，帮忙联系一些婚礼主持人等。目的是让客户感到合作的真心诚意，有所感动，从而留住和发展客户，促成再次成交。

下面是海尔的感动服务案例，充分说明营销中服务的重要性。

海尔彩电某年为迎接3·15到来，为消费者创造放心的购物环境推出的一项举措——感动服务，就是"提供用户意料之外的服务，用真诚创造用户感动"。

感动服务是海尔彩电继亲情服务、生日服务、零距离服务之后进行的又一次服务大升级。人性化的关怀，体贴用户的每个细节，设身处地地为用户解决每一个难题是感动服务的特点。从产品设计开始，海尔彩电就站在用户角度思考，从用户来信、现场反馈中寻找信息，为用户设计他们需要的产品。在销售过程中，对用户进行详细的指导，送货上门、安装调试，实行一站到位式服务。海尔彩电还对用户进行定期电话回访，定期维护保养，及时搜集用户意见。

王女士是海尔新服务的享受者之一，但最初面对琳琅满目的海尔等离子、液晶电视系列却不知该如何选择。得知王女士的担忧后，海尔彩电服务人员立刻行动，跟随王女士到她家进行"现场设计"，结合王女士家的结构、尺寸、装修、房间的格调、家人的爱好等因素现场设计。在讨论了几套设计方案后，终于找到了最适合的方案。安装、调试完毕后，王女士满意极了："因为担心安装不好会破坏家里装修的环境，我一直没有买等离子电视。海尔彩电解决了我的这个问题，海尔真是替用户想得周到。"

第4章

善用演示工具
让培训轻松进行

在进行培训的过程中，如果要想达到一个很好的培训效果，如让培训内容直观呈现，让学员的注意力集中等，就需要借助一些演示工具。本章将具体介绍培训过程中会涉及的演示工具，以及这些工具的具体使用方法。

4.1 演示辅助工具有哪些

根据培训的方式和目的的不同，演示的辅助工具也有差异。但是对于一般的培训来说，投影仪、白板、幻灯片等是最常见的演示辅助工具，下面就来认识这些工具在培训中的具体作用。

◆ 投影仪

投影仪又称投影机，它是通过不同的接口将电脑连接起来，将电脑屏幕上的内容投放到幕布上，从而让学员直接在幕布上观看培训的内容，如图4-1所示。

图4-1

◆ 白板

白板通常是白色的金属板材料制成的书写平面。白板的作用与黑板类似，是一种可反复擦写的书写工具，白板必须用专用的白板笔书写。在培训的过程中，毕竟幻灯片中的显示内容不可能像Word文档那样写得十分全面和详细，因此对于一些补充的内容，都可以通过白板传递给学员，如图4-2所示。

图4-2

TIPS *白板的使用注意事项* 🔍

白板的使用寿命完全取决于板面的保护程度，因此在使用白板时，需要注意以下几点。

（1）初次使用白板时，切记将贴在板面上的保护膜撕掉。

（2）要用质量好的白板笔书写，否则擦不干净。

（3）要用柔软干净的白板擦，否则容易损伤板面。

（4）白板使用一段时间后，板面出现笔痕或积灰，属正常现象。此时先在板面上喷洒白板清洁剂，然后用柔软、干净的棉布或不带毛的纸巾擦拭。

（5）平常请勿将他物靠在板面上，以免碰伤板面。

◆ 幻灯片

这里说的幻灯片是指电子幻灯片，亦称演示文稿或简报，它是由文字、图片等元素组合在一起，制作出来的具有动态特效的可播放文件。

培训师将培训内容制作成幻灯片，可以让学员更直观、形象地接受培训内容，而且优秀的幻灯片在一定程度上还能吸引学员的注意力，让其更聚精会神地听讲。如图4-3所示为有关"How to 职业化"的商务培训幻灯片效果。

图4-3

4.2 投影仪的使用方法

　　在使用投影仪的过程中，幕布通常不需要培训师来安装，对于投影仪与电脑的连接及使用过程中的一些调试操作，是培训师必须掌握的操作，下面就来逐一进行讲解。

4.2.1 将投影仪连接到笔记本电脑

　　要将电脑上显示的内容投影到投影幕布上，需要将投影仪与电脑进行连接。其操作很简单，下面通过将投影仪连接到笔记本电脑为例，讲解具体的连接操作。

分析实例 将笔记本电脑与投影仪进行物理连接

Step 01 ❶使用投影仪提供的VGA电缆将一端连接到笔记本电脑的信号输出接口，如图4-4所示，❷将VGA电缆的另一端连接到投影仪的信号输入接口，如图4-5所示。

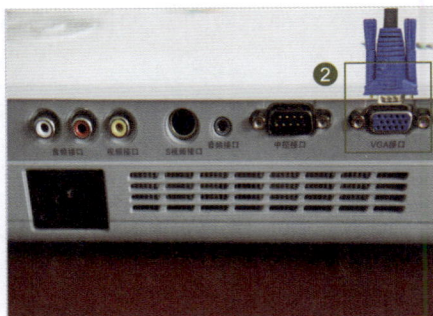

图4-4　　　　　　　　　　　　　图4-5

Step 02 将准备的电源线的一端连接到投影仪的电源端口，如图4-6所示。同时，将电源线的另一端插头插入交流电的电源插座上完成投影仪的整个物理连接操作。

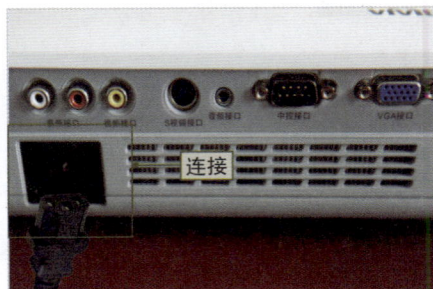

图4-6

自动调节投影仪的图像质量

在投影仪上显示电脑屏幕的内容时，在某些情况下，图像质量可能不太好，此时就需要对图像质量进行优化。其方法有两种，第一种方法是按投影仪上的"自动调整"按钮，如图4-7所示；第二种方法是按遥控器上的"自动调整"按钮，如图4-8所示。

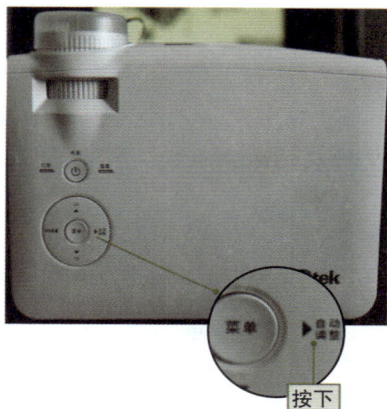

图4-7

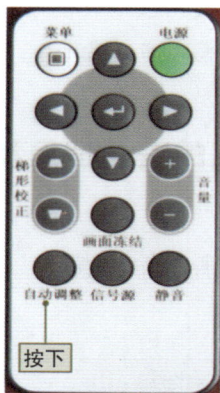

图4-8

如何控制投影仪的显示模式

对于外连投影仪时，用户可以通过按【Windows+P】组合键弹出一个设置显示模式的面板，如图4-9所示。此时可以通过按住【Windows】键不放，连续按【P】键在4种模式间切换，也可以按方向键进行模式切换。

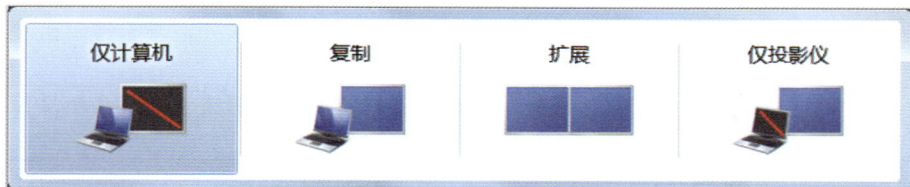

图4-9

各种显示模式的具体说明如下。

◆ **仅计算机**：该模式下，原电脑屏幕上的内容仅在电脑屏幕上显示，不会在投影幕布上显示。

◆ **复制**：该模式下，原电脑屏幕上的内容同时在电脑屏幕和投影幕布上显示，且显示内容相同。

◆ **扩展**：该模式下，原电脑屏幕上的内容一部分在电脑屏幕上显示，另一部分在投影幕布上显示。

◆ **仅投影仪**：该模式下，原电脑屏幕上的内容不在电脑屏幕上显示，仅在投影幕布上显示。

4.2.4
投影仪的安全使用和简单的故障排除

为了让投影仪的使用寿命更长，我们在使用投影仪的过程中必须注意表4-1所示的几点。

表4-1 使用投影仪的注意事项

注意事项	说明
不能立即断电	关机后，投影仪不能立即断开电源，因为此时机内的温度乃然很高，其散热系统仍在工作，马上切断电源会使热量无法散出而对机器造成损害。所以关机时要先关闭投影仪，这5分钟等散热风扇停转后，再关掉设备总电源开关
避免长时间使用投影仪	投影仪不能总是开着，对于DLP投影仪，在连续使用4小时后需要关机休息30分钟以上。另外，投影仪的开、关机操作也不能太频繁，这会降低投影仪灯泡的使用寿命或内部电器元件损坏
避免强烈的震动	强烈震动会造成液晶片的移位，影响放映时三片LCD的汇聚，导致RGB颜色不重合现象。震动还有可能造成光学系统中的透镜、反射镜变形或损坏，影响图像投影效果。而变焦镜头在冲击下会使轨道损坏，造成镜头卡死，甚至镜头破裂无法使用
注意防尘与通风	在投影仪使用环境中防尘非常重要，一般来说，分为清洁镜头、清洁过滤网和光路除尘3个方面

在培训过程中，投影仪突然出现一些故障是在所难免的，为了确保培训的正常进行，培训师有必要了解一些常见故障的排除方法，下面具体介绍一些供读者学习。

故障一：投影仪突然黑屏，且有一个红灯在闪烁，还有一个红灯长亮。

故障排除：引起这个故障的原因是因为投影仪散热不足，此时需要培训师关机，等待5分钟后再将其开启。如果显示的是无信号，再次进行切换。如果显示的是无信号，将电脑重启一次即可继续使用。

故障二：投影仪有信息输入，但无图像。

故障排除：在保证笔记本电脑输出模式正确的情况下，出现这个故障应首先检查电脑的分辨率和刷新频率是否与投影仪相匹配。通常，由于笔记本电脑的硬件配置高，所能达到的分辨率和刷新频率均较高。如果超过了投影仪的最大分辨率和刷新频率，就会出现故障，此时只需要通过电脑的显示适配器调低这两项参数值，一般分辨率不超过600×800，刷新频率在60~75赫兹之间，可参考投影仪说明书。

故障三：投影仪使用中，突然自动断电，过一会儿开机又恢复。

故障排除：造成该故障的原因通常是因为投影仪使用中机器内温度过高，启动了投影仪中的热保护电路，从而造成断电。为了使投影仪正常工作，防止机器内升温过高，一定要确保投影仪背部和底部的散热通风孔通风良好。

故障四：投影仪输出图像不稳定，有条纹波动。

故障排除：因为投影仪电源信号与信号源电源信号不稳定。将投影仪与信号源设备电源线插头插在同一电源接线板上即可解决。

故障五：投影图像重影。

故障排除：大部分的情况是由于连接电缆性能不良所致，可更换信号线，在更换信号线时需要注意与设备接口的匹配。

故障六：投影图像出现竖线、或者不规则曲线。

故障排除：出现这种故障，首先调整图像的亮度。如果图像的亮度合适，则检查投影仪的镜头，确认镜头是否需要清洁。如果前两种方法都不能排除故障，则调整投影仪上的同步和跟踪设置。

4.3 制作演示文稿的流程

幻灯片是培训内容最重要的载体，制作幻灯片的工具有很多，如

Mircrosoft公司的Office软件中的PowerPoint组件、金山公司的WPS Office套件中的WPS演示、苹果公司iWork套件中的Keynote、OpenOffice的办公套件中的OpenOffice Impress等，但是比较普遍使用的还是利用PowerPoint来制作幻灯片。

　　那么，在制作演示文稿时，需要按照怎样的流程来完成呢？如图4-10所示。

最终向观众展示

8 排练放映演示文稿

7 创建讲义和备注

4 初步制作演示文稿

3 准备素材

6 制作动画效果

5 美化演示文档

2 确定演示方案

1 确定听众与目标演示

图4-10

4.3.1 确定听众、目标和演示方案

　　在培训过程中，因为培训的对象不同，将决定整场演示的走向。因此，演示的对象和目标必须先行确定。了解了听众的特点和背景后再明确自己所要达到的目标，两者相结合是制作演示文稿的第一步。

　　例如，对于新员工的入职培训，这些培训内容都是一些传播性质的信息，目的是让新进职员对公司的整体文化进行了解，为了缓解新员工的恐惧心理，这类演示文稿的制作风格可以稍显活泼，体现公司的亲和力，此时可采用大量配图、图示来直观呈现信息内容。

色彩搭配也可以亮丽一些，布局也可以体现得更具个性一些，这样可以间接让员工感受到公司的专业和实力，以及彰显个性的特点，如图4-11所示。

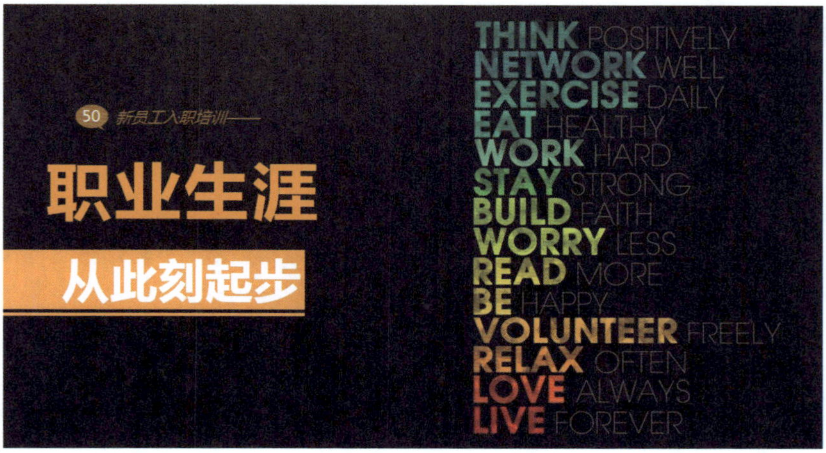

图4-11

又如，对于销售技能培训，其内容更多的是传递一种技巧和方法，整体设计风格要体现专业、严谨的特性，可适当增加一些时尚感的元素，如图4-12所示。但是要注意度的把握，不能过于随意。

图4-12

无论面向的培训对象是新进职员、在职老员工，还是领导层，在确定了演示的类型和目标后，培训师的重点就是设计演示文稿的整体框架和结构，并大致拟定出该场演示包含的内容。框架结构、内容与成品演示文稿之间的优劣关系如图4-13所示。

垃圾框架结构+垃圾内容=绝对的垃圾作品

好的框架结构+垃圾内容=看起来不像垃圾作品

垃圾框架结构+好的内容=看起来像垃圾作品

好的框架结构+好的内容=绝对的精品作品

图4-13

所以，整体框架与结构和演示要包含的内容才是我们要传递给学员的精髓，而PPT无非是辅助完成培训的一种演示工具，这点主次关系不能混淆。

4.3.2
准备素材

确定了演示文稿的整体结构和大致内容后，就要为所涉及的内容做细致的准备了，比如演讲稿、要展示的文字、数据、表格及图片等，甚至包括声音、视频文件等，这些内容称为演示文稿的素材，准备充分后在具体制作时才会有更高的效率。

在准备素材这一步，对于演讲稿、要展示的数据、表格、音频和视频文件等都比较容易，而图片素材的准备要稍微困难一些。

图片素材又分为如下两种。

◆一种是产品展示的图片，如果有不错的摄影技术和图像处理技术，这种图片也很好准备。

◆另一种图片是会意图片，它是为了更好地突出、强调和辅助演示者要讲解的内容，这种图片的寻找，需要制作者有丰富的联想，才能找到符合主题内涵的好图，如图4-14所示拥抱大自然的背景图，与积极心理学的主题配合的非常恰当。

图4-14

初步制作和美化幻灯片

　　素材准备完善后，就可准备生成演示文稿，然后设置其中母版的内容与格式等，再选择幻灯片的版式并添加相应内容，或添加其他幻灯片，如图4-15所示为初步制作演示文稿的流程。

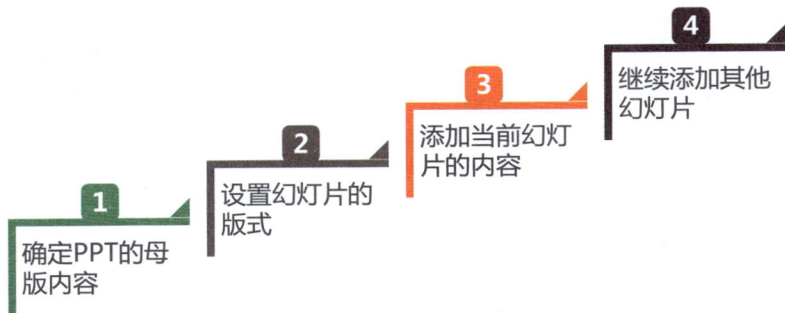

1　确定PPT的母版内容

2　设置幻灯片的版式

3　添加当前幻灯片的内容

4　继续添加其他幻灯片

图4-15

　　初步完成演示文稿的制作后，就要对幻灯片中的内容进行格式设置和美化操作，这包括文字、段落格式设置，背景设置，添加图形、图表和一些装饰图片，以及添加一些标识文字等，总而言之就是增强演示文稿的观赏性，如图4-16所示的上图是美化前的幻灯片效果，下图是美化后的幻灯片效果。

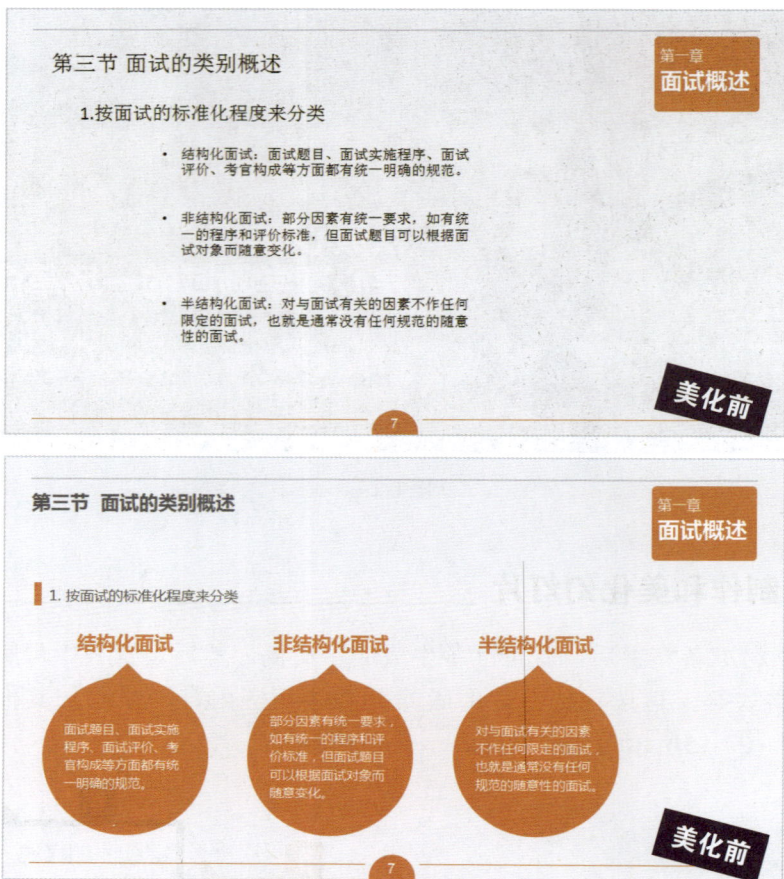

图4-16

制作动画效果

　　演示文稿最后放映是动态演示的，为了让其更加生动直观，就需要为幻灯片中的各元素设置动画效果。这时演示文稿的制作者就好比一部电影的导演，在为各个演员设计动作。

　　动画效果包括两方面，第一方面是幻灯片之间的切换动画，通过设置切换动画，可以让幻灯片的转场更流畅、自然，如图4-17所示，中间的图是从上一张幻灯片切换到下一张幻灯片的过渡效果。

图4-17

　　第二方面是为当前幻灯片中的文本内容或者其他图形对象添加动画，通过为内容和对象添加不同的效果，不仅可以让页面的显示效果更酷炫，还能让内容按制作者意愿的顺序进行显示，如图4-18所示为按打字机的效果逐个显示礼仪内容。

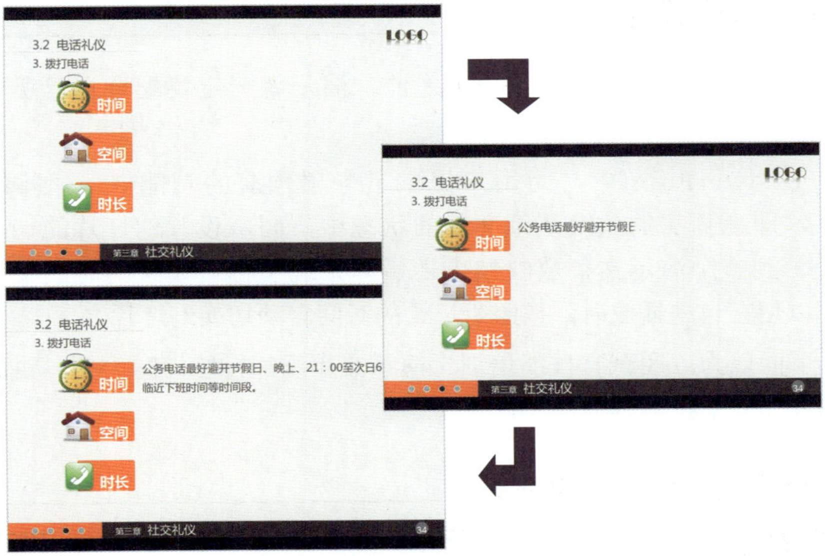

图4-18

4.3.5

创建讲义、备注并排练演示

　　完成演示文稿的制作后，通常需要将幻灯片中的部分内容创建成讲义，在演示前将其打印出来分发给观众，算作是演示内容的大纲。

　　另外，演讲者通常还需为幻灯片添加一些备注信息，以便在放映时对自己进行相关的提示。

　　即便是对演示文稿进行了精心的制作，也难保在正式放映时会出差错。因此，在所有内容的制作完毕后，通常都需要先对演示文稿进行预览放映，查看其中是否有需要修改的内容、动画设置是否恰当等。另外，还可通过放映排练来进行实战预演。

4.4　PPT演讲要注意这些细节

　　在PPT演讲之前，做好细节工作，不仅可以方便自己的演讲，还能吸引学员的注意力，让演讲效果更好，下面具体介绍一下哪些细节需要培训师注意。

4.4.1

演示之前先预演

　　所谓有备无患，因此在演讲之前，演示者一定要配合自己所做的PPT进行至少一次的讲前预演。

　　在PowerPoint中，为用户提供了一项预演的功能——"排练计时"，即在真实的放映演示文稿的状态中，同步设置幻灯片的切换时间，等到整个演示文稿放映结束之后，系统会将所设置的时间记录下来，以便在自动播放时，按照所记录的时间自动切换幻灯片。

　　下面以为"面试官技能培训"演示文稿添加排练计时为例，讲解相关的操作方法，其具体操作如下。

分析实例 为演示文稿添加排练计时

| 素材文件 | ◎\Chapter 4\素材文件\面试官技能培训.pptx |
| 效果文件 | ◎\Chapter 4\效果文件\面试官技能培训.pptx |

Step 01 打开"面试官技能培训"素材，❶直接在PPT中切换到"放映幻灯片"选项卡，❷单击"设置"组中的"排练计时"按钮，如图4-19所示。

Step 02 此时幻灯片切换到全屏模式放映，并在幻灯片的左上角出现一个"录制"工具栏，在其中自动进行计时，如果要对下一张幻灯片计时，直接在工具栏中单击"下一项"按钮，如图4-20所示。

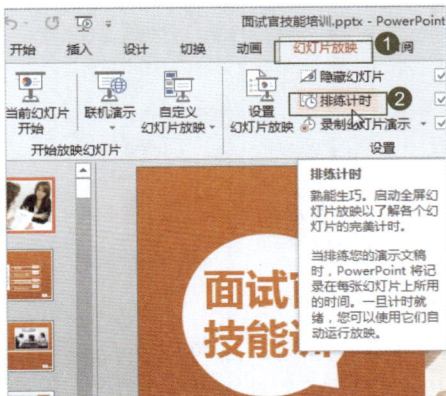

图4-19

图4-20

Step 03 程序将切换到第二张幻灯片继续计时，如图4-21所示。当幻灯片放映完时，程序会打开一个对话框询问是否保存排练计时，单击"是"按钮，如图4-22所示。

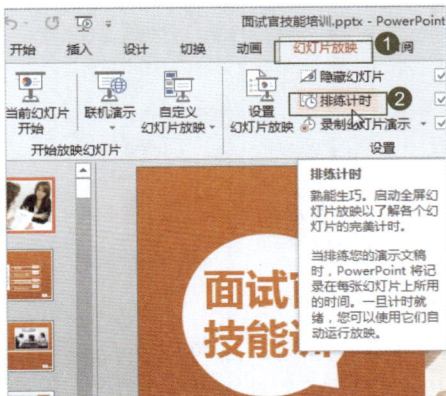

图4-21

图4-22

Step 04 排练计时完成后，❶单击"视图"选项卡，❷在"演示文稿视图"组中单击"幻灯片浏览"按钮切换到"幻灯片浏览"视图，❸在每张幻灯片的右下角可以查看到该幻灯片播放所需的时间，如图4-23所示。

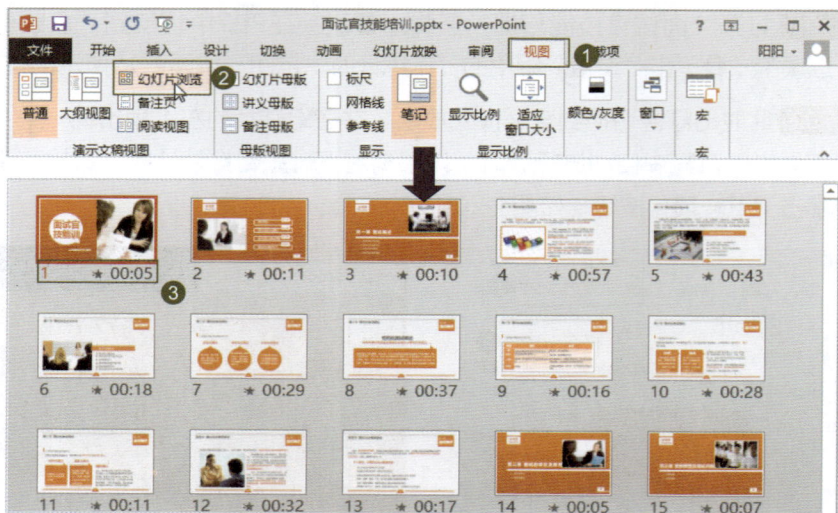

图4-23

在排练计时中，不仅能够预估培训需要的时间，还可以在反复预演的过程中设定学员可能提出的问题，并提前做好各种准备，确保培训能够顺利进行。

TIPS "录制幻灯片演示"功能的作用

在PowerPoint 2013中，有一项"录制幻灯片演示"功能，它与排练计时有异曲同工之妙。它不仅可以记录幻灯片的放映时间，同时允许用户使用鼠标、激光笔或麦克风为幻灯片加上注释，这些都可以使用该功能记录下来，从而使演示文稿在脱离演讲者时能智能放映。

4.4.2
注意给学员发讲义

在较短的时间内，让学员记住培训师要传达的所有信息，几乎是不可能的。即便在培训过程中学员记住了一些，一旦培训结束之后，就可能忘记。这时，培训师就要记住为学员发放讲义。

讲义不仅能够帮助学员更好地理解培训内容，也有利于学员在今后的工作中参考和重复使用。PowerPoint软件就提供了将PPT创建为讲义，并发送到Word文档中的功能，以便培训师编辑、打印和发放。其具体操作如下。

分析实例 将演示文稿创建为讲义文档

素材文件 ◎\Chapter 4\素材文件\面试官技能培训1.pptx
效果文件 ◎\Chapter 4\效果文件\面试官技能培训1.docx

Step 01 打开"面试官技能培训1"素材，❶单击"文件"选项卡后单击"导出"选项卡，❷选择"创建讲义"选项，如图4-24所示。

Step 02 在打开的界面中单击"创建讲义"按钮，如图4-25所示。

图4-24　　　　　　　　　　　图4-25

Step 03 在打开的"发送到Microsoft Word"对话框中可选择讲义的版式，这里保持默认选择的版式，单击"确定"按钮，如图4-26所示。

Step 04 ❶在打开的Word文档中即可查看到新建的讲义文档，❷将其保存为"面试官技能培训1.docx"完成操作，如图4-27所示。

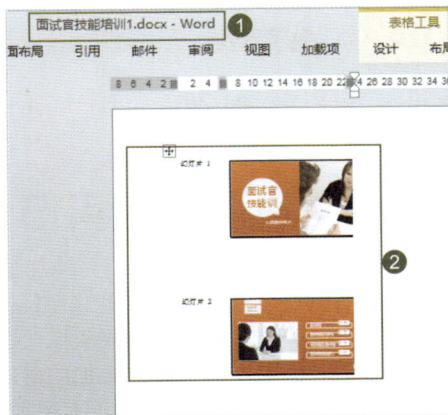

图4-26　　　　　　　　　　　图4-27

4.4.3
善用笔工具勾画重点

在培训过程中，培训师可以根据需要，利用PowerPoint提供的笔工具辅助演示，将重点内容勾画出来，提醒学员要加强注意。通过这一动作，还可以让学员的注意力更集中。下面具体讲解在PowerPoint中利用笔工具勾画重点的相关操作。

分析实例 使用笔和荧光笔工具添加墨迹

Step 01 ❶在放映的幻灯片的任意位置单击鼠标右键，❷在弹出的快捷菜单中选择"指针选项"｜"笔"命令将鼠标光标更改为笔样式，如图4-28所示。

Step 02 拖动鼠标光标将目标内容圈住，表示要强调该部分，完成后按【Ctrl+P】组合键退出笔状态，如图4-29所示。

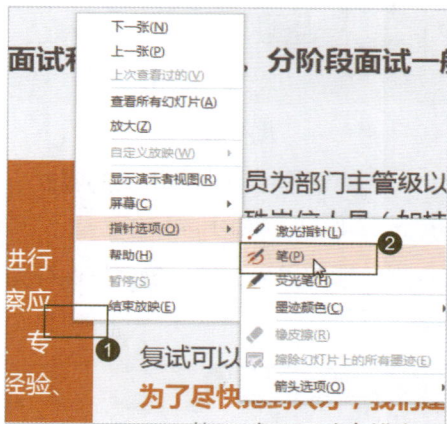

图4-28

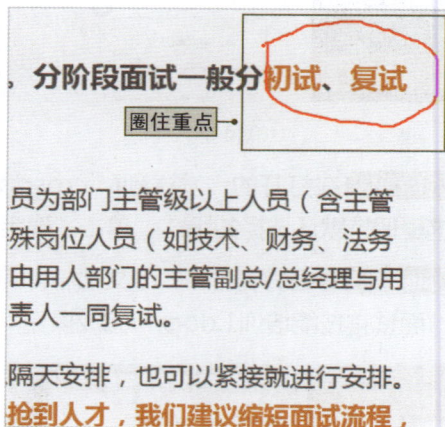

图4-29

TIPS 添加墨迹的一些快捷键 🔍

在放映过程中，为幻灯片添加墨迹，也可以使用快捷键进行快速操作。按【Ctrl+P】组合键可以快速将鼠标光标更改为笔样式；按【Ctrl+A】组合键或按【Esc】键可以快速恢复鼠标光标的默认状态；按【Ctrl+M】组合键可以快速显示/隐藏在幻灯片中添加的墨迹；按【Ctrl+E】组合键可以快速将鼠标光标更改为橡皮擦样式，从而对添加的墨迹进行擦除。

Step 03 ❶在幻灯片的任意位置单击鼠标右键，❷在弹出的快捷菜单中选择"指针选项"｜"荧光笔"命令将鼠标光标更改为荧光笔样式，如图4-30所示。

Step 04 拖动鼠标光标选择"为了尽快抢到人才，我们建议缩短面议流程"文本为其添加重点标注效果，然后按【Ctrl+P】组合键退出荧光笔状态，如图4-31所示。

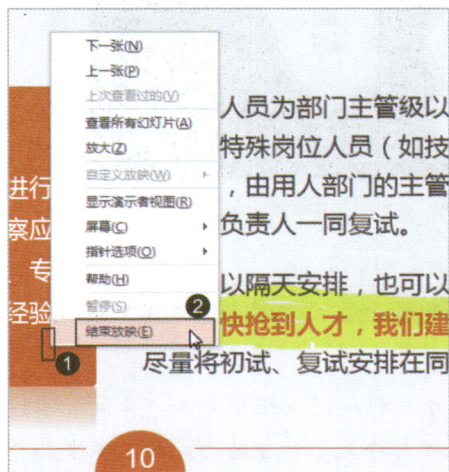

图4-30

图4-31

Step 05 ❶在幻灯片的任意位置单击鼠标右键，❷在弹出的快捷菜单中选择"结束放映"命令，如图4-32所示。

Step 06 在打开的提示对话框中询问是否保留墨迹注释，单击"放弃"按钮不保存所添加的任何标注，如图4-33所示。

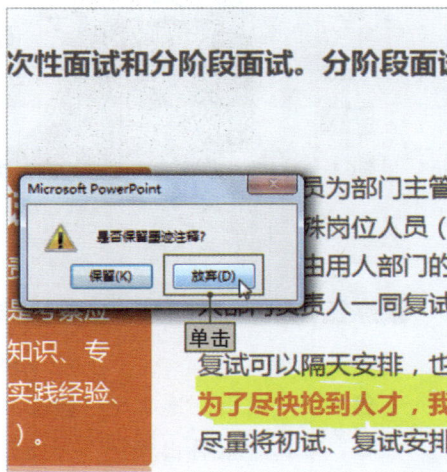

图4-32

图4-33

TIPS 更改墨迹颜色 🔍

默认情况下，笔工具和荧光笔工具的颜色分别为红色和黄色，用户可根据需要对其颜色进行修改，其操作很简单，直接在幻灯片中单击鼠标右键，选择"指针选项"｜"墨迹颜色"命令，在弹出的子菜单中选择需要的颜色即可。

4.4.4

添加隐形的备注

隐形备注是培训师容易忽略的功能，然而该备注对于培训师而言是很有帮助的。它可以在PPT放映的同时，让培训师清楚地看到"幕后"的资料，从而提高培训的质量。在幻灯片中添加备注有如下两种方法。

◆ 在PowerPoint的普通视图状态下，在幻灯片编辑界面下端的备注栏中定位文本插入点并输入相应的备注内容，如图4-34所示。

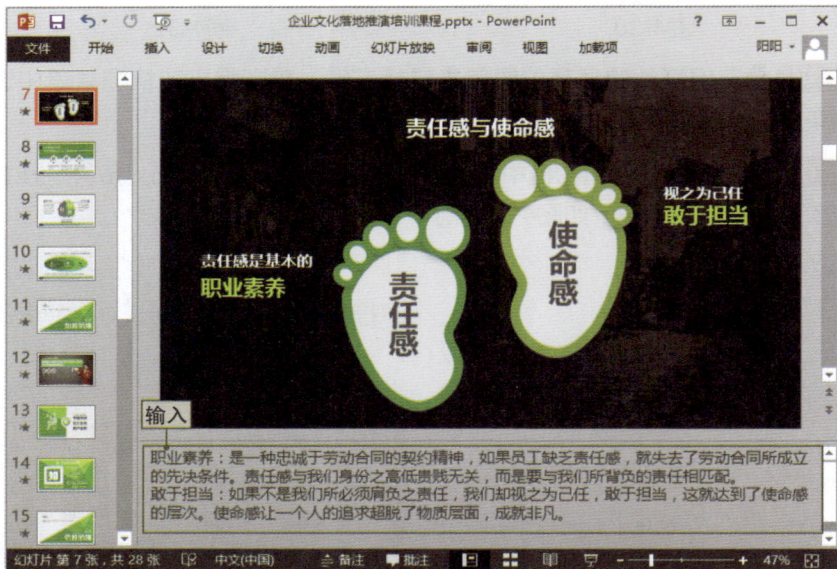

图4-34

◆ ❶单击"视图"选项卡，❷在"演示文稿视图"组中单击"备注页"按钮，在工作区将出现一个页面，上半部分显示对应的幻灯片，下半部分为输入备注内容的文本框，如图4-35所示。

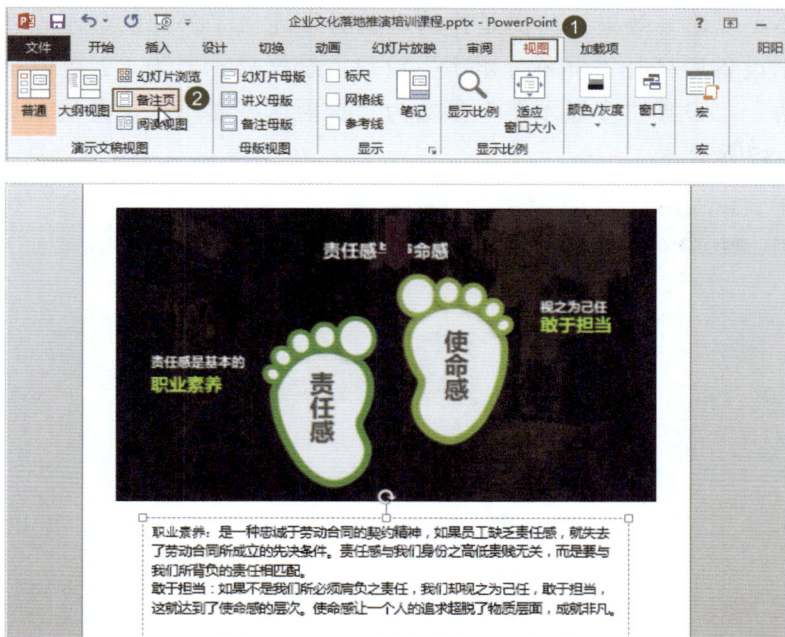

图4-35

　　添加备注之后，为了不让学员看到你所添加的备注内容，就必须把现有的备注变成隐形的备注，即在PPT的放映过程中，你能够从电脑中看到备注信息，但是学员却不能从屏幕上看到。这就需要我们利用"演讲者视图"模式来放映PPT，如图4-36所示。

图4-36

要实现这一效果，前提是你的电脑必须连接了外部的显示设备，开启显示设备后打开"屏幕分辨率"窗口，选择显示器为"2.在VGA上显示设备"，设置"多显示器"参数为"扩展这些显示"，并确认设置，如图4-37所示。

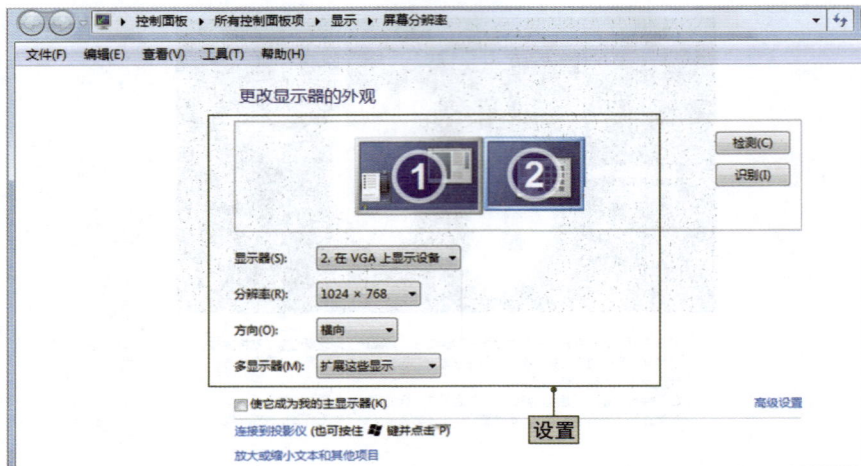

图4-37

除此之外，还要设置PPT的放映属性，通过❶"幻灯片放映"选项卡的❷"设置幻灯片放映"按钮打开"设置放映方式"对话框，❸在其中的"幻灯片放映监视器"下拉列表中选择"监视器2"选项，❹同时选中"使用演示者视图"复选框并确认即可，如图4-38所示。

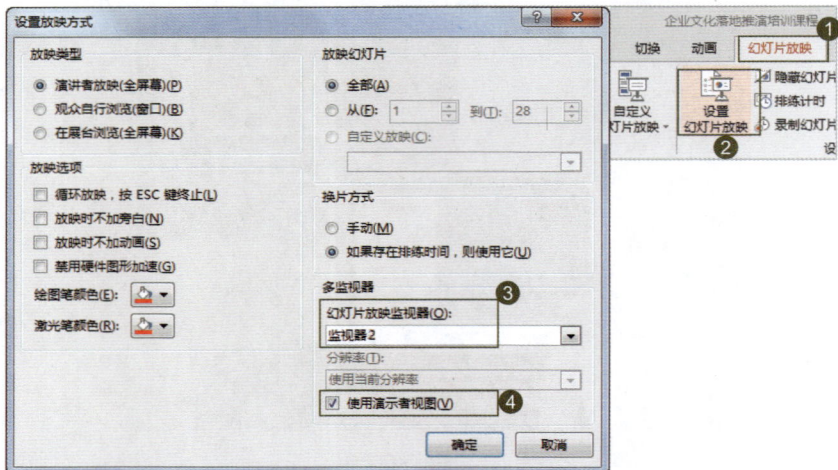

图4-38

第5章

制作培训演示文稿的必会操作

任何一个具有商务作用的演示文稿，都不是随便地制作几张幻灯片，往上面堆放一些文字和图形就完事儿了。如果要制作出专业、符合要求的演示文稿，就需要掌握一些最基本的操作。本章将具体介绍对于制作培训类演示文稿的需要掌握的相关操作。

5.1 用母版来统一整体风格

在企业中，对于内部使用的演示文稿的模板，其外观都采用的是统一的风格，而要实现快速统一演示文稿外观风格的方法就是使用母版。

在介绍幻灯片母版的相关操作之前，首先来认识一下幻灯片的母版。默认情况下，幻灯片母版包括一个主母版和11个版式母版，如图5-1所示。

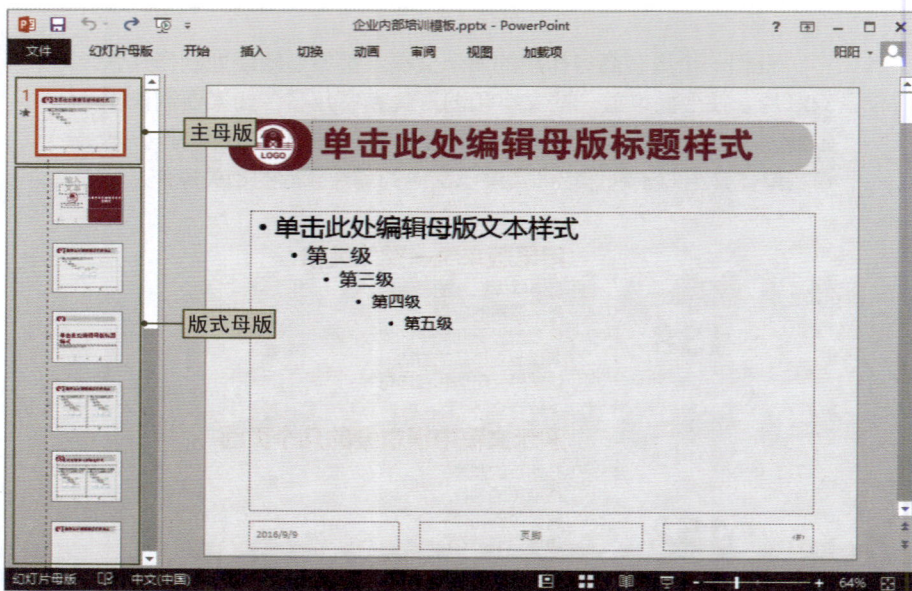

图5-1

下面具体介绍演示文稿中的母版操作有哪些。

5.1.1
母版字体格式的设置

默认创建空白演示文稿后，其中的母版占位符的字体格式为默认显示的效果，此时可以对演示文稿的母版字体进行设置，从而统一演示文稿中所有幻灯片的字体格式。

下面通过设置"企业内部培训"演示文稿中母版的字体格式为例，讲解相关的操作方法，其具体操作如下。

| 分析实例 | **设置主母版中占位符文本的字体格式** |

| 素材文件 | ◎\Chapter 5\素材文件\企业内部培训.pptx |
| 效果文件 | ◎\Chapter 5\效果文件\企业内部培训.pptx |

Step 01 打开"企业内部培训"素材，❶单击"视图"选项卡，❷在"母版视图"组中单击"幻灯片母版"按钮，如图5-2所示。

Step 02 ❶在"幻灯片母版"视图中单击"大小"组中的"幻灯片大小"按钮，❷选择"标准"选项，如图5-3所示（在PowerPoint 2013中，程序默认创建的幻灯片大小为"宽屏"，如果该尺寸符合实际需求，可跳过这一步）。

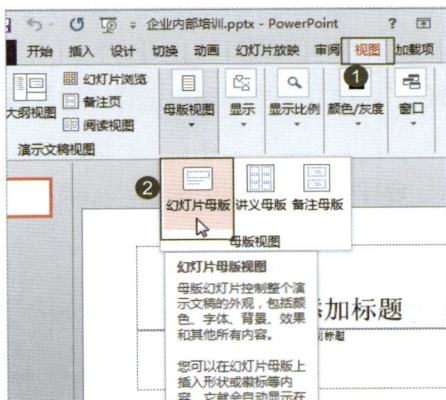

图5-2

图5-3

Step 03 ❶在左侧的任务窗格中选择主母版，❷单击"开始"选项卡，如图5-4所示。

Step 04 ❶在右侧的编辑区域选择标题占位符文本，❷在"开始"选项卡"字体"组中设置字体格式为"方正大黑简体、40"，如图5-5所示。

Step 05 保持文本的选择状态，❶单击"加粗"按钮为标题占位符添加加粗格式，❷单击"文字阴影"按钮为标题占位符添加文字阴影效果，如图5-6所示。

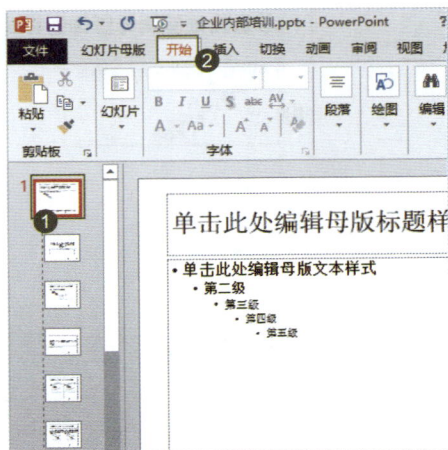

图5-4

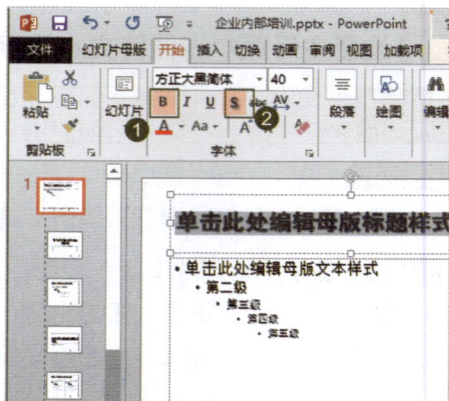

图5-5

图5-6

Step 06 ❶选择所有正文占位符文本，❷在"字体"下拉列表中选择"微软雅黑"选项，如图5-7所示。

Step 07 ❶单独选择一级正文占位符文本，❷在"字体"组中单击"加粗"按钮为其设置加粗格式，如图5-8所示。

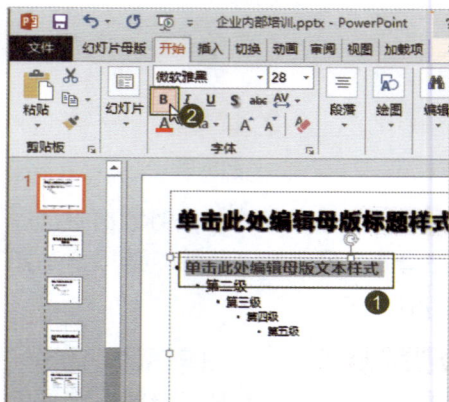

图5-7

图5-8

TIPS *什么是一级文本占位符*

　　在文本占位符中，第一项即为一级正文，它代表正文占位符中最普遍使用的文本，即默认的正文格式。选中一级文本后按【Tab】键即可使其变为二级文本。

5.1.2
母版背景的应用

为了在他人眼前呈现企业的专业性，企业内部的演示文稿都不会使用默认的白色背景效果。而为了简化操作，提高设置效果，通常都会通过演示文稿的母版为所有幻灯片设置同样的背景色或者背景图片，其设置的格式将应用到所有以该幻灯片母版为依据的幻灯片和版式。

下面通过在"企业内部培训1"演示文稿中设置主母版的背景图片为例，讲解设置与编辑母版背景格式的相关操作，其具体操作方法如下。

分析实例 为主母版添加背景图片

素材文件	◎\Chapter 5\素材文件\企业内部培训1.pptx、背景.jpg
效果文件	◎\Chapter 5\效果文件\企业内部培训1.pptx

Step 01 打开"企业内部培训1"素材，❶切换到幻灯片母版视图模式，❷在左侧的任务窗格中选择主母版，如图5-9所示。

Step 02 ❶在"背景"组中单击"背景样式"下拉按钮，❷选择"设置背景格式"选项，如图5-10所示（在下拉列表中选择其他颜色选项可以快速为母版应用程序内置的填充背景效果）。

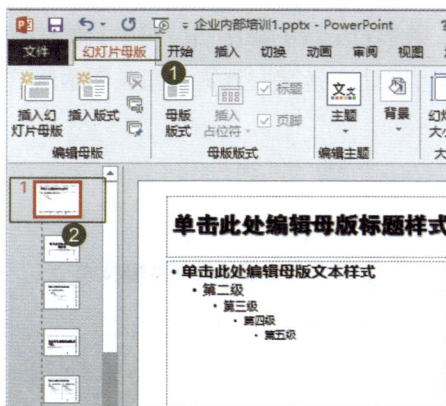

图5-9

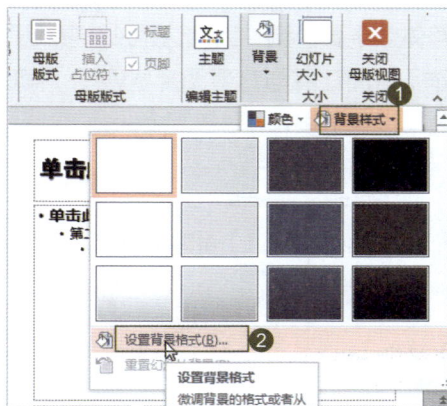

图5-10

Step 03 ❶在打开的"设置背景格式"任务窗格中选中"图片或纹理填充"单选按钮，❷单击"文件"按钮，如图5-11所示。

Step 04 ❶在打开的"插入图片"对话框中选择文件的保存位置，❷在中间的列表框中选择需要的背景图片，❸单击"插入"按钮"，如图5-12所示。

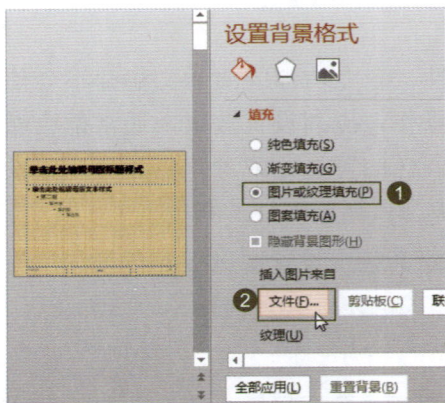

图5-11

图5-12

Step 05 在返回的工作界面中即可查看到修改幻灯片母版后的效果，单击任务窗格右上角的"关闭"按钮关闭该窗格，如图5-13所示。

Step 06 拖动标题占位符的控制点对标题占位符的大小进行调整，并将其移动到合适位置，如图5-14所示。

（注意：设置母版背景格式的全部操作到步骤5就结束了，但是在本例中，设置母版的背景效果后，发现标题占位符的位置与背景图片不符合，为了让母版的整体效果更协调，因此这里从步骤6开始，继续对母版的标题占位符进行优化操作，从而让其与背景图片更匹配，同时也可以让读者掌握到更多有关母版版式效果设置的操作）。

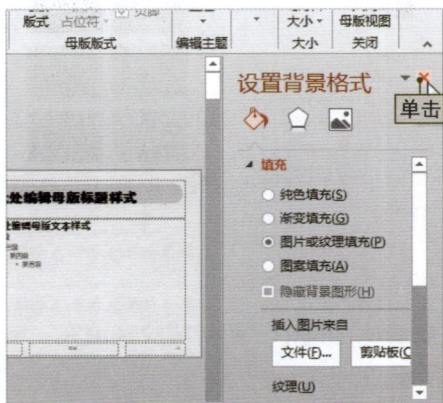

图5-13

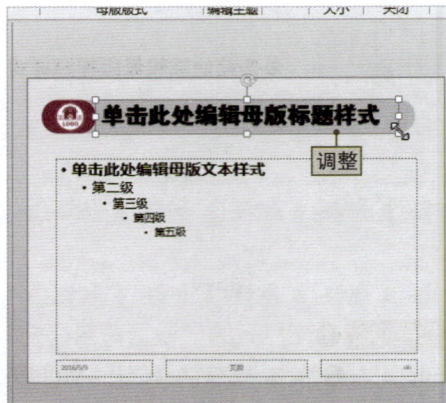

图5-14

Step 07 ❶选择标题占位符的文本内容，❷单击"字体颜色"按钮右侧的下拉按钮，❸选择"拾色器"选项，如图5-15所示。

Step 08 ❶此时鼠标光标变为吸管状态，将其移动到背景图片的梅红色块上，❷单击鼠标左键拾取指定的颜色，并将该颜色应用到标题占位符文本上，完成标题占位符的整个优化操作，如图5-16所示。

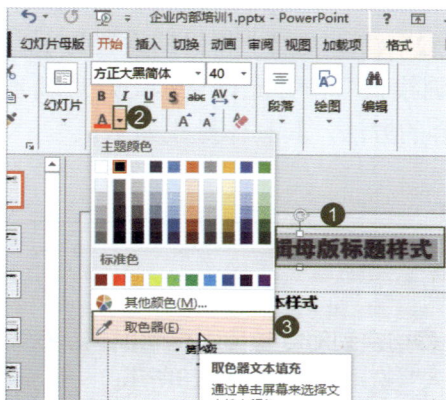

图5-15

图5-16

通过前面的讲解可以发现，要设置母版的背景格式，需要通过"设置背景格式"任务窗格来完成，除了前面介绍的通过"背景"组的"背景下拉"菜单打开任务窗格以外，还可以直接选择母版后，❶在其上单击鼠标右键，❷选择"设置背景格式"命令打开该任务窗格，如图5-17所示。

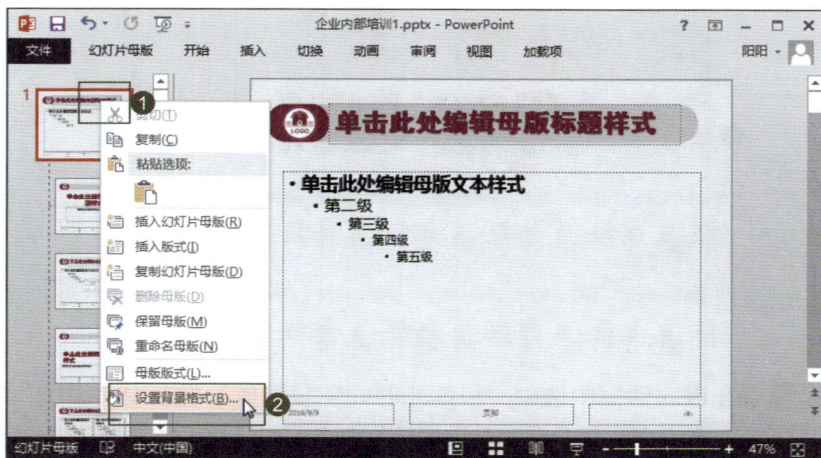

图5-17

5.1.3

设置母版页面底端的显示内容

默认情况下，创建的演示文稿中的母版会自动在页面底端添加自动更新的日期、页脚和幻灯片编号占位符，其显示的效果也是默认的，用户可根据需要对其显示内容进行更改。

例如，下面通过在"企业内部培训2"演示文稿中将日期设置为不自动更新，将页脚内容设置为"企业培训模板"，并允许显示幻灯片编号为例，讲解设置母版页面底端显示内容的方法，其具体操作如下。

分析实例 编辑主母版页面底端的显示内容

> 素材文件 ◎\Chapter 5\素材文件\企业内部培训2.pptx
> 效果文件 ◎\Chapter 5\效果文件\企业内部培训2.pptx

Step 01 打开"企业内部培训2"素材，❶切换到幻灯片母版视图模式，在左侧的任务窗格中选择主母版，❷单击"插入"选项卡，如图5-18所示。

Step 02 在"文本"组中单击"页眉和页脚"按钮打开"页眉和页脚"对话框（对于幻灯片而言，通过该对话框只设置页脚底端显示的信息，对于页眉信息的设置是针对备注母版和讲义母版而言的），如图5-19所示。

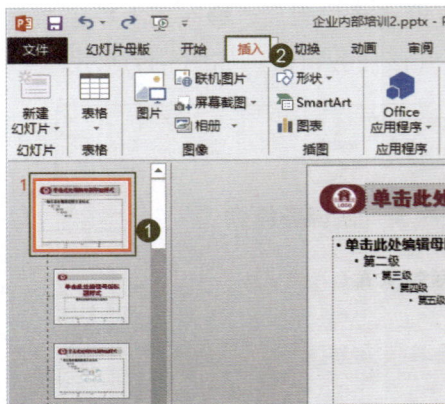

图5-18

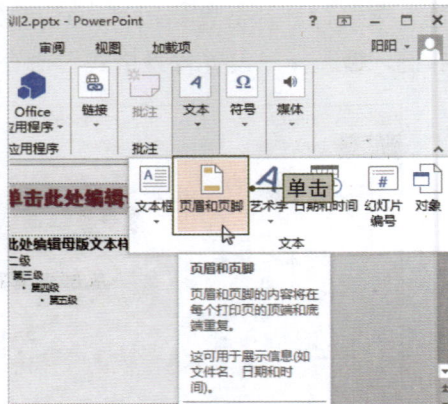

图5-19

Step 03 ❶在该对话框中选中"日期和时间"复选框，❷选中"固定"单选按钮，在其下方的文本框中自动获取系统当前的日期（如果要重新定义其他日期，直接在文本框中修改即可），如图5-20所示。

Step 04 ❶选中"幻灯片编号"复选框在幻灯片中显示幻灯片编号，❷选中"页脚"复选框，❸在其下方的文本框中输入"企业培训模板"文本，如图5-21所示。

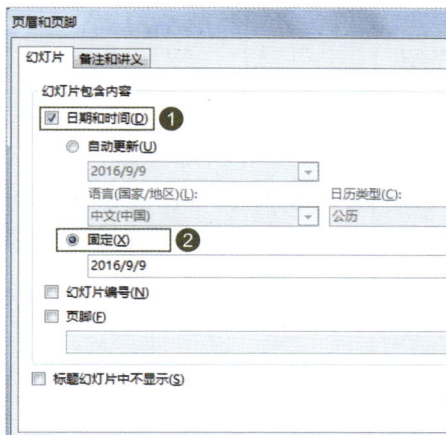

图5-20   图5-21

Step 05 ❶选中"标题幻灯片中不显示"复选框取消在标题幻灯片中显示日期、幻灯片编号及页脚内容，❷单击"全部应用"按钮应用设置并关闭该对话框，如图5-22所示。

Step 06 在返回的工作界面中即可查看到幻灯片母版下方显示的内容，如图5-23所示。

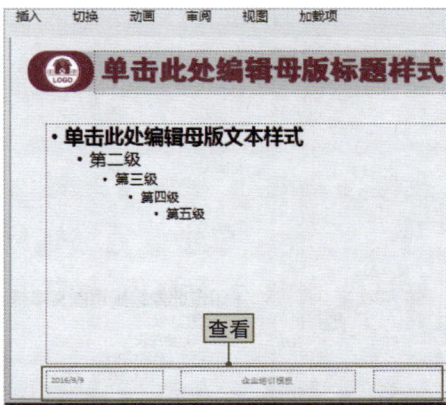

图5-22   图5-23

5.1.4
新建版式母版的方法

当默认的11个版式母版不能满足实际的需求时，此时就需要手动添加新的版式母版，其添加方法有两种，一种是基于已有版式新建，另一种是全新自定义新建，下面分别进行介绍。

1.基于已有版式新建版式母版

基于已有版式新建母版是指通过复制与重命名的操作快速创建相同版式与格式的母版，再对新的版式母版进行格式微调从而得到最终的效果。下面通过在"员工培训"演示文稿中制作"标题和内容2"母版为例，讲解相关的操作方法，其具体操作如下。

分析实例 **新建副本版式母版并编辑效果**

素材文件 ◎\Chapter 5\素材文件\员工培训.pptx、标题和内容背景.jpg
效果文件 ◎\Chapter 5\效果文件\员工培训.pptx

Step 01 打开"员工培训"素材，❶切换到幻灯片母版视图模式，❷在左侧的任务窗格中显示标题和内容母版，如图5-24所示。

Step 02 ❶在选择的母版上单击鼠标右键，❷选择"复制版式"命令，如图5-25所示（也可以直接选择母版后，按【Ctrl+C】组合键复制，然后按【Ctrl+V】组合键粘贴）。

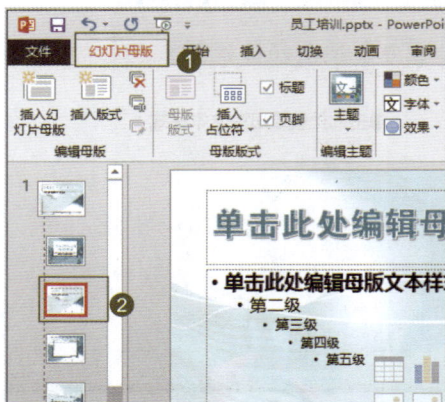

图5-24

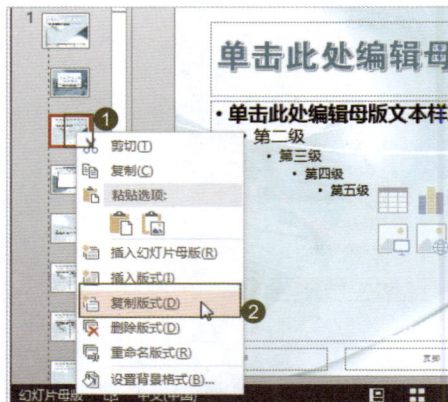

图5-25

Step 03 ❶选择新建的副本母版，在其上右击，❷选择"重命名版式"命令，如图5-26所示（单击"幻灯片母版"选项卡"编辑母版"组中的"重命名"按钮的效果是一样的）。

Step 04 ❶在打开的"重命名版式"对话框的"版式名称"文本框中输入"标题和内容2"文本，❷单击"重命名"按钮，如图5-27所示。

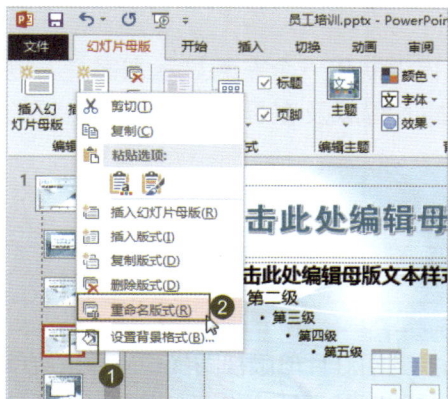

图5-26

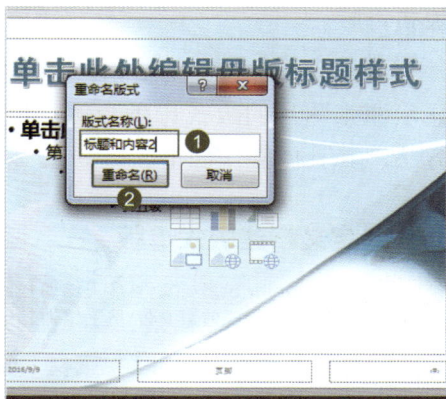

图5-27

Step 05 ❶打开"插入图片"对话框，在其中找到文件的保存位置，❷在中间的列表框中选择需要的图片，❸单击"插入"按钮，如图5-28所示。

Step 06 ❶在返回的工作界面中即可查看到新建的"标题与内容2"母版的效果，❷单击"关闭"按钮关闭"设置背景格式"任务窗格，如图5-29所示。

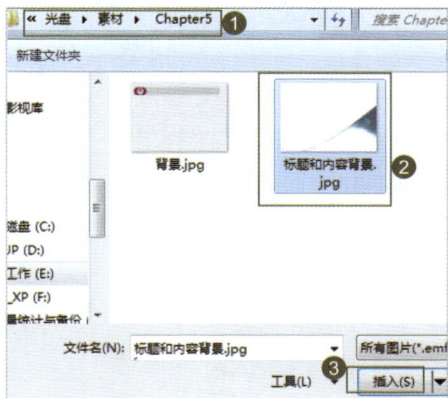

图5-28

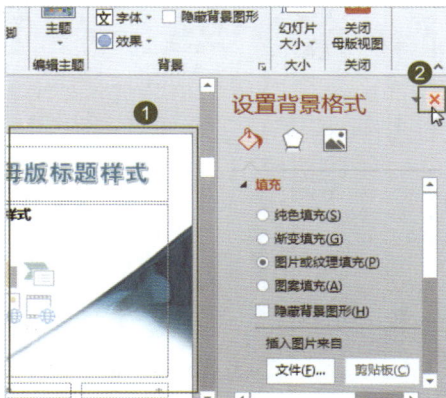

图5-29

2.全新自定义新建版式母版

全新自定义新建版式母版是指用户通过插入各种占位符来自定义母版的布局格式和限定要插入的内容。在培训的过程中，根据培训的内容不同，经常会遇到特殊的布局效果。为了达到快速制作幻灯片的目的，对于常用的布局结构，都可以通过自定义的方式在模板演示文稿中新建版式母版。

下面通过在"员工培训1"演示文稿中制作一个左侧显示文字，右侧显示两张图片的版式母版为例，讲解插入母版及在母版中使用占位符的方法，其具体操作如下。

分析实例 自定义新建版式母版

素材文件	◎\Chapter 5\素材文件\员工培训1.pptx
效果文件	◎\Chapter 5\效果文件\员工培训1.pptx

Step 01 打开"员工培训1"素材，❶切换到幻灯片母版视图模式，❷直接单击"插入版式"按钮插入一个版式母版，如图5-30所示（也可以在左侧的任务窗格的任意位置单击鼠标右键，选择"插入版式"命令）。

Step 02 ❶在"母版版式"组中单击"插入占位符"下拉按钮，❷选择"文本"占位符选项，如图5-31所示。

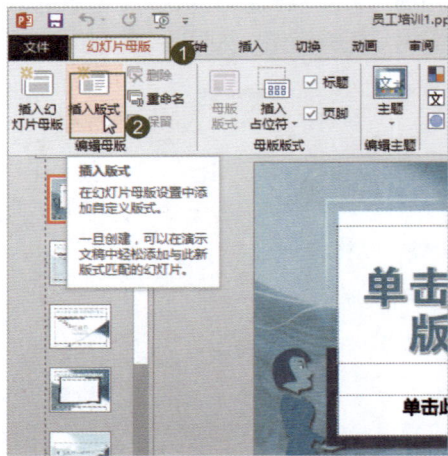

图5-30

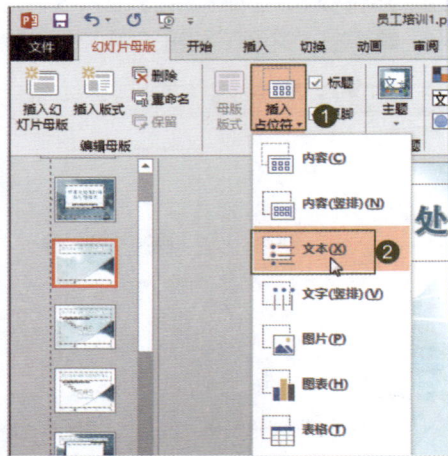

图5-31

Step 03 此时鼠标光标变为十字形，按住鼠标左键不放，在左侧拖动鼠标绘制一个指定大小的纯文本占位符，如图5-32所示。

Step 04 ❶单击"插入占位符"下拉按钮，❷选择"图片"占位符选项，如图5-33所示。

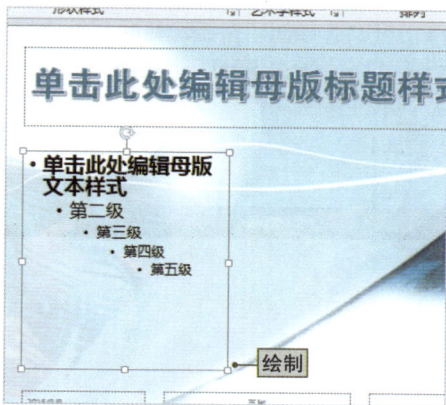

图5-32

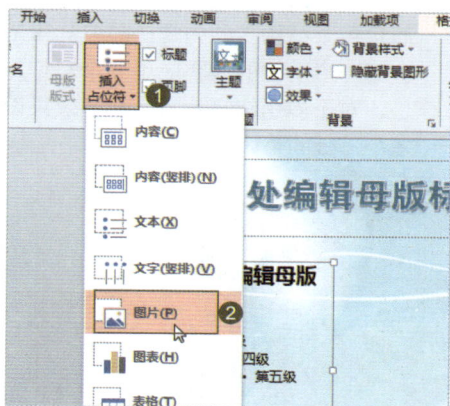

图5-33

Step 05 按下鼠标左键不放，拖动鼠标绘制一个图片占位符，然后选择添加的图片占位符，拖动鼠标，此时程序自动显示对齐参考线，根据参考线来调整其位置，如图5-34所示。

Step 06 ❶重新选择图片占位符，按住【Ctrl+Shift】组合键的同时，❷按下鼠标左键并拖动鼠标，在垂直方向上复制一个图片占位符，完成操作，如图5-35所示。

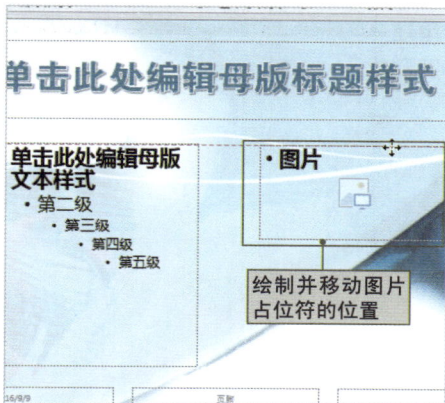

图5-34

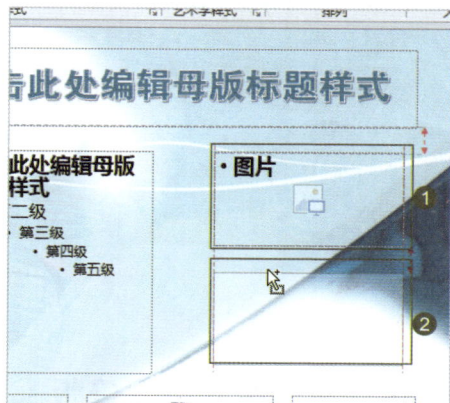

图5-35

TIPS *新建幻灯片母版的作用* 🔍

　　在PowerPoint中，程序提供了新建幻灯片母版的功能，即在同一个演示文稿中可以再插入一组其他版式的母版。对于主题内容被划分为多个结构，而且每个结构下的内容比较多的演示文稿，可以选择创建多组幻灯片母版，让每一个结构的内容应用一个幻灯片母版，从而让层次更分明。需要注意的是，对于多组幻灯片母版，在效果设计上要求注重协调，最简单的方式就是多个母版的整体效果一致，只是在颜色上有变化，如图5-36所示。

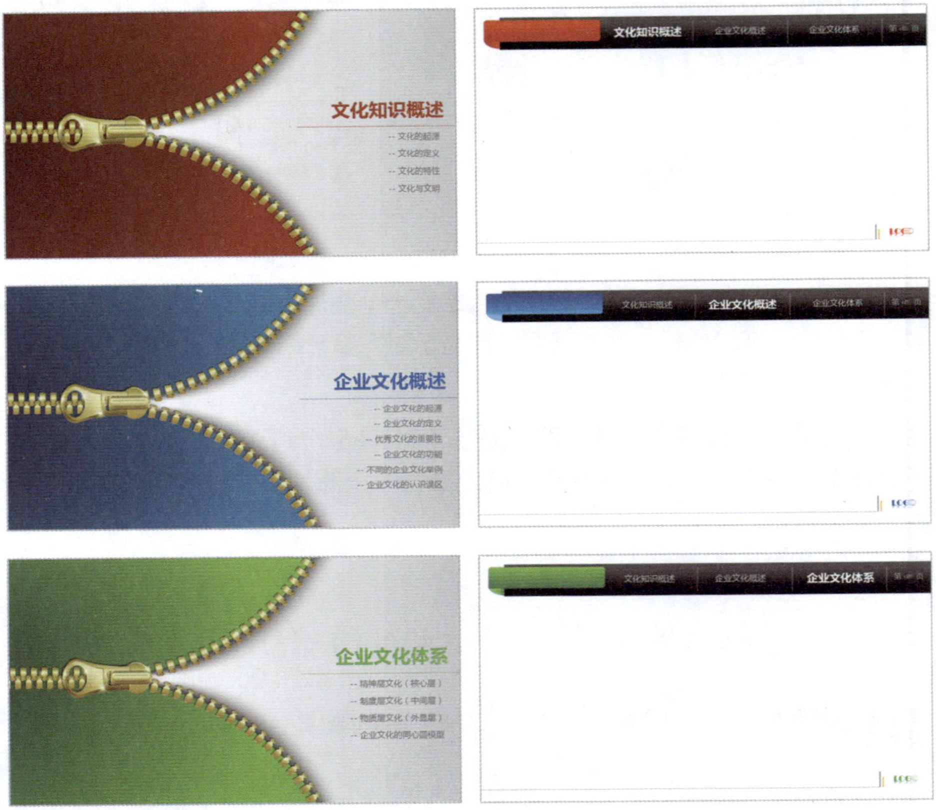

图5-36

5.1.5
认识讲义母版和备注母版

　　在第4章中介绍了讲义与备注在培训过程中的作用，那么如果要让讲义和备注的显示格式按培训师的要求来显示内容，应该怎么操作呢？

在PowerPoint中，程序也提供了讲义母版和备注母版。在这两个母版中，培训师可以对应地更改其中的页眉页脚文本、日期或页码等格式，或在其中添加内容。

进入讲义母版视图和备注母版视图的方法很简单：❶切换到在"视图"选项卡，❷在"母版视图"组中单击"讲义母版"或"备注母版"按钮，即可分别进入到讲义母版视图和备注母版视图，如图5-37所示。

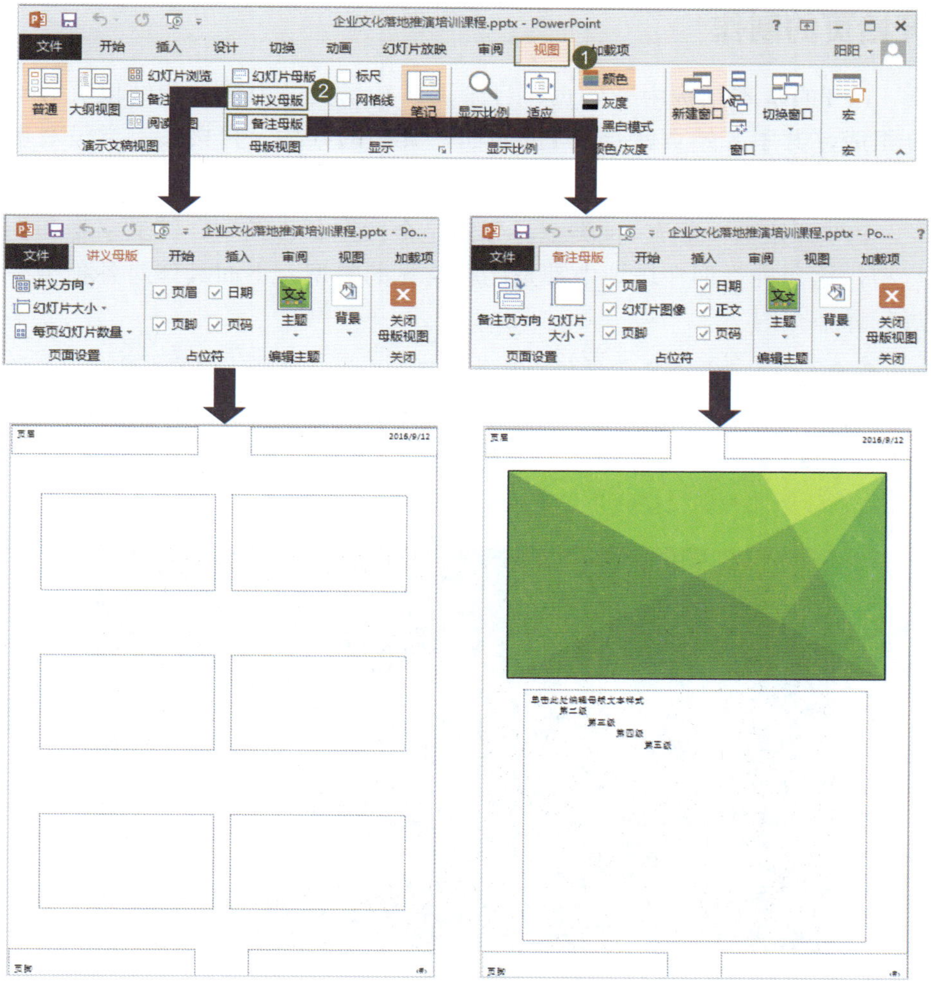

图5-37

5.2 演示文稿中很重要的几个页面

在整个PPT中，开始页、结束页、目录页和转场页是使用相对较少的页面，但又是非常重要的页面，尤其是开始页和目录页。

那么，如何设计出让人眼前一亮的开始页、结束页、目录页和转场页呢？本节将具体介绍一些相关的制作技巧。

5.2.1 开始页的制作

PPT的基本结构由开始页、目录页、转场页、内容页和结束页等部分组成，其中开始页就是PPT的脸面，开始的好坏，直接影响学员对培训的第一印象。

PPT开始页一般有4种类型，分别是全图型、半图型、纯文字型和创意型，这几种类型在培训中都是比较常见的类型，下面具体对各种类型进行详细介绍。

◆ **全图型**：全图型是最简便、最具有冲击力的开始页。但是，这对图片的要求非常高。制作者可以采用与企业相关的图片，也可以使用与主题内容相关的图片，并且图片的颜色尽量与主题色相搭配。如图5-38和图5-39所示为几种全图型的开始页效果展示。

图5-38

实用沟通技能培训

图5-39

◆ **半图型**：半图型相对于全图型而言，图片和文字的可变性更多，在这种布局中，图片的呈现方式可以是规则矩形、不规则矩形或者曲线形。相对而言，不规则矩形和曲线形的图片呈现方式比规则矩形的图片展示方式更柔和。如图5-40～图5-42所示为几种半图型的开始页效果展示。

商务策划书写作培训

图5-40

如何制定计划在职培训

图5-41

书店内部店员培训 ▶

图5-42

◆ **纯文字型**：纯文字型是指开始页中只有文字，偶尔可以加点修饰的图形或者图片（但封面大部分还是留白的）。纯文字的开始页对文字的排列方式和对齐方式要求比较高，如果排版杂乱，开始页的设计就是失败的效果。如图5-43和图5-44所示为几种纯文字的开始页效果展示。

中层管理者领导力培训 ▶

图5-43

网站Banner设计培训 ▶

图5-44

◆ **创意型**：创意型开始页多数是以各种线条组合、形状组合或者色块组合
形成的页面，其页面效果有简洁的，也有复杂的。如图5-45～图5-47所示
为几种创意型的开始页效果展示。

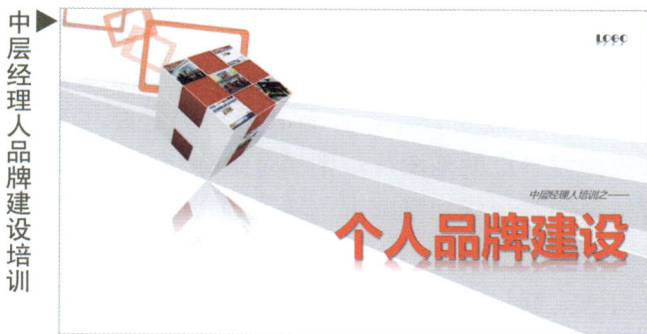

图5-45

图5-46

图5-47

结束页的制作

在制作培训演示文稿的结束页时，有的培训师直接将开始页作为结束页的效果，而有的培训师则使用不同的页面作为开始页和结束页。

如果开始页和结束页不是同一个幻灯片效果，则在制作这种结束页时，只要把握一个原则就可以了，即背景效果一定要与开始页形成统一。如果开始页的背景用的是图片，则尽量选择相同或相近的图片；如果开始页的背景用的是形状元素或者色块，则在结束页也用相同的形状元素或者色块。

将开始页与结束页制作为相同的页面或者相近效果的页面，其目的是让演示文稿的首尾呼应，突出培训的开始和结束。如图5-48所示为展示的几组开始页和结束页的效果。

（a）相同的背景效果作为开始页和结束页

（b）同套系的背景效果作为开始页和结束页

图5-48

5.2.3
目录页的制作

目录幻灯片是用于对演示文稿主要内容进行预览，除此之外还可通过其中的目录进行幻灯片的跳转切换，具有导航功能。对于一个内容较多，需要在各部分内容间进行切换放映的演示文稿，使用目录幻灯片可让结构更清晰，更方便操作。

由于目录页的内容比较简洁，因此，为了美观和直观表达，我们也需要设计目录页。目录的设计可以分为纯文字型和图文结合。

◆ **纯文字型目录页**：纯文字型的目录页是最常见的目录页呈现方式，但是如果在一张幻灯片中，目录内容仅仅是文字表达，难免显得有些单一、枯燥和不美观。此时，可以适当添加一些形状元素，加上合理的布局，就可以让纯文字表达的目录页呈现出不一样的效果。如图5-49所示为两种纯文字型目录页的效果展示。

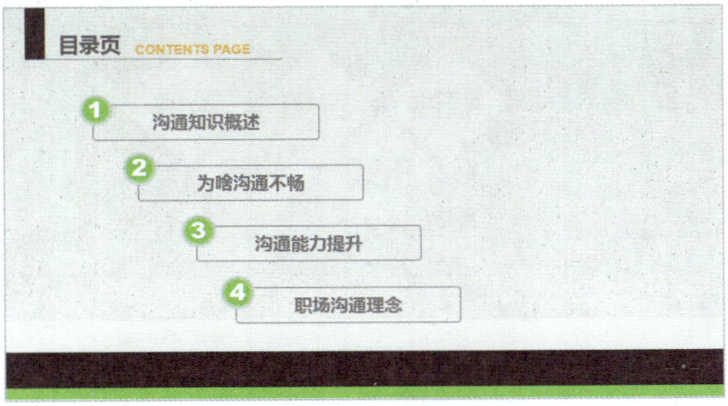

图5-49

◆ **图文结合目录页**：图文结合目录页的效果相对纯文字型的目录页，其表达效果更形象。但需要注意的是，如果能选择PNG格式的图片，则采用该图片类型，因为它可以无缝嵌入，不会存在违和的白边；如果选择JPG格式的图片，则需要考虑图片是否与主题相关，颜色是否与主题色相融。如图5-50所示为两种图文结合目录页的效果展示。

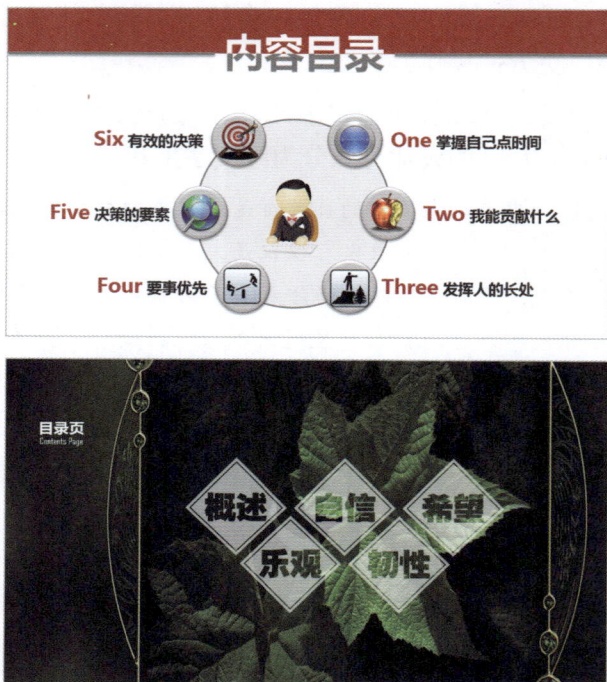

图5-50

对于目录页的背景效果设置，为了以示区分，可以单独选择一张与整个演示风格协调、统一的图片作为目录页的背景图片。如果在没有找到合适图片的前提下，也可以直接使用内容页的页面效果，切忌为了达到突出目录页的目的，而设计出完全与整个演示文稿风格不搭调的目录页效果。

5.2.4 转场页的制作

对于内容较少的PPT，可以不用设置转场页，但是对于较长内容的PPT，建议添加转场页。通过设置该页面，可以让一个完整的讲解顺利地过渡到下一个单元的内容讲解。因此，转场页的设计也非常重要，如果设计不好，则不能吸引住观众，也很难让观众意识到已经进入到新的单元了。

一般来说，转场页的设计有两种常见的方法，分别是沿用目录页的风格和单独设计页面。

◆ **沿用目录风格的转场页**：沿用目录风格制作转场页是最快捷和方便的方法，主要是通过使用颜色或者效果突出当前单元的目录，弱化其他单元的目录。如图5-51所示为沿用目录风格制作的转场页效果展示。

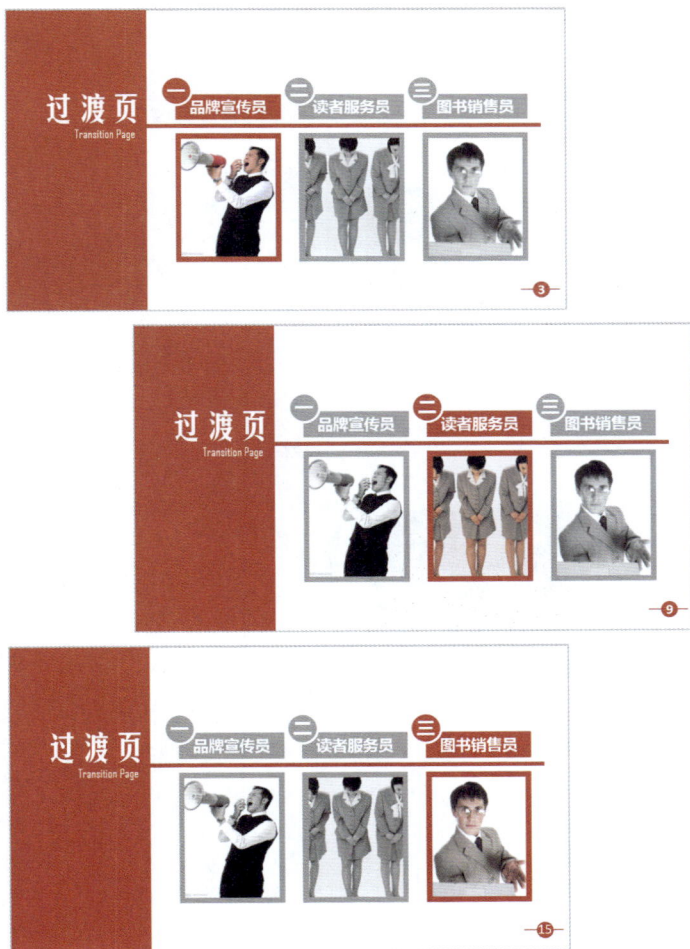

图5-51

◆ **单独设计转场页**：单独设计转场页可以让整个PPT的演示效果更灵活，而且展示效果更丰富。但是在设计转场页时，也需要保持所有转场页的风格和布局协调统一。如图5-52所示为单独设计的转场页效果展示。

图5-52

第6章

正确制作
培训演示文稿的方法

演示文稿虽然只是培训过程中使用的辅助工具，但是正确制作演示文稿在一定程度上会为演示加分，提高培训的效果。那么，什么样的演示文稿才是正确制作的呢？本节将具体从误区、设计、高效制作等多方面为培训师介绍如何正确制作演示文稿的相关知识。

6.1 这样的培训演示文稿没人看

PPT不仅仅是演示的工具，它也是一份设计作品。制作的PPT不仅要将内容清晰、直观地展示出来，同时也要注意版面的美观，这样才能更加吸引学员的注意力，让学员有兴趣看幻灯片。

下面将通过一些具体的案例，来揭示几个常见的PPT制作误区。培训师在制作演示文稿时应该规避这些误区，否则制作出来的演示文稿学员不想看，培训的效果自然也好不到哪里去？

6.1.1 幻灯片中出现过多直角

在一张幻灯片中，切记要注意构成幻灯片的图形不要全部都是直角形状，因为这种结构容易与观众拉开距离，让观众感觉平淡乏味。

如图6-1所示为实用商务沟通技能培训演示文稿中的一张幻灯片，在整个页面中，页眉和页脚都用了矩形元素，对于内容介绍中使用的图片，仍然采用矩形的外形，让整个版面感觉生硬。

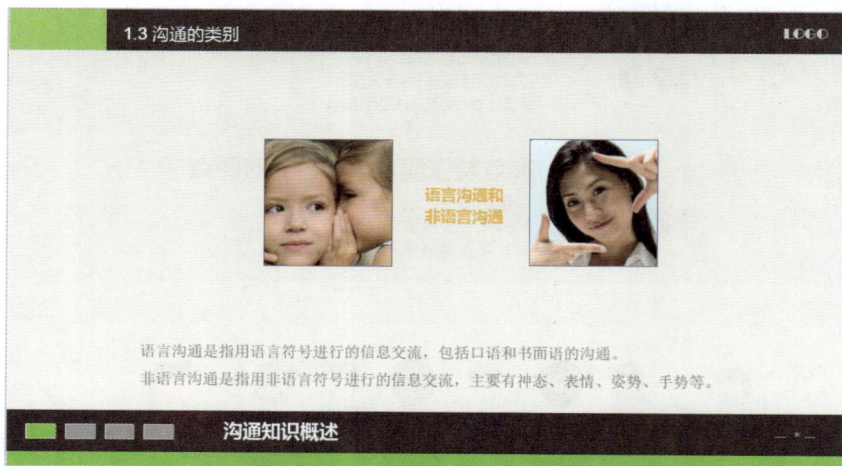

图6-1

图6-2是在上图基础之上修改后的效果图，其中将两张图片填充到两个圆形中，并用在两个图形中添加了向内凹陷的四边形进行连接，从而让整个内容的线条更流畅，让整个页面变得更加柔和。

图6-2

对于两个图片之间的向内凹陷的四边形是通过剪除形状工具对矩形和椭圆形进行裁剪得到的，其具体的裁剪流程如图6-3所示。

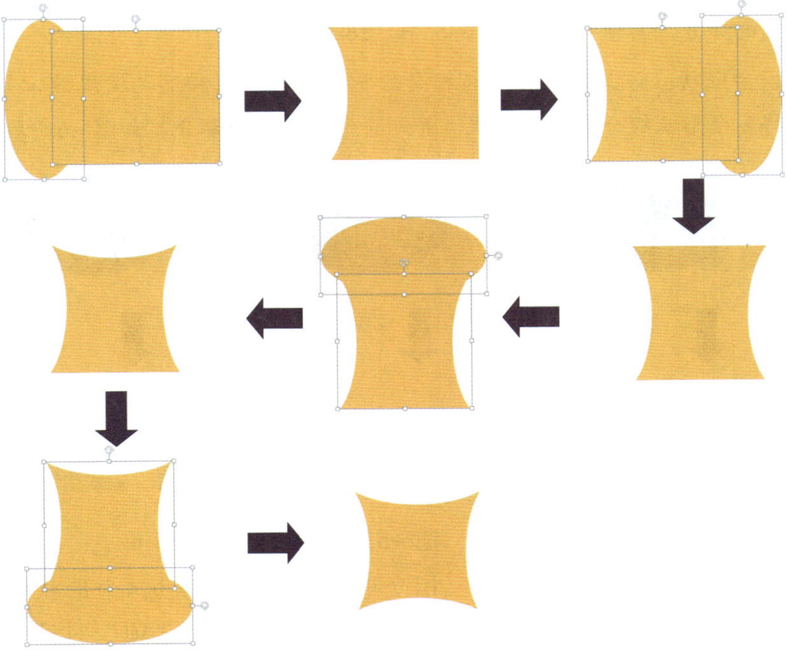

图6-3

在使用剪除形状工具时，一定要注意选择图形的顺序，该工具总是用后选的图形剪去先选的图形，而保留先选的图形。如在图6-3中，都是先选择矩形或者被剪除后的矩形形状再选择椭圆形，才得到最后的向内凹陷的四边形。如果形状是不同的颜色，则组合的新图形的颜色与选择的第一个图形的颜色相同。

其实，要避免幻灯片中出现过多的直角，就应该多用系统提供的简单形状，发挥你的想象，尽可能地组合出效果神奇的图形，运用这种方法还可以让你的幻灯片效果独具个性。

除了前面介绍的剪除形状工具外，PowerPoint还提供了其他3个形状组合工具，分别是联合形状、相交形状和组合形状工具，各工具的作用如下。

◆ **联合形状**：使用该工具可以保留所有形状的整体外形，并组合成一个新的形状，如图6-4所示。

◆ **相交形状**：使用该工具可以将多个形状叠放在一起，只保留所有形状相交的部分，其他部分全部删除，如图6-5所示。

◆ **组合形状**：该工具的作用与相交形状工具的作用相反，使用该工具可以将多个形状组合成一个形状，并删除形状相交的部分，如图6-6所示。

 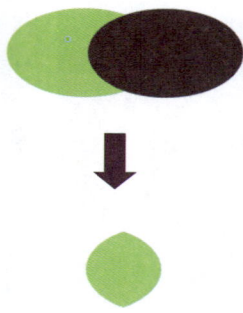 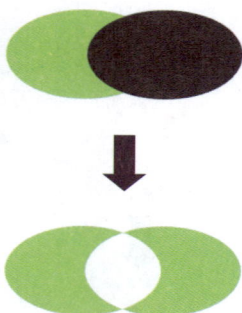

图6-4　　　　　　　图6-5　　　　　　　图6-6

对于剪除形状、联合形状、相交形状和组合形状这4个形状组合工具，默认情况下是不显示的，需要通过"PowerPoint选项"对话框进行手动添加，其具体操作如下：

打开"PowerPoint选项"对话框，❶单击"快速访问工具栏"选项卡，②选择"不在功能区中的命令"选项，③在下方的列表框中选择要添加的选项，④单击"添加"按钮即可将其添加到右侧的列表框中，⑤单击"确定"按钮完成操作，如图6-7所示。

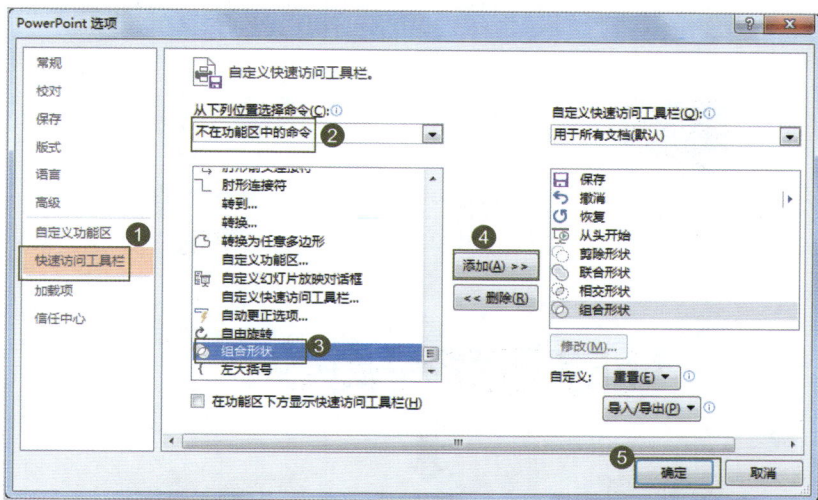

图6-7

TIPS *删除快速访问工具栏中的按钮* 🔍

　　如果要删除快速访问工具栏中添加的工具按钮，直接在"PowerPoint选项"对话框中切换到"快速访问工具栏"选项卡，在"自定义快速访问工具栏"的列表框中选择要删除的选项，单击"删除"按钮即可将其从快速访问工具栏中移除。

6.1.2
幻灯片中文字和图形重叠

　　PPT版面中的文字可以放置在一个图像背景之内，这样会使文字显得更加生动，但不能出现文字的部分与其他图像交叉重叠，否则会让人让人感觉杂乱。

　　如图6-8所示为时间管理培训课程的开始页，在其中用了一张与时间相关的背景图完全铺满整个演示文稿，由于背景图比较复杂，因此文字直接覆盖在上面并不能突出显示（如图6-8的第一张图）。

　　通过裁减图片的功能将图片裁减一部分，让文字的一半包括在图片中，另一半显示在空白位置。但是查看效果时，看文字的同时也会受图片的影响，因此继续对其进行优化，直接将图片裁减到文字的上方，让文字与图片完全独立，最终标题文本被突出显示出来，整个界面也显得很清爽。

图6-8

幻灯片中图像摆放位置不协调

在制作图形表达的幻灯片时，尤其是在制作开始页时，统一尺寸的图片，可以让整个幻灯片页面看起来更加整齐、协调。

如图6-9所示的新员工入职培训的开始页，在其中的5张图片，尺寸统一，将其整齐地排列在页面的上方，巧妙地用黑色作为幻灯片的背景色，让其与图片中的人物颜色形成统一。

图6-9

对于设计水平比较低的培训师而言，寻找统一尺寸图片可以更加省心，因为只要注意对齐方式整齐，制作出来的幻灯片效果就不至于太难看。

但是，在准备图片素材时，往往找到的图片，其大小尺寸都不一样，要用这种图片布局幻灯片的页面效果相对而言就比较考验制作者的设计水平了，如果不注意图像的摆放位置，很容易造成页面布局不协调的情况。

对于这种尺寸大小不一的图片，要把它摆放好其实是有技巧的，下面就先介绍一种缩小图片比例的方法来处理原始图片尺寸大小不同的图片。

如图6-10左图所示为彩妆培训演示文稿的开始页，从整体上看，制作者在摆放这4张大小不一的图片时，也是比较注重对齐方式的，但是从整个布局效果上看，难免有点粗糙的感觉。

按照小图的高度和宽度等比例调整大图的尺寸，图片被缩小后，4张小图摆放在页面中又显得比较空，由于这里的图片内容本身很简单，图片的背景大多都是单一的颜色，因此可以再绘制3个与图片一样大小的形状，分别为其设置对应的填充色，将纯色形状与图片相间整齐地进行摆放，可以看到调整后的幻灯片页面效果比调整前的页面效果看上去更加和谐。

图6-10

按照小图的高度和宽度能将大图的尺寸调整到完全一致是最好的，对于有些图片只能统一所有图片的高度或者宽度，如果强制调整为统一的高度和宽度，则可能造成图片失真。对于这种情况，可通过裁减图片的方法来裁减多余的部分，从而获得快速统一图片大小的效果。

如果图片大小尺寸仅仅是由于比例大小不统一造成的，此时可以选择所有的图片，手动执行一次调整图片大小的操作即可对所有选择的图片的大小进行快速统一。

无论是裁减图片还是调整图片的大小，都是在"图片工具 格式"选项卡的"大小"组中进行的，如图6-11所示。

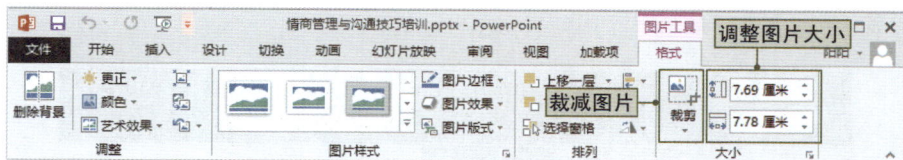

图6-11

将大图缩小后，如果图片内容本身比较丰富，用单一的色块来代替图片填充空白的位置就显得有点不合适，这里再教大家一个处理图片尺寸大小不一的摆放技巧，还是以一个例子说明。

如图6-12所示为健康如何影响工作的公开课演示文稿的开始页，在该页面中，制作者在制作幻灯片时，将能统一尺寸的图片进行了统一，并且将大小不一的图片按照一定的布局整齐摆放，但是在整个页面中，让人第一眼看到的是满篇的图片，而标题作为培训内容的重要传播方式却不是特别显眼。

图6-12

在图6-13中，首先保留尺寸大小一致的几张小图，用裁减的方式将图6-12中右下角的果蔬图片进行裁减，让其尺寸与小图保持一致，再对左侧的图片进行裁减，使其为4个小图尺寸的大小，然后将处理后的图片整齐地摆放在右侧，并绘制白色线条，让其构成九宫格形状平铺在多张图片的上方，让大图和小图很完美地融合在一起，并且在右侧的空白位置添加标题，从而达到突出标题的目的。

图6-13

6.2　平面与版式设计基础

　　通过前面介绍的幻灯片制作误区可以看到，版式设计在制作幻灯片中的重要作用，如果一个培训师稍微了解一些平面与版式设计的基础，那么制作的演示文稿就能脱颖而出，也可以激发学员的观看兴趣。

　　从另一个角度看，PPT中的每张幻灯片都是由平面的文字、图形等元素构成，幻灯片中这些对象之间的布局及表现形式，仍然属于平面与版式设计的范畴，因此，掌握平面与版式设计相关基础知识对于培训师而言，也是十分必要的。

6.2.1
认清版式与版面

　　很多人认为版式与版面是同一个意思，但是实际上二者是两个不同的概念。

　　版式是指书刊、杂志等平面作品的版面格式，即其中所有内容之间的布局和表现方式。简而言之，当人们谈论版式时，往往是在讨论其中各对象的排版方式，如图6-14和图6-15所示杂志的两种不同版式效果。

图6-14   图6-15

版面是指书刊、杂志等印刷品的一个整页。即观众或读者所看到的整体外观效果，大部分是一个对开页或封面等，如版面是规范整洁还是新颖自由、版面的特点是什么、版面的尺寸为多少等，如图6-16和图6-17所示为对开页的版面设计效果。

图6-16

图6-17

不少培训师可能会认为，对于美术或广告作品谈论平面设计是理所应当的，但用于辅助培训的演示文稿的版式似乎没有必要专门进行设计。这就错了，如果把幻灯片当成平面作品来设计，其效果会为整个培训大大加分。

如图6-18所示为传统版式的企业文化培训课程演示文稿中的部分幻灯片，图6-19为设计过版式的幻灯片效果，从其中的版式效果可感受到它与传统版式相比所体现的冲击力。

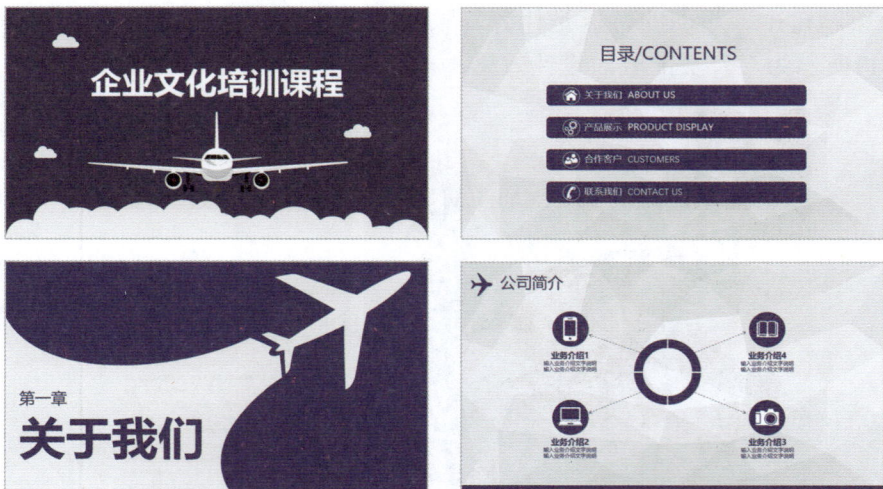

图6-18

请顺时针90°观看

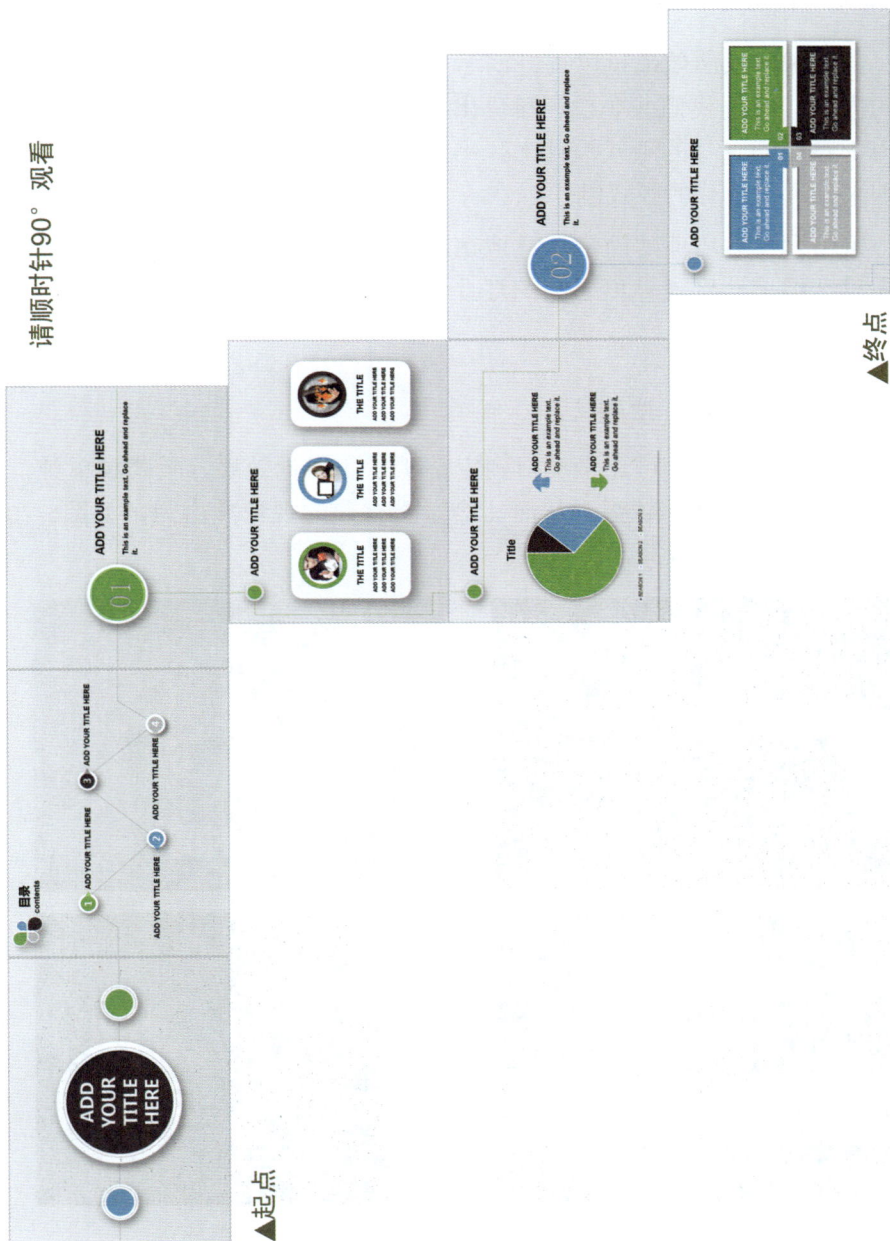

▲起点

▲终点

图6-19

版面设计编排的五大法则

虽然好的版面效果可以提升演示文稿的观赏性，让学员愿意看幻灯片的内容，但是我们并非设计科班出身，所以也并非鼓励培训师把所有精力都花在幻灯片的版式设计上，不过可以借助一些版面设计中的通用法则来处理幻灯片的版式制作。

相比大多数培训师简单随意地在幻灯片中堆砌内容，巧妙运用这些版面设计编排法则设计出来的幻灯片，所得到的演示文稿效果定能给学员留下深刻的印象。

1."单纯中有秩序"法则

简洁单纯的版式可让学员得到完整明了的视觉效果，版式越单纯，整个版面的整体性就越强，从而能给学员有效的视觉冲击力，如图6-20所示为几个简洁的版式设计效果。

图6-20

要做到这点需要把握几个基本准则：一是版面中的内容简明扼要；二是线条简洁流畅；三是版面的结构编排尽量简单；四是色彩要和谐。

但是在做到单纯简单版式的同时，也要考虑到其中的秩序性，即其中各元素间应表现出组织性和规律性。事实上，版式越单纯，就越容易体现出秩序感，单纯与秩序的统一，能营造出轻松和谐的感觉。

2. "对比兼顾调和" 法则

在同一版面中，将相同或者相异的对象放在一起进行编排就是对比，对比可在如大与小、黑与白、主与次、动与静、虚与实、刚与柔、多与少，以及形状、方向、色彩等多种层面上进行。通过对比，可突出双方的差异、联系及矛盾等关系，从而增加整个版面的活力。如图6-21所示为两个对比版式的效果。

黑与白的对比 ▶

多与少的对比 ▶

图6-21

在对比的同时还应兼顾调和，如果只有对比而缺少调和，版面就会缺少秩序和安定的美感。调和，首先是指版面中占绝对优势的某种视觉元素统辖整体，使对比性元素居于从属地位；其次是指在互相对应的元素中寻找妥协点，使二者的矛盾冲突得以缓和，获得新的平衡，取得调和效果。对比与调和兼顾起来，才能使整个版面既有对比又和谐。

3."对称结合平衡"法则

对称是指以版面的中轴线为中心分成相等的两部分间的对应关系，这种版式可以给人以稳重、沉静、大方的感觉，从而产生秩序、平衡、理性之美。

对称可以产生平衡感，但影响平衡的因素还有很多，不仅仅来自于版面内容的对称平衡，还包括色彩、重量等的平衡感。因此，在设计对称版式时，把握整体的平衡性也是非常重要的，过分的对称容易显得单调。这时通过结合其他因素的平衡，才能达到最完美的效果。如图6-22所示为几个对称平衡版面的效果。

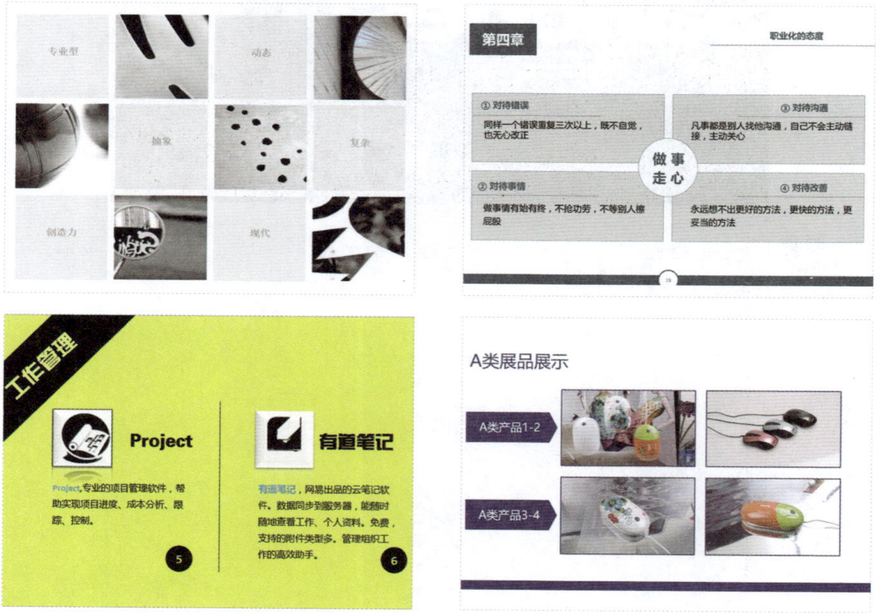

图6-22

4. "极简对比极繁"法则

近来流行的简约设计主义也带动了极简版式的流行，这种版式更突出设计者的个性和重视个体的美学原则，它主张尽可能地放弃不影响信息准确传递的装饰元素和辅助图形，尽可能用较少的视觉元素来完成版面的设计。

极简版式并不只是一味的简单、简陋，对整个版面的构图要求十分严格和准确，看似简单，却能给观众营造出一个可发挥丰富想象力的空间，正所谓简洁而不简单，如图6-23所示。

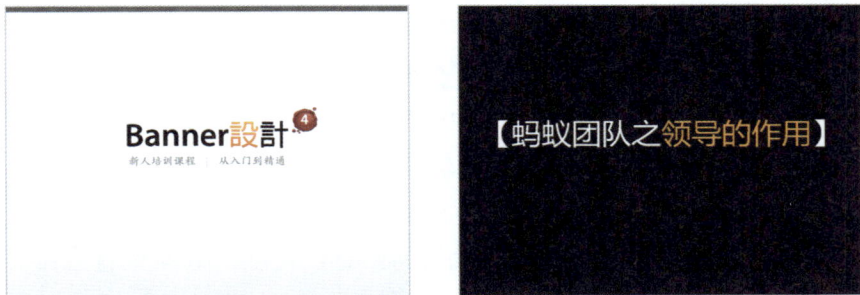

图6-23

与之完全相反的版式特点就是极繁，即内容极其丰富，主张用尽可能多的视觉元素去装饰版面，整个版面看似繁杂凌乱，但却包含有自己的主题，如图6-24所示。

图6-24

极简与极繁版面有时以完全对立的风格独立存在，有时也以对比的关系相互衬托，二者都有着自己独特的魅力。如图6-25所示即为极简与极繁并列的PPT版面设计效果。

图6-25

5．"节奏伴着韵律"法则

所谓节奏感即是指版面中的对象元素呈周期性、规律性的排列。采用这种排列方式的版式会给人一种秩序美、律动美，整个版面看来很活泼、轻快，从而减少学员在视觉上引起的沉闷和乏味感。

但节奏不能简单的重复，应在比例、轻重、缓急或反复上恰当地变换频率，从而产生如音乐、舞蹈般的韵律感，让整个版面更有生命力。如图6-26所示为两个具有韵律感的版面效果。

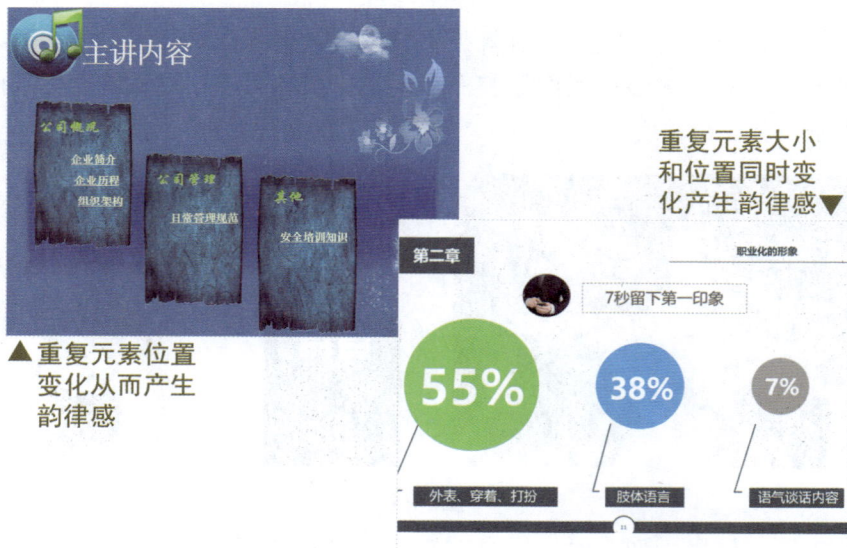

图6-26

版式设计要注意视觉流程

　　在平面设计中，设计者通过将文本、图形、色彩等元素经过一定组合，创造出一种视线流动导向从而引导观众视线，在满足观众审美的同时还能准确地传递信息。因此，视觉流动规律在版式设计中极为重要。在介绍了一些大的版面设计法则后，本节将从另一个角度，即学员阅读幻灯片中内容时的视觉流程出发，介绍其与版式设计的联系。

1.线型视觉流程

　　线型视觉流程是指版面中的元素引导着视觉沿直线、斜线或曲线轨迹运动的流程。

　　直线视觉流程是版式设计中最常采用的一种视觉流程方式，其特点是能使版面简明、直接、稳定或优雅，有着简洁而强烈的视觉效果。它又包括横向视觉流程、竖向视觉流程、斜向视觉流程等类型。如图6-27～图6-29所示依为这几种直线视觉流程的版式效果。

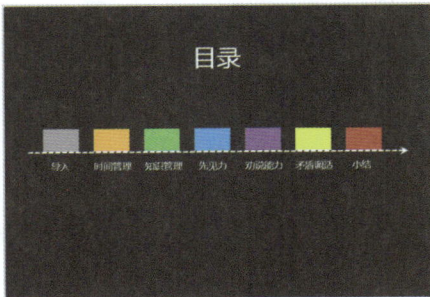

图6-27

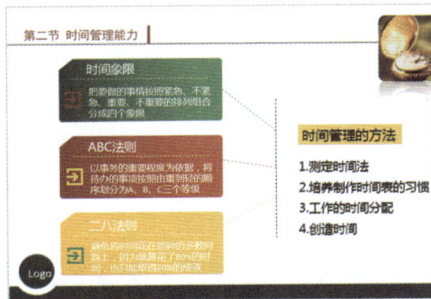
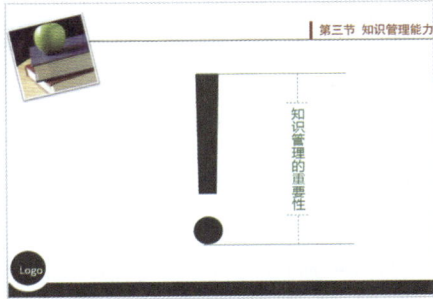

图6-28

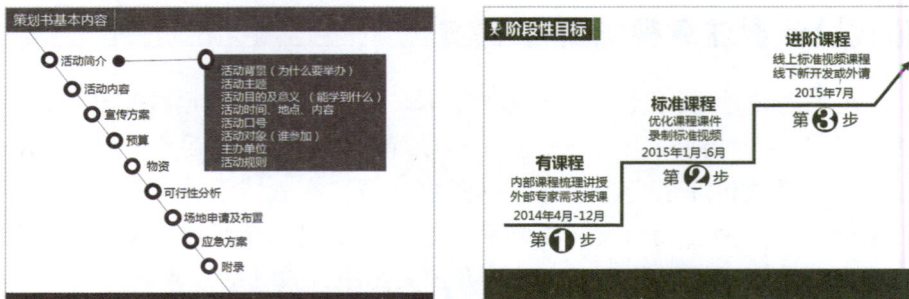

图6-29

　　曲线视觉流程是由视觉要素沿回旋线或弧线回旋线运动而形成的，能给学员带来节奏或韵律之美，适合一些内容轻松或个性化的版面。

　　此外，在运用图示图形化文本内容时，也常用曲线视觉流程的图示，如包围关系、半包围关系、环绕关系等图示（有关图示的内容将在本书的第7章中详细讲解）。如图6-30所示为常见的两种曲线视觉流程的版式效果。

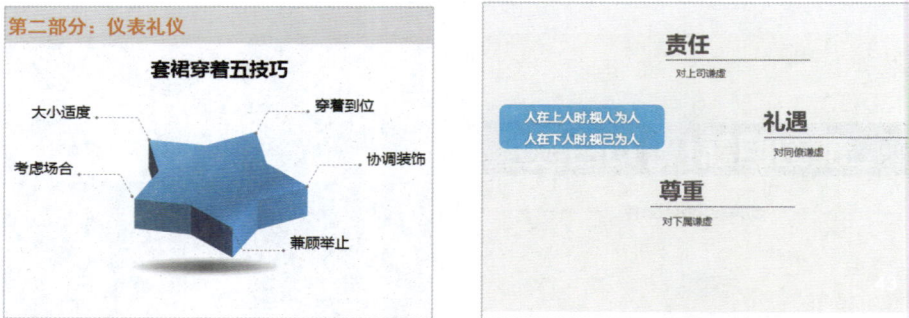

图6-30

2.导向视觉流程

　　导向视觉流程是指制作者在幻灯片的版面中安排诱导性视觉元素，如文字、箭头、手势、形象、视线与色彩等，主动引导学员视线向一定方向运动，由主及次，依次将版面中要表现的内容串联起来，最终形成一条完整的视觉流程。

　　这种方式具有生动自然、条理清晰和逻辑性强等特点。如图6-31和图6-32所示为常见的两种导向视觉流程的版式效果。

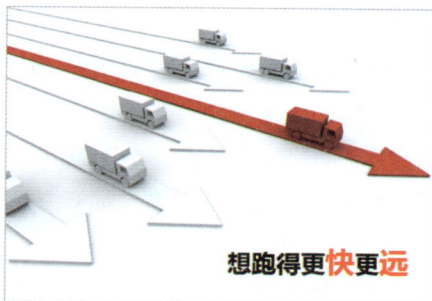

图6-31

图6-32

3.焦点视觉流程

所谓焦点视觉流程，即指通过版式的编排、图文放置及色彩的运用等，在整个版面中突出一个或多个视觉焦点，在焦点视觉流程的引导下会使版面的主题更为鲜明和强烈，如图6-33和图6-34所示。

图6-33

图6-34

6.3　PPT优秀版式布局设计

好的版式布局，可以让表达更清晰和直观，也让学员赏心悦目。下面具体介绍几种优秀的版式布局设计供培训师欣赏和借鉴。

◆ 标题正文型布局

标题正文型布局是最常用的布局方式，为了将标题与正文加以区分，通常是通过背景图片的颜色、形状或版式等效果，来标识两部分的区别。制作这类幻灯片时，用户需要选择好背景图片，图片的正文区域最好为纯色，在设置正文字体颜色时应与背景颜色成对比，以便能清晰地阅读。

如果没有背景图片对标题和正文加以区分，则只有通过分别为它们选择不同的字体、字号和颜色来进行对比区分，这在一些非常简单的幻灯片中经常使用。

如图6-35所示为几种常见的标题正文型布局效果。

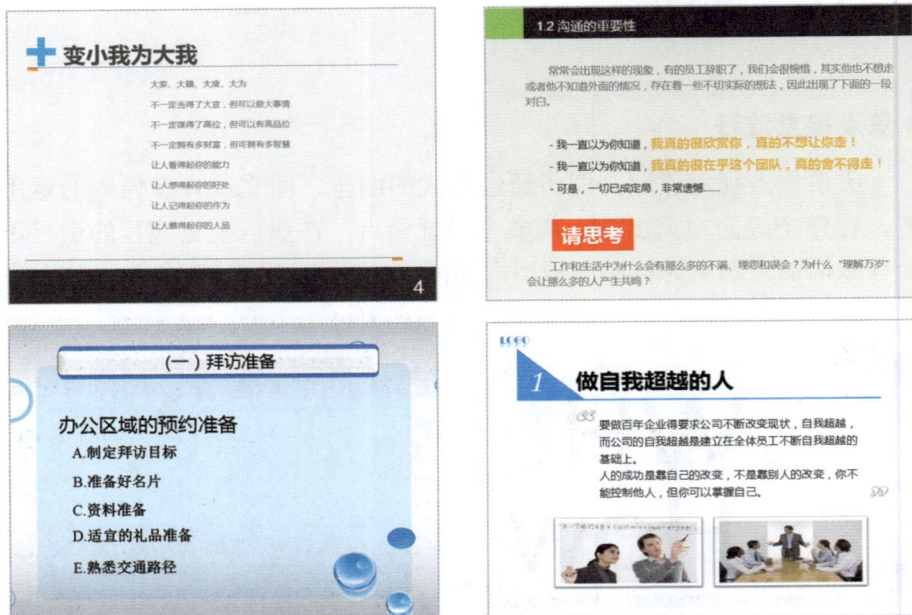

图6-35

◆ 并列型目录布局

在内容较多的幻灯片中，常常在标题幻灯片后安排一张目录幻灯片，其中显示了整个演示文稿的内容安排，单击每个标题可进行目标内容的切换。这种目录幻灯片可采用并列关系的图示表示，其中填上简要的内容标题即可。

并列关系的图示又分为垂直方向上的并列和水平方向上的并列两种情况，如图6-36所示依为这两种情况的目录布局效果。

图6-36

◆ 对称型文字布局

进入到正文幻灯片，如果在一张幻灯片中有几项并列的内容，除了采用常规的项目列举的形式外，还可通过布局形成对称对比的版式，这样可让内容更加突出，条理更清楚。如图6-37所示为常见对称型文字布局结构。

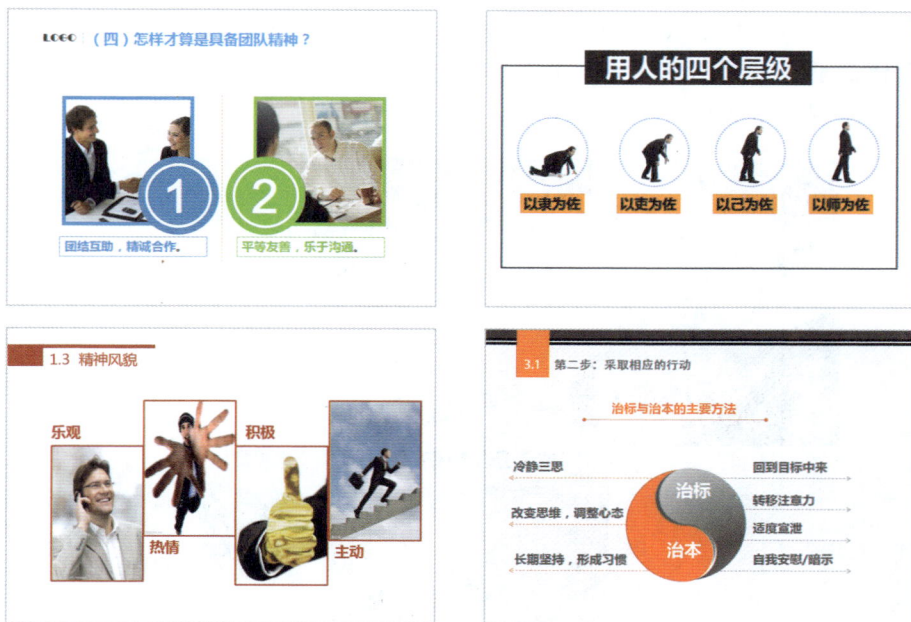

图6-37

◆ 突出关键词型布局

对于一些有关键含义的字或词，可采取突出展示的方式进行布局。

需要注意的是，既然对关键字、词的突出，那么突出文字的内容不能过多，否则就难以达到很好的效果，因此需要制作者对内容进行精要概括，如图6-38所示为常见突出关键词型布局结构。

图6-38

◆ 以图析文布局

有些演示文稿的主题展示内容主要由图片和文字信息构成，如产品介绍、风景介绍和生活哲理等，这些幻灯片中文字应根据图片的内容，选择最适当的位置和大小，以达到图文合一的效果。如图6-39所示为常见的以图析文布局效果。

图6-39

6.4 高效制作演示培训PPT的要点

所谓高效制作培训演示文稿，就是指让制作出来的演示文稿可以最快、最有效地传递出培训师需要表达的信息。那么，如何才能高效地制作PPT呢？这里归纳了几个需要注意的制作要点，供培训师学习和参考。培训师也可以在使用过程中，归纳出适合自己的要点。

6.4.1 内容尽量要简洁

从PPT的美观程度和实用性出发，都建议培训师在制作幻灯片时尽量保持幻灯片内容简洁明了。因为要在有限的时间内让学员记住你讲的内容，我们只需要提炼每条信息的概要，让学员明白大概的意思，没有出现在幻灯片中的内容可通过演示者现场进行讲解表述或者发讲义。

如图6-40所示，在优化前，可以看到两页幻灯片中满满的都是文字，不仅让学员觉得枯燥无味，而且让学员看不到重点。优化后的演示文稿从整个界面效果来看，界面清爽，主题突出。

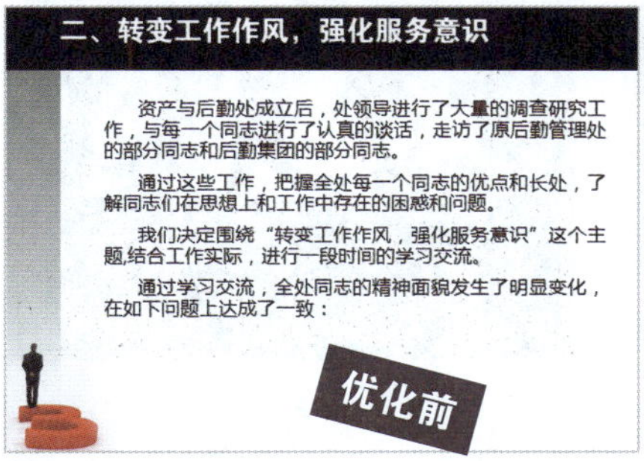

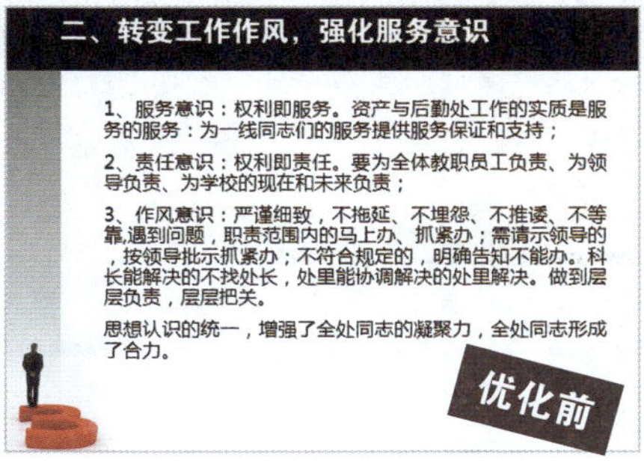

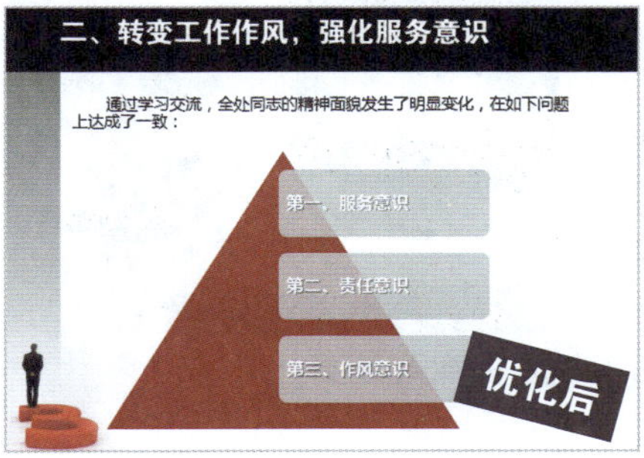

优化后的幻灯片，从图中可以看到，该幻灯片中删除了优化前第一张幻灯片中的大部分内容，仅保留了最后一句总结性的话，并且将优化前的第二张幻灯片中各小点的标题提炼出来，最后用一个金字塔形的图示将标题内容进行图形化表达。

图6-40

对于内容多的幻灯片，除了影响美观，在一定程度上还会影响培训师的培训效果，因为文字多，容易牵引培训师照着幻灯片的内容进行阅读。一味地读幻灯片，只会不断打断培训师的思路，这也间接地告诉学员你根本就不理解自己要讲的内容，从而对培训失去信心和兴趣。

如果培训师进行脱稿培训，而自己阐述的内容与幻灯片中的内容如果不能达到一致时，也会让学员对你所讲的内容产生怀疑。

综上两点，无论你的设计水平如何，都要切记在幻灯片中大量堆砌文字内容。

6.4.2
图片尺寸要合适

在PowerPoint 2013中，程序为用户提供了两种比较常用的幻灯片尺寸，即标准（4：3）和宽屏（16：9）。而且默认情况下，幻灯片的方向为横向，因此在选择PPT背景图片时，最好选择符合这两种尺寸，并且方向为横向的图片，如图6-41所示。

▲ 宽屏背景图　　　　　　　　　　　▲ 标准背景图

图6-41

同时，我们可以通过在"设计"选项卡的"自定义"组中❶单击

"幻灯片大小"按钮，❷在弹出的下拉列表中选择"自定义幻灯片大小"命令，❸在打开的"幻灯片大小"对话框中选中"纵向"单选按钮更改幻灯片的方向为竖直，如图6-42所示。

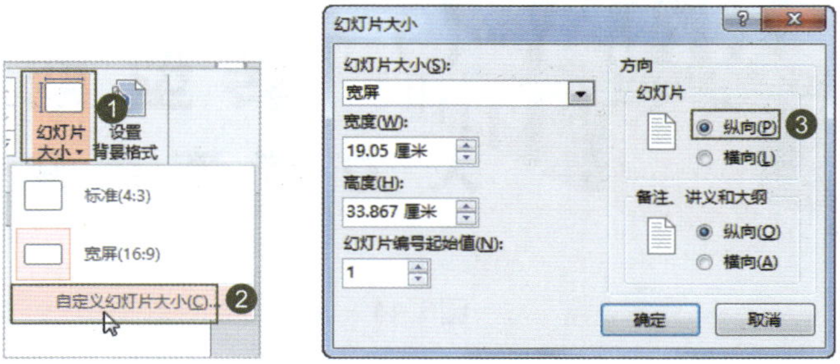

图6-42

但是这种纵向排版的幻灯片一般比较少用，尤其在培训演示文稿中几乎不怎么使用，因此垂直方向的图片对于横排PPT背景完全不适合。如果背景图片的尺寸和方向与PPT尺寸和背景不符合，将其设置为背景图片后，背景图片会不能完全填充、或者填充变形。因此，培训师在寻找背景图片时，一定要注意背景图片的尺寸和方向。

6.4.3
图片质量要高清

在幻灯片中使用图片时，尽量避免使用一些质量不高的图片和内容。如图6-43所示为高清的图片作为幻灯片背景，而图6-44为质量不高的背景图，该图片在被放大显示时，明显不清晰。

图6-43

图6-44

使用模板

在本书的第5章中介绍了要体现专业性务必要统一演示文稿的风格和效果。然而，对于设计基础不强的培训师而言，如果能够使用模板，尽量使用模板制作出统一美观的演示文稿，但要避免使用软件自带的模板，因为大家对这些模板已经很熟悉了，突显不出自己的个性。此外，在使用模板时，一定要注意如何使用，有关内容将在本书第9章介绍。如图6-45所示在模板中开始页、内容页和结束页，整体风格都很一致。

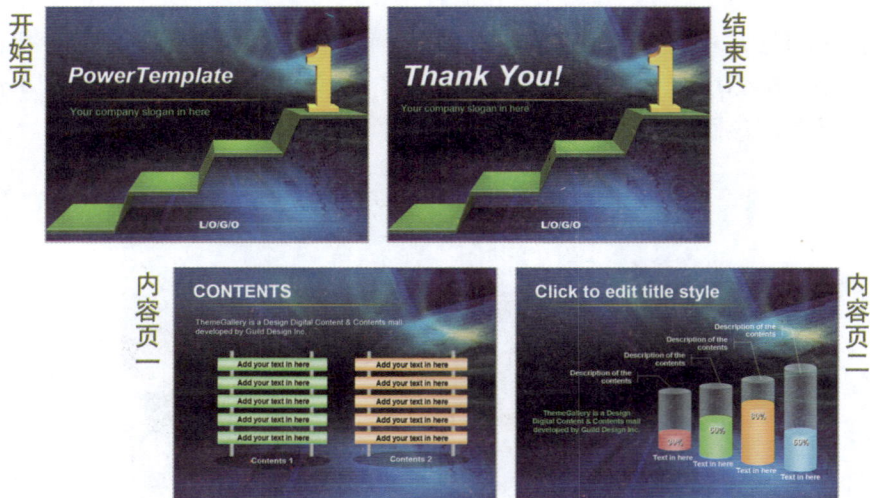

图6-45

选择合适的字体

操作系统安装后会自带有多种字体，除此之外用户还可通过其他方式为电脑增加多种多样的字体。其方法是直接从网上下载字体，将获得的字体复制到"C:\Windows\Fonts"路径，或者直接在字体上❶单击鼠标右键，❷选择"安装"命令完成安装操作，如图6-46所示。

图6-46

如何从各种字体选项中为内容选择最合适的字体呢？

首先，需要选择适合在演示文稿中放映的字体，这就有必要了解字体的类型。根据字体是否有衬线可将字体分为有衬线字体和无衬线字体两种类型。

TIPS 〔*什么是衬线*〕 🔍

字体的衬线是指笔画起始和终止时的装饰，其作用是强化笔画的特征，从而使得阅读和识别更为容易。

◆ 有衬线字体是指字体的末端有小笔画（即粗细不均匀），这类字体更适合打印出来阅读，如图6-47所示为常见的有衬线字体效果。

Times New Roman

1 2 3 4 5 6 7 8 9 0

宋体　方正大标宋简体　楷体

图6-47

◆ 无衬线字体具有清晰的样式，其笔画粗细比较均匀，通常在演示场合使用这类字体比较好，因为这类字体在电脑上放大显示不会变形，如图6-48所示为常见的无衬线字体效果。

图6-48

其次，要从文字表达的内容特点进行考虑，如图6-49所示为在不同内容特点的PPT中使用的不同字体效果。其中，左图为一般情况下使用中规中矩的无衬线字体；而右图要表达出自律这个中心意思，不仅在配图上选择具有中国风味的毛笔，字体也选择具有中国风的毛笔字体与之搭配，让图、内容、字体形成统一。

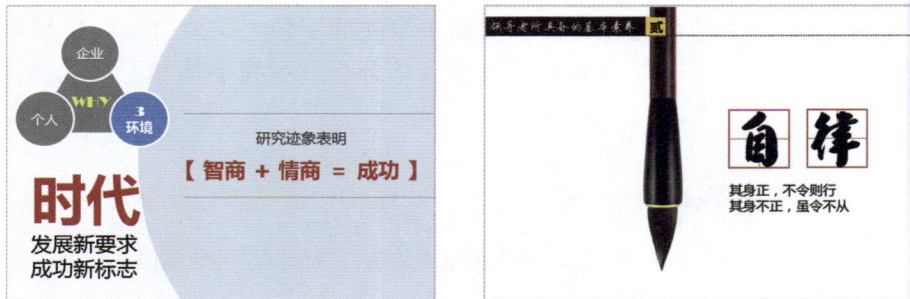

图6-49

6.4.6 善用颜色

幻灯片的背景、对象及文字等内容都具有一定的色彩，善用这些色彩，可以让PPT达到既和谐统一，又美观大方，并能为主题服务的目的，如图6-50所示为在幻灯片中善用颜色的前后对比效果。

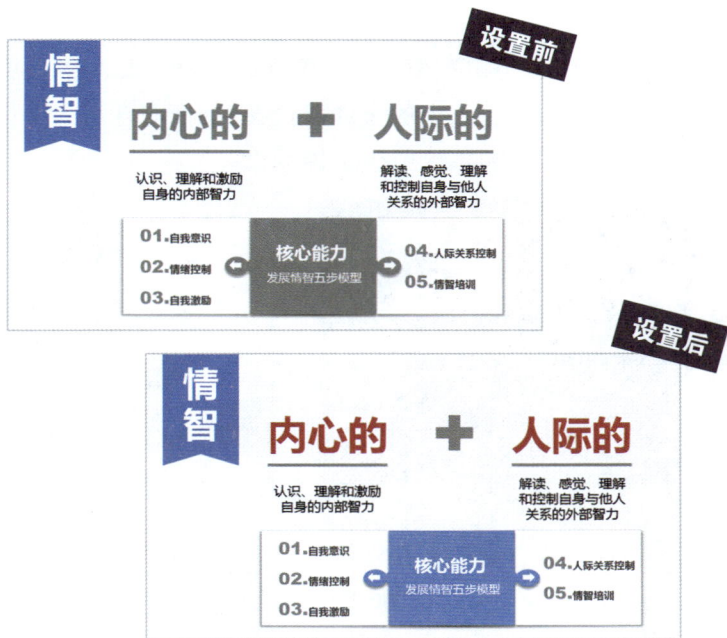

图6-50

虽然颜色可以为PPT增色不少，但是也不能乱配色。因此，制作者在为PPT配色时，需要注意以下几点。

◆ 内容决定一切

演示文稿的颜色搭配是与内容相协调并最终为其服务的，因此各颜色搭配必须与演示内容相匹配。对于培训演示文稿，其培训内容要么是针对新人的培训，要么是针对领导者的领导力培训，又或者是针对企业员工的职业规划培训等，这些都是比较严肃和商务的场合，因此在颜色选择上要选择稳重大方的颜色。

如图6-51所示中，整体配色方案活泼鲜艳，只适合儿童教学课件。

图6-51

◆ 统一主体色调

确定了颜色风格后，还应该注意在开始页、内容页、结束页等页面中尽量不要使用过多的颜色，一般主体颜色在3种左右即可。如图6-52所示的幻灯片中只使用红色和黄色两种主体颜色。

图6-52

对于配色能力较差的培训师来说，如果不知道哪些颜色搭配在一起比较好，可以先选择一种主要的代表商务科技的颜色，通常为蓝、绿等冷色调，然后在该颜色中选择同色系的颜色进行搭配组合。

如图6-53所示为选择一种蓝色作为主体颜色，通过不同的色调来调整深浅从而完成演示文稿的统一配色。

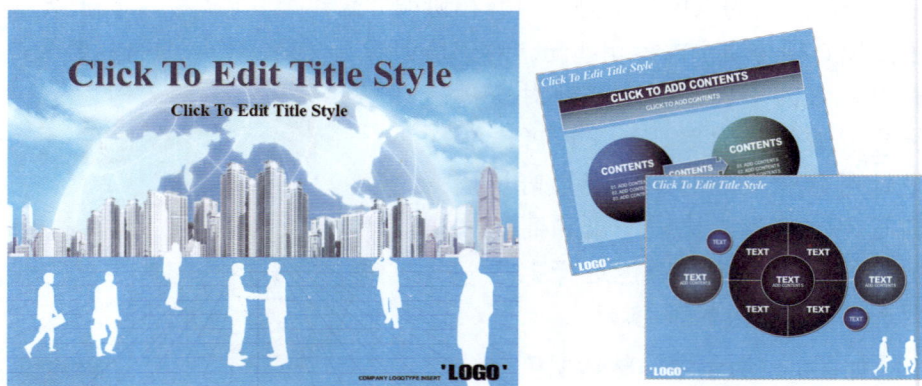

图6-53

TIPS 如何区分颜色的冷、暖、中性色调 🔍

颜色有冷色调、暖色调和中性色之分，具体内容如下。

冷色调包括浅绿、绿、蓝绿、蓝、蓝紫和紫等颜色，它给人清新、冷静、纯洁或深沉的感觉。

暖色调包括黄、黄橙、橙、红、红橙和红紫等颜色，它给人以温暖、鲜艳、兴奋或激烈的感觉。

黑、白、灰等色很难在人们心里留下强烈印象，因此被称为中性色，它们所起的作用主要为衬托、铺垫、平衡或协调等，在颜色搭配时也是必不可少的。

◆ 对比突出重点

对于需要突出的重点对象和文本，可使用与背景色反差较大的颜色，如深色的背景用浅色文本，浅色背景用深色文本，如图6-54所示为通过颜色完成对比突出重点的效果展示。

图6-54

需要注意的是，在使用颜色突出重点内容时，突出内容的颜色作为幻灯片中的辅助颜色，应该与幻灯片中的主体色调相协调，这样才能产生层次感，并使整体颜色更和谐。

如图6-55所示为强调色与页面颜色是否协调的对比效果。其中，上图用比较显眼明亮的蓝色来强调文字，虽然能起到突出文字的目的，但是整个页面的颜色搭配给人一种土气的感觉；下图则用与主体色同色系的另一种红色来强调文字，同样能起到突出的目的，但是整个页面的颜色就要显得和谐，给人更专业的感觉。

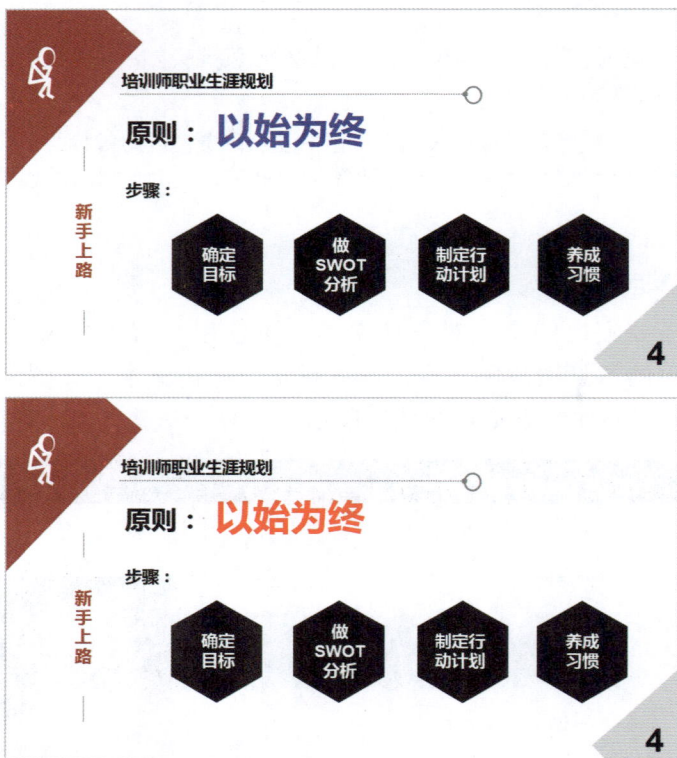

图6-55

6.5　怎么规划PPT中的文字

　　培训师在制作幻灯片时，使用最多的元素还是文字。由于培训的目的是让学员了解公司和自己，或者学习到更多的知识和技能。在这个培训过程中，接受新知识已经是一件比较累的事情，如果再加上满篇规规矩矩的文字，更会让人产生疲劳。因此，在PPT中用好字体，可以在视觉上给学员一种轻松的感觉，让整个培训效果更好。

6.5.1
不同的字体张力不同

字体是文字的风格和样式，在日常生活中，我们可以接触到各种各样的字体，它们来自报刊、杂志、广告、招贴和海报等，通过不同的形式，传达着不同的信息和情感，如图6-56所示。

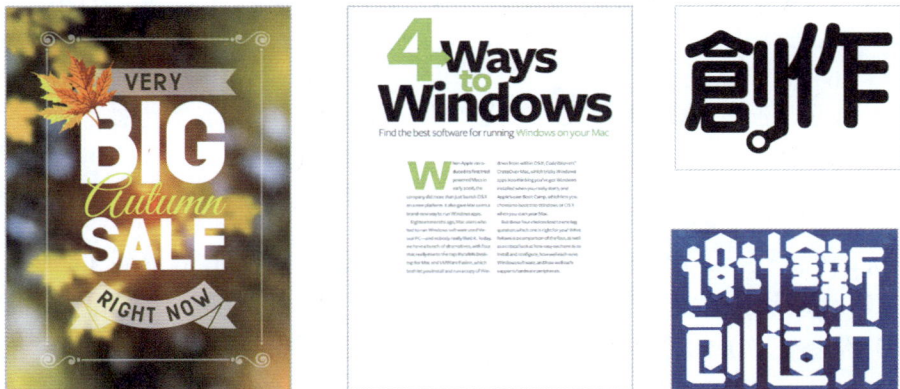

图6-56

为什么不同的字体可以带来不同的感受呢？这就是由于字体本身具有张力，而字体的张力又包括4个方面，如图6-57所示。

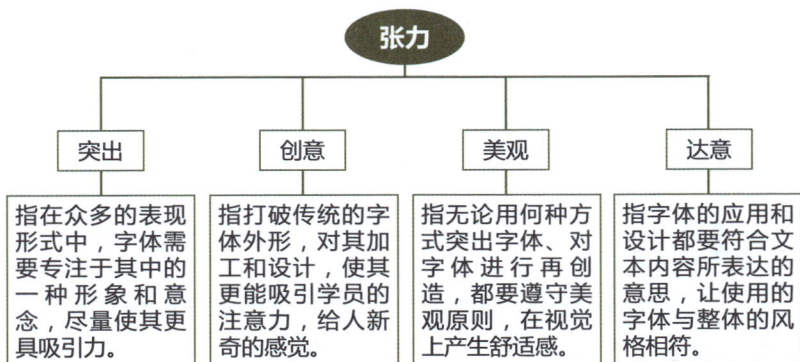

图6-57

6.5.2
巧妙提升字体张力

在制作幻灯片时要提升字体的张力，最直接的方法就是选择电脑中安装的字体。但是在选择字体时，尤其当中文字体和英文字体结合使用的时候，更需要考虑两种字体是否搭配，比如英文黑体与中文黑体搭配的效果（图6-58左图）就没有英文Arail与中文黑体字体搭配好（图6-58右图）。

图6-58

除了选择字体的类型以外，还可以通过对字体进行改造来提升文字的张力，下面具体介绍几种方法。

◆ 改变文字的颜色

改变颜色是最简单的增强字体张力的方式，特别适用于英文字体，"Google"网站的标志就是最典型的例子，培训师可以根据自身的需要，借鉴这么成功的案例，以发挥颜色变化在字体张力中的创造力，如图6-59所示提供了几种通过改变文字颜色提升文字张力的效果图供培训师鉴赏。

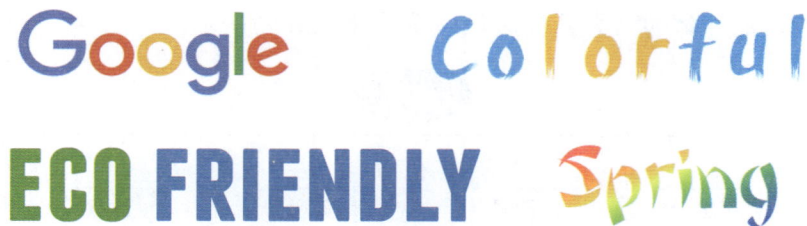

图6-59

◆ 将文字进行创意重叠

什么是将文字进行创意重叠呢？所谓将文字进行创意重叠即是指将字母、数字或者汉字中的某些笔画进行延伸、重叠或者连笔，使其呈现出设计感非常强的表现效果，如图6-60所示为提供的两种文字创意重叠的效果欣赏。

其中，第一幅图中由相同字体、不同字号的两个字母"Y"和"a"组成，且"Y"字母以黄色填充，没有边框，"a"字母无填充，但边框颜色却与第一个字母的填充颜色相同；第二幅图看上去像是立体的艺术字，其实是通过黑色和橙色这两种颜色的不同字体的字母通过重叠后实现的。

图6-60

◆ 改变文字的外形

改变文字外形是一种比较复杂的增加张力的方式，它一般会借助其他图像处理软件，如Illustrator、Photoshop等（因为毕竟会涉及其他设计软件的使用，因此不是三言两语就能介绍清楚的，感兴趣的培训师可以购买相关书籍进行专项学习），而且利用这种方式提升字体的张力，对制作者的设计水平要求比较高，在此只为大家简单展示这种做法的效果。

如图6-61所示，左图将字母"V"的末笔与字母"i"下方的"1"的起笔位置相连，并将字母"i"上方的点用皇冠替换，与"vip"单词要传达的含义保持一致；而右图是通过设计软件将"PowerPoint"单词赋予卡通效果，让整个单词传递出一种活泼的气息。

图6-61

6.5.3 PPT中的字号设置有讲究

字太小是很多培训师在制作PPT时容易出现的问题。由于培训师往往是通过个人电脑完成PPT的制作，并没有特意考虑字号的大小。当把PPT放在大屏幕上播放时，就容易降低整个文稿的可视性，那么PPT中的字号到底应该有多大？

著名风险投资家同时也是位充满激情、睿智和幽默的演讲家Guy Kawasaki提出了一个幻灯片制作和演讲原则——"10/20/30原则"。

该原则的具体内容是：一个PPT不能超过10张幻灯片，演讲总长不能超过20分钟，而且幻灯片的字号要大于30号。在培训演示文稿中，前两个原则不太适用，但是字号要大于30号是所有幻灯片都应该遵循的通用原则。

所谓的字号不小于30号，是一个通用的原则。但是在同一张幻灯片中，不同的文字内容，需要根据其特性来设置相应的字号大小，例如正标题字号要比副标题字号大，一级标题的字号要比二级标题的字号大，二级标题的字号要比三级标题字号大……，这样才能让幻灯片中的内容主次关系更明确，如图6-62左图所示。

此外，对于相同级别的文本内容，也要根据其特性设置相应的字号，例如要突出某个关键字，可以将该文本的字号设置得大一些，如图6-62右图所示。

图6-62

第7章

优秀的培训PPT 要用好这些元素

　　优秀的培训PPT一定是观赏性和可读性兼并的PPT。那么，要增加PPT的观赏性，让幻灯片中的内容以最佳可读性的方式清晰地展示到学员的眼前，就离不开表格、图表、图示和动画这些元素，本章将具体介绍如何用好这些元素来制作出优秀的PPT。

7.1 用表格提升数据吸引力

数据常常是PPT中最让人头疼的元素，怎么让数据的表现更加直观，更具吸引力？大多数人首先想到的是用图表，但是制作图表也需要先有表格数据，而且有些数据不一定要在图表中展现，使用表格就完全足够了，本节将具体介绍如何使用表格来提升数据的吸引力。

7.1.1
学员不希望看到什么样的数据

在讲解如何使用表格提升数据吸引力之前，作为培训师而言，首先需要弄清楚到底什么样的数据是学员不希望看到的，或者说对于学员而言，什么样的表达方式会影响他们来理解幻灯片中提供的数据。对于什么是最满意的数据表达方式，100个人会给你100个不同的答案，但是学员比较排斥的数据表达方式无外乎如图7-1所示的几种。

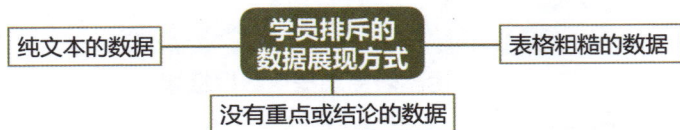

图7-1

◆ 纯文本的数据

纯文本的数据是指所有数据都以文本描述的方式展示，这种的数据不仅不能引起学员关注，反而会给学员一种空泛和无趣的感觉，如图7-2所示的幻灯片。

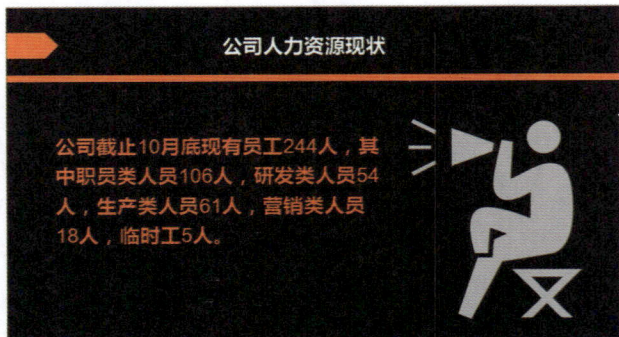

图7-2

◆ 没有重点或结论的数据

培训师在PPT中展示数据是为了让学员直观、清晰地查看到数据所反映出来的结论，或者是展现你最想让学员知道的信息。所以，PPT中的数据必须要有结论或重点，如图7-3所示的数据PPT就缺乏了重点，对于这个表格中的数据，从不同的角度可以得出不同的结论。

公司人力资源现状

职类	在职人数	占比
生产类	61	25%
营销类	18	8%
研发类	54	22%
职员类	106	43%
临时工	5	2%

图7-3

◆ 表格粗糙的数据

比起用纯文本的方式表达数据，表格的方式显得更加专业。但是，如果表格制作得过于粗糙，例如表头错乱，行与列格式不统一时，不但不能帮助学员更好地理解数据，反而有碍于数据内容的表达。

如图7-4所示，虽然将数据规划到表格中，但是表格效果设置粗糙，不仅各数据行的宽度不统一，而且无论是表头还是表格正文内容，其字体颜色要么接近底纹颜色，要么就是浅色，可视性差。

公司人力资源现状

职类	在职人数
职员类	106
研发类	54
生产类	61
营销类	18
临时工	5

图7-4

什么样的数据学员能看懂

很多培训师在制作PPT的时候，往往是从自己的角度出发的，以为自己能懂，学员就能懂。但事实上，培训师制作的PPT主要是给学员看的，他们能看懂才是关键。

既然是做培训，因此学员的水平并不能达到培训师所拥有的专业知识，如果不把专业的数据大众化显示，把复杂的数据信息简洁化，并且不添加任何的解释说明，很难保证每个学员都能看懂。

"己所不欲勿施于人"，制作数据型的PPT也一样，如果连自己都接受不了的表达方式，就不要强加给学员了，我们的目标是让数据的表达更加人性化和大众化。

那么，如何让PPT中的数据更吸引学员，让学员更容易看懂呢？可以尝试从以下3个问题中寻找答案。

◆ 问题一：数据能否抽离成某种二维关系

表格比纯文本展示更直观，最大的区别就是纯文本是一段文字，而表格可以将数据抽离成二维结构，从横竖方向上，直观地阅读数据。

将图7-2中的数据统一规划到一个表格中，并按照在职人数的高低进行编排，其效果如图7-5所示，对于纯文本展示的数据，在表格中展现的数据更加直观，数据大小一幕了然。

公司人力资源现状

职类	在职人数
职员类	106
研发类	54
生产类	61
营销类	18
临时工	5

图7-5

◆ 问题二：所表达的数据能否分类排序

在若干数据中，我们会发现，有些数据可以归纳为同一类，有些数据可以进行升序或降序排列。于是，我们可以把这些数据分门别类地排列，构成横竖有理的表格，如果不进行排序，就会像图7-3一样，重点内容不突出，不同的学员可以看出不同的结果。

◆ 问题三：怎么突出数据的重点

在一份数据型的PPT中，并不是所有的数据都同等重要，往往有轻重之分。例如，有些数据只作展示，有些数据需要解释说明；有些数据作为佐证；有些数据作为结论。因此，我们需要突显重要的数据，比如为重要的数据添加色块，改变数据的颜色或字体、字号，将重要的数据单独列为一行或一列等，通过这样的方式可以让表格更有侧重点。

现在对图7-3所示的表格的改进得到图7-6所示的效果，与之前的表格相比，改进后的表格只是在底纹和部分数据的颜色上发生了改变。但是这一小小的举措就能帮助学员更快速地注意到数据要传递的重点内容：强调公司目前的在职人数最多的是职员类，并且这一占比数据高达43%。

图7-6

TIPS *PPT表格的缺陷* 🔍

　　PPT虽然可以插入表格，但是与专业的表格制作软件Excel相比，PowerPoint在处理数据方面具有明显的缺陷。例如，对数据的升序与降序排列，在PPT中就不能实现一键操作，所以培训师可以在Excel中将数据处理好之后再插入到PPT中。

7.1.3
表格并不是数字数据的专利

　　相对于销售、调研相关的演示文稿而言，HR领域中的培训演示文稿中涉及数字数据并不是特别多，反而经常会处理一些类似于计划、利弊对比、优劣对比及区别的文本数据，这类数据同样用表格来展示更直观，如图7-7～图7-9所示。

用表格展示计划内容 ▶

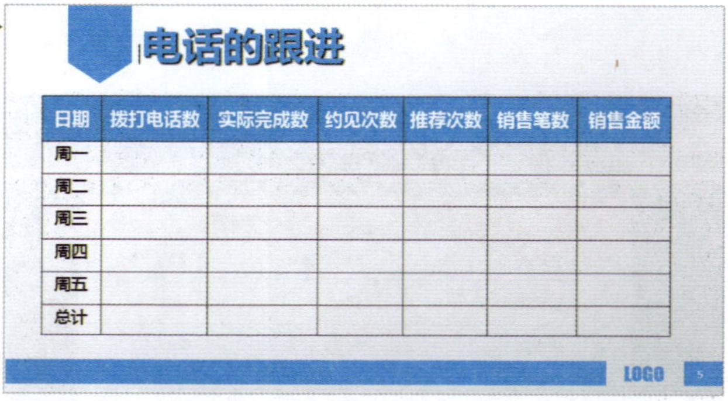

图7-7

用表格对比优缺点数据 ▶

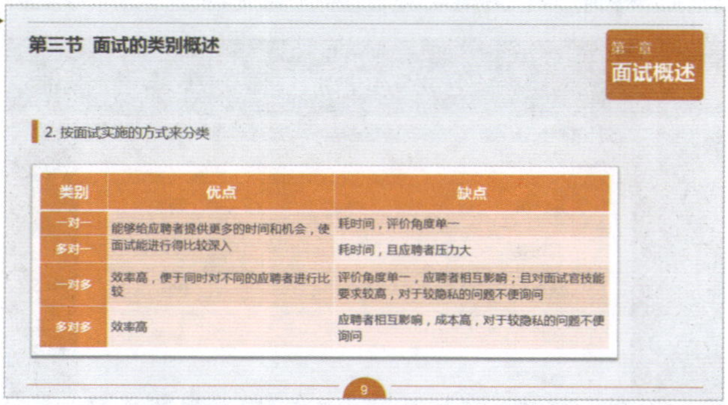

图7-8

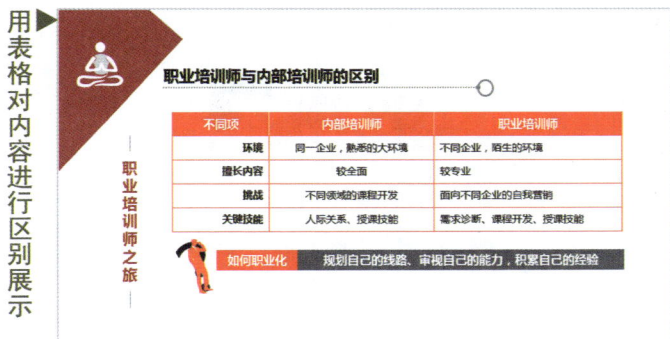

用表格对内容进行区别展示

图7-9

7.2 用图表直观呈现数据结果

俗话说"文不如表，表不如图"，与表格相比，图表的可视性更强了，它通过利用图形结构的方式，更直观和全面地展示数据的属性。

7.2.1
你还可以尝试美观简洁的图表

在PowerPoint 2013中提供了10种类型的图表，分别是柱形图、折线图、饼图、条形图、面积图、XY（散点图）、股价图、曲面图、雷达图和组合图，不同的图表类型展示不同的数据关系，如图7-10所示。

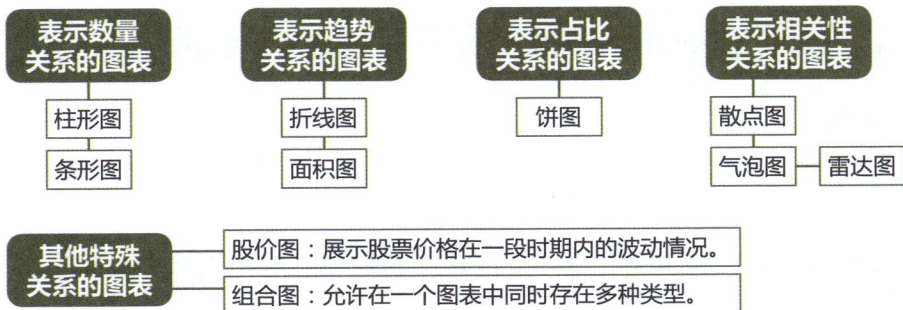

图7-10

要插入图表，❶直接单击"插入"选项卡，❷在"插图"组单击"图表"按钮，❸在打开"插入图表"对话框中选择图表类型，❹单击"确定"按钮即可，如图7-11所示。

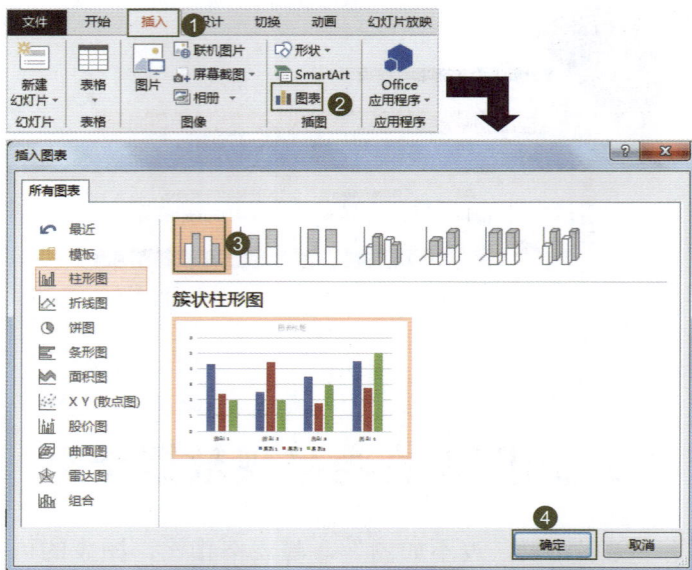

图7-11

在"插入图表"对话框中选择最优的图表后，还可以通过"图表工具 设计"和"图表工具 格式"选项卡对图表的外观和细节的格式进行调整，如图7-12所示。

▲ 该选项卡主要对图表的布局、样式、数据和图表类型进行修改。

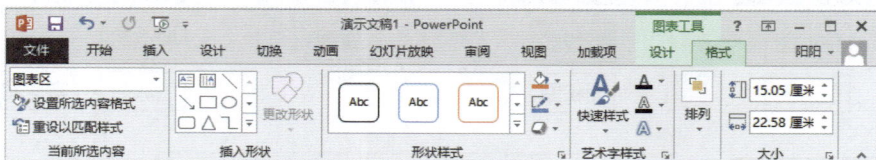

▲ 该选项卡主要对图表中的形状或图表边框格式进行自定义设置。

图7-12

7.2.2
个性化图表的设计启示

在制作PPT的时候，我们常常强调"个性化"，为什么"个性化"

如此重要呢？

因为无论制作PPT的技术如何，我们都希望自己的PPT有别于其他人的，甚至优于其他人的，在技术水平不分伯仲的时候，个性往往可以拉开距离。首先，我们来对比观察下面两组图片，如图7-13和图7-14所示。

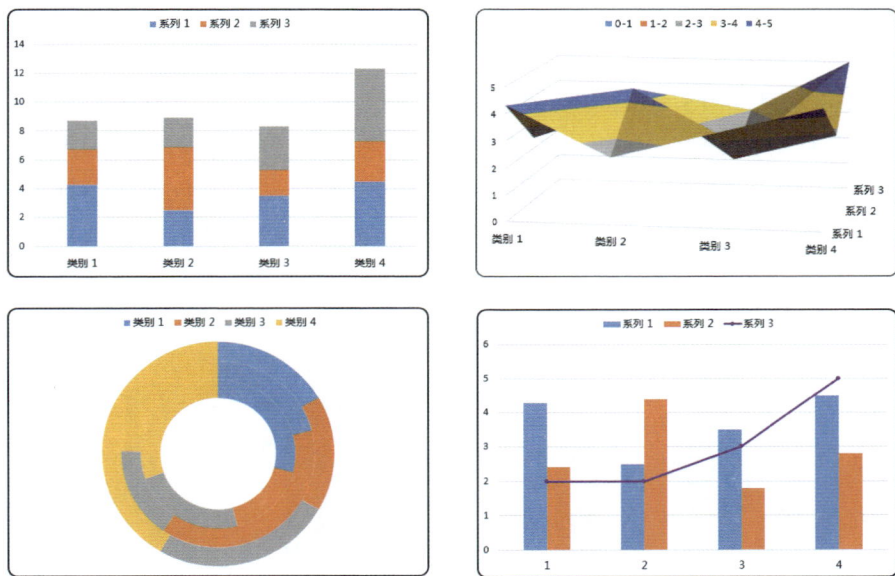

图7-13

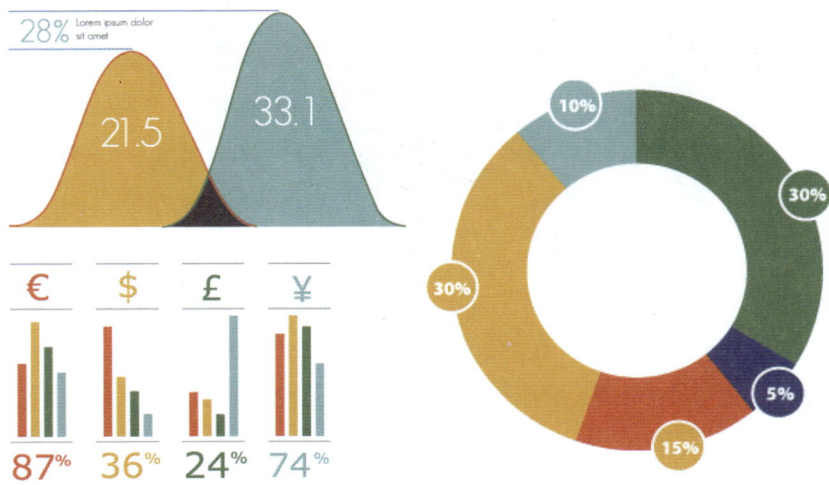

图7-14

图7-13所示的图表即为PowerPoint中内置的图表，无论你对图表进行怎样的设计加工，它的风格和外形都不可能有突破，不过是色彩和布局上的微妙变化。

图7-14所示的图表，则是培训师自定义设计的。从风格上看，相比传统图表而言，有了较大的突破，但是从外形上来说，仍然是对传统图表的一种复制。

再观察图7-15所示的图表类型，我们会发现，这些图表从外形上已经开始有所突破了。这组图表为模拟对象图表，它是用形象的图形来代表数据对象，例如与人口有关的数据，就用人形来代表数据，与地域有关的数据就用地图来表示。用图形代替传统的柱状、饼图或条形图，从外观上就能看出该数据内容的主体对象。

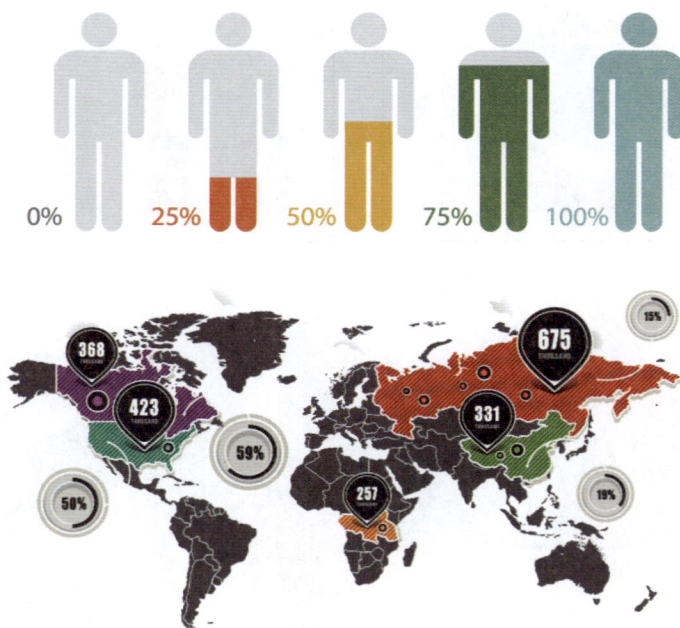

图7-15

继续观察7-16所展示的图表类型，这组图表为比较流行的3D效果的图表，看上去立体感很强，无论是布局、色彩还是造型都比较精致。但是这类图表在制作时需要花费一些时间和精力，一般情况下，3D效果的图表较少使用。

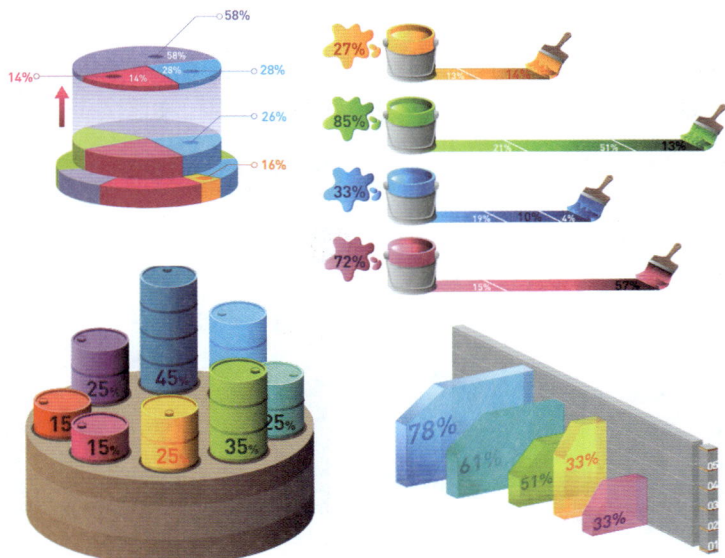

图7-16

我们已经欣赏了这么多类型的个性化图表，那么该怎么在幻灯片中制作这些图表呢？要制作个性化的图表，首先需要抛开之前所学习的插入图表的方法，忘记传统图表的结构和表达方法，把图表的元素当作图形，以这种思路来做。下面以在PowerPoint中制作出如图7-17所示的个性化柱形图为例讲解自定义图表的制作过程。

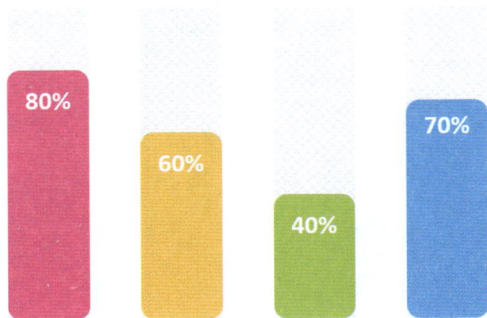

图7-17

分析实例 **自定义个性化柱形图** ━━━━━━━━━━━━━━━━━━━━━━━━━━━━━━━

Step 01 ❶绘制一个指定大小的矩形，❷选择该形状，按住【Ctrl+Shift】组合键不放，向右拖动鼠标绘制3个副本形状，如图7-18所示。

Step 02 ❶选择所有形状，❷在"绘图工具 格式"选项卡中单击"形状轮廓"下拉按钮，❸选择"无轮廓"选项取消形状的轮廓效果，如图7-19所示。

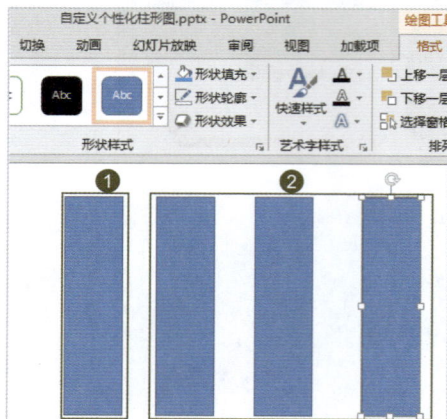

图7-18

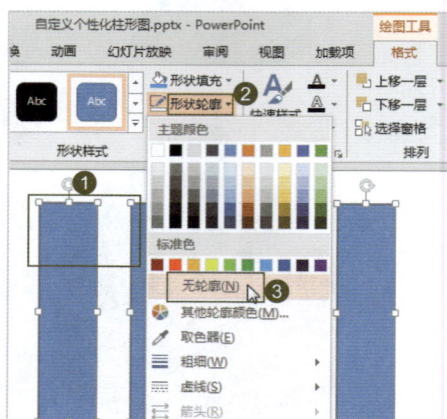

图7-19

Step 03 保持形状的选择状态，直接单击"形状样式"组中的"对话框启动器"按钮打开"设置形状格式"任务窗格，如图7-20所示。

Step 04 ❶展开"填充"栏，❷在其中选中"图案填充"单选按钮，如图7-21所示。

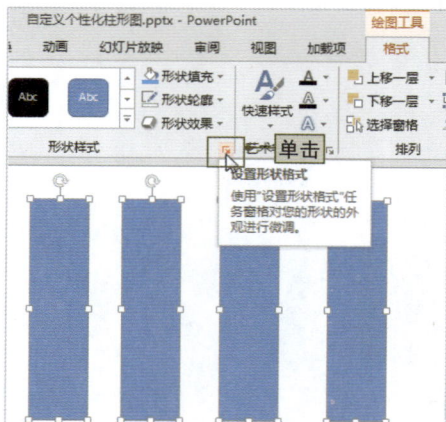

图7-20

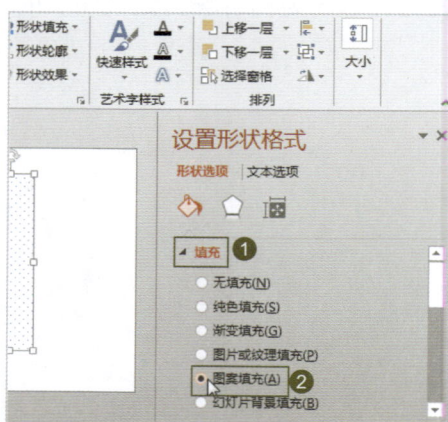

图7-21

Step 05 ❶在"图案"栏中选择一种图案样式，❷单击"前景"下拉按钮，❸选择一种图案样式的前景色，如图7-22所示。

Step 06 ❶绘制一个与矩形形状大小一样的圆角矩形，❷选择该形状，按住【Ctrl+Shift】组合键不放，向右拖动鼠标添加3个副本形状，如图7-23所示。

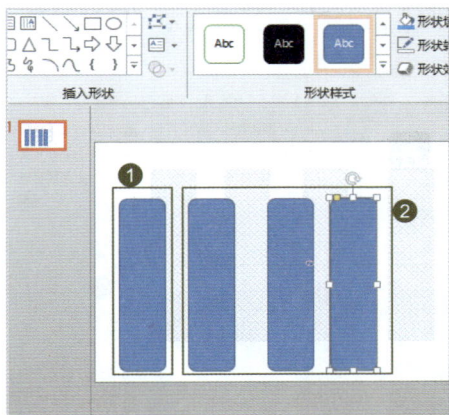

图7-22　　　　　　　　　　　　图7-23

Step 07 保持形状的选择状态，❶切换到"大小属性"选项卡，❷展开"大小"栏，❸在"缩放高度"数值框中输入70%，将形状的高度相对于原始高度缩小到70%，如图7-24所示（此时必须确保"锁定纵横比"复选框为取消选择状态，否则将等比例同时缩放形状的高度和宽度）。

Step 08 ❶用相同的方法调整其他圆角矩形的高度，❷单击右上角的"关闭"按钮关闭任务窗格，如图7-25所示。

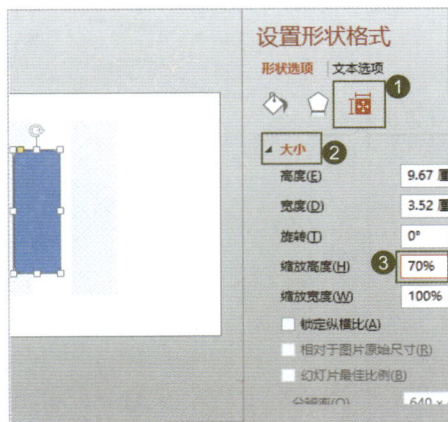 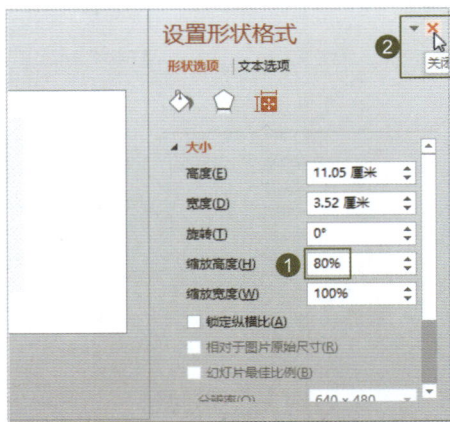

图7-24　　　　　　　　　　　　图7-25

Step 09 ❶选择所有的圆角矩形形状，❷单击"形状样式"组中的"形状轮廓"按钮取消圆角矩形的轮廓效果，如图7-26所示。

Step 10 ❶为80%的圆角矩形设置一个填充色，❷选择该形状和最左侧的矩形形状，设置其对齐方式为"底端对齐"和"左右居中"，如图7-27所示。

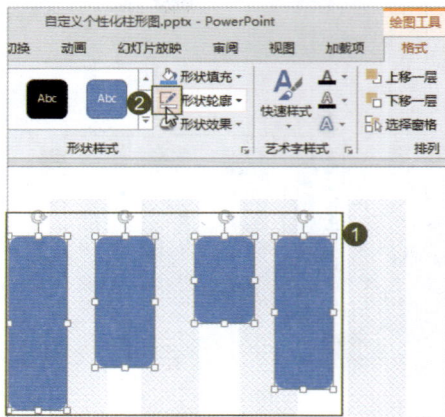

图7-26

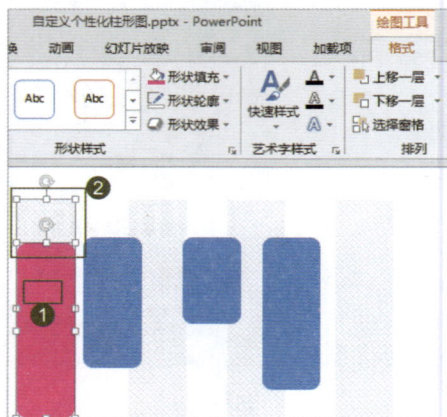

图7-27

Step 11 保持形状的选择状态，❶在选择的两个图形上单击鼠标右键，❷选择"组合"｜"组合"命令将两个形状组合，如图7-28所示。

Step 12 用相同的方法为其他圆角矩形设置相应的颜色，并与对应的矩形形状进行组合，如图7-29所示。

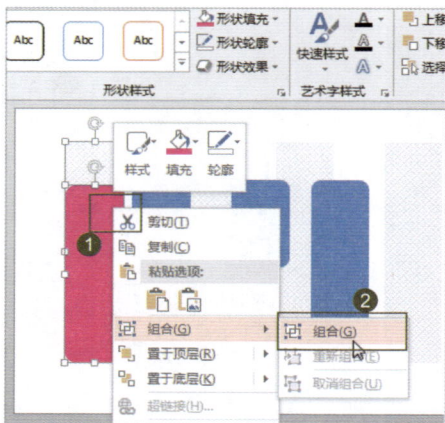

图7-28

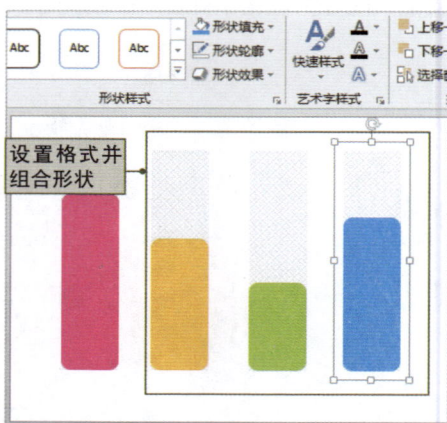

图7-29

Step 13 ❶选择所有组合形状，❷单击"对齐"按钮，❸选择"横向分布"选项将所有组合形状等间距横向分布，如图7-30所示。

Step 14 ❶在第一个组合对象上绘制一个文本框，在其中添加指定格式的数据，❷复制该文本框到其他组合对象的合适位置，并修改对应的数据完成操作，如图7-31所示。

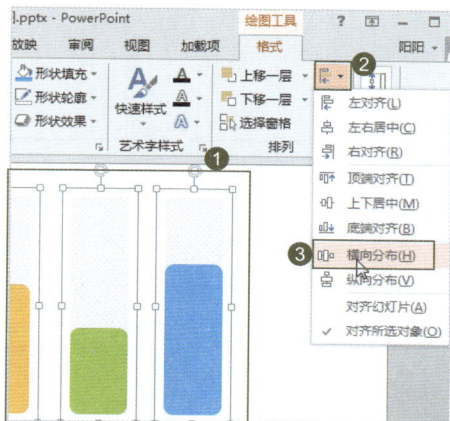

图7-30

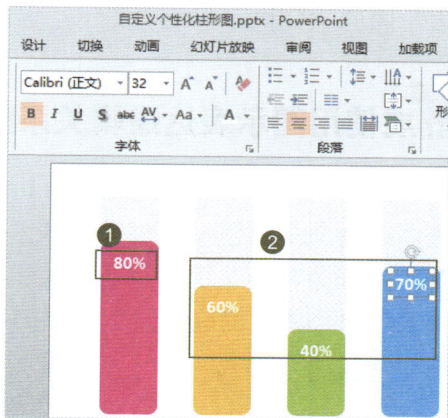

图7-31

下面再展示几个用形状制作的个性化图表，供培训师欣赏和借鉴，其效果如图7-32所示。

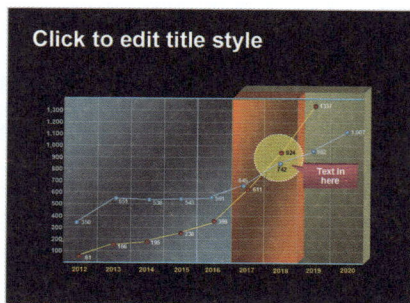

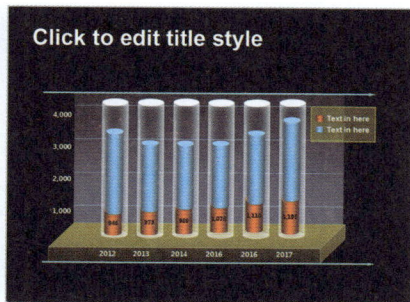

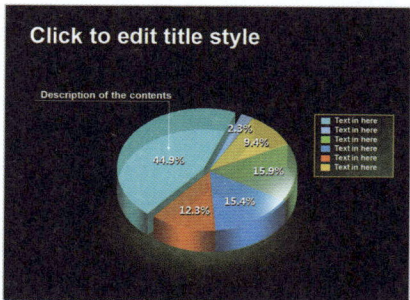

图7-32

7.3 用图示增强内容的逻辑关系

通常情况下，用图形的方式表达事物之间的关系往往比文字更有力。因此学会设计和使用图示，也是制作好培训PPT的一个技巧。

7.3.1 养成使用图示表达逻辑关系的习惯

在培训过程中，无论是在分析某种内在的关系，还是在讨论某个议题，或者向学员演示某种逻辑联系的时候，培训师都习惯在白板上写写画画，因为我们早已经达成了共识：用图形的方式能够更简单、更轻松地表达事物内在的联系。下面我们来看两个例子。

【例1】

在培训过程中，为了让学员与学员之间产生更多的互动，培训师安排了一个抛球的体能训练游戏：要求从学员中挑选学员甲站在中间，再挑选6个学员，围成一圈，站在甲的周围，这时，从甲开始发球。当甲发给第一个学员之后，第一个学员需要立刻把球抛还给甲，甲随即又发给第一个学员右边的学员，按照这样的方式循环练习。

当学员初次看到如上描述的训练安排时，可能觉得复杂，甚至容易让人犯糊涂。不过，将这样的要求换为图示表达的时候，我们就会发现，其实很简单，如图7-33所示。

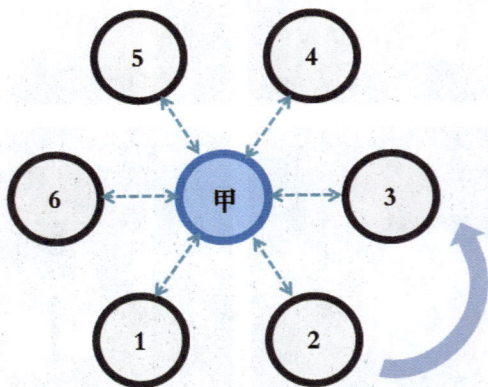

图7-33

【例2】

在一次沟通技能培训课上，培训师要介绍语言沟通、非语言沟通和双向沟通，常规的方法是用项目列举的方式分别列举来介绍，其幻灯片效果如7-34左图所示。从图中可以看到，整个幻灯片中的内容为并列显示，逻辑关系分散。而将其用图示进行展示，得到如7-34右图所示的效果，在用图示优化后的幻灯片中，展示了各种内容之间的深层关系，让表达更直接、有力。

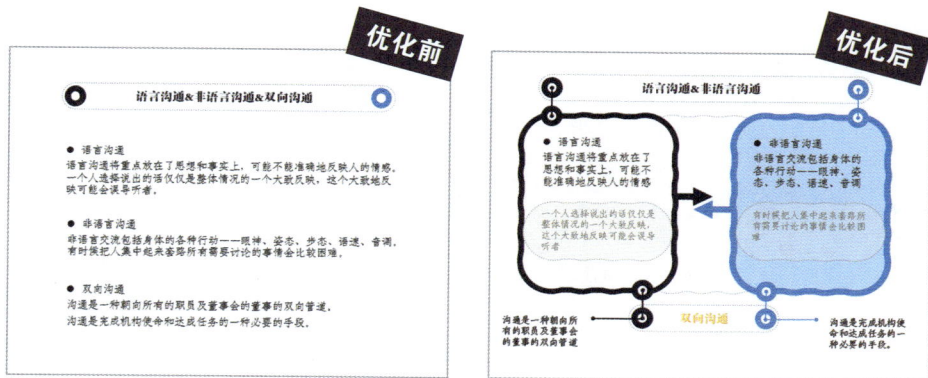

图7-34

通过如上的两个例子我们可以知道：在制作PPT时，应该养成习惯使用图示，只有习惯这种方式，我们才能体会到：在描述某种逻辑关系时，图示比纯文本更具有说服力。

7.3.2
图示关系知多少

图示不像图表那样是对数据信息进行量化分析，而它主要是对文字关系的直观表达。因此，只要找对了文字信息之间存在的关系，就能快速、准确地制作出需要的图示。

要从烦琐的文字信息中挖掘出隐藏在其中的各种数据关系，首先培训师需要了解清楚，到底文字之间可能存在哪些关系，只有准确了解各种关系的作用，才能快速判断应该用什么关系来制作图示。

下面具体介绍一些常见的关系及其效果展示，如图7-35所示。

【并列关系】并列关系中所有数据之间的级别相等，有垂直并列和水平并列两种情况。

【递进关系】递进关系的逻辑性很强，各个文字信息的关系层层递进。

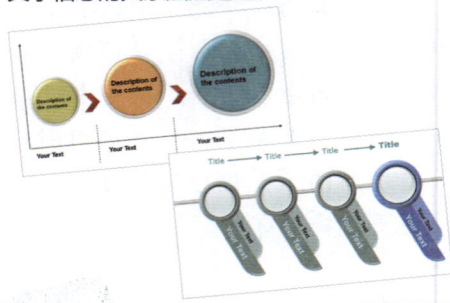

【环绕关系】环绕关系很多时候是并列或者总分关系的视觉化表达手段。

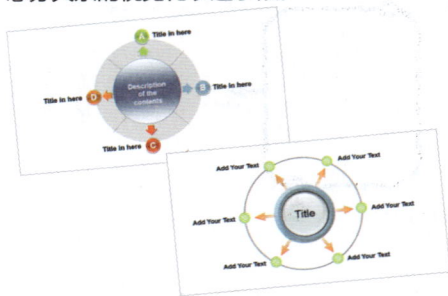

【流程关系】流程关系是指将信息按先后顺序组合，这种关系强调时间先后顺序。

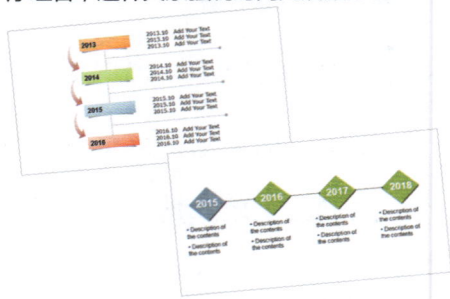

【对比关系】对比关系是在相同条件下对不同数据进行比较，从而突出和强调观点。

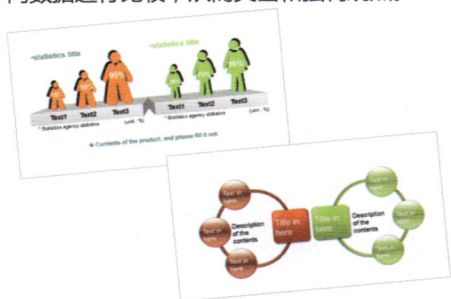

【包含关系】包含关系也称属于关系，各数据之间是层层包含的关系。

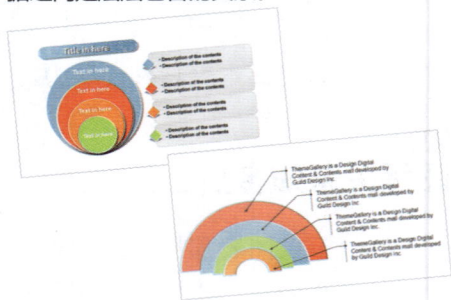

【总分关系】总分关系也可以看成上下级关系，层次关系可以是两个或者多个层次。

图7-35

7.3.3
使用SmartArt形状快速制作图示

SmartArt原意为智能艺术。用图形的方式表达关系和观点，生动、形象、具体地表达信息，根据某一关系的改变而随之发生改变，这正是一种智能艺术，在PPT中，这种智能艺术表现为SmartArt图示。

在PowerPoint 2013中，❶可单击"插入"选项卡，❷在"插图"组中单击"SmartArt"按钮，在打开的"选择SmartArt图形"对话框中即可查看到程序提供的8种图示，具体包括列表图示、流程图示、循环图示、层次结构图示、关系图示、矩阵图示、棱锥图和图片型图示，如图7-36所示。

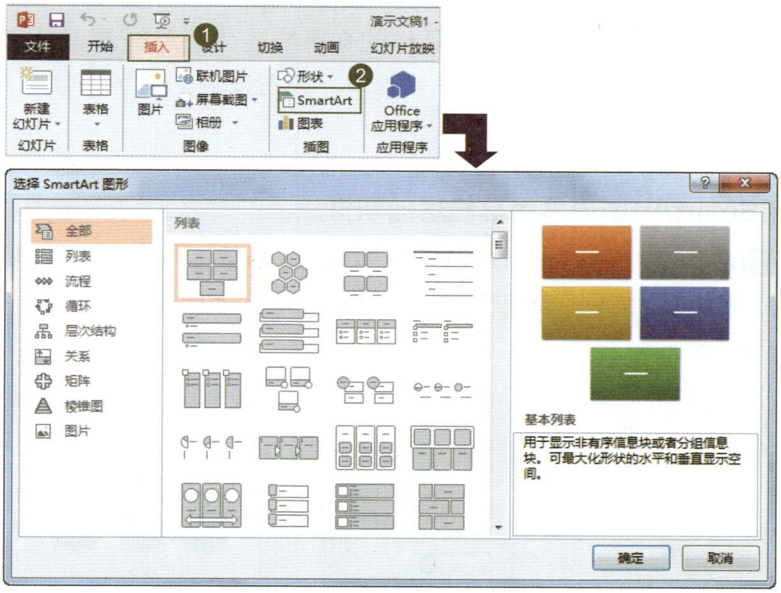

图7-36

SmartArt实质上也是由各种图形组合而成，因此与一般的对象一样都具有图形属性，对其的格式设置方式也有很多相通之处。

当在幻灯片中插入SmartArt图形后，将激活"SMARTART工具 设计"和"SMARTART工具 格式"选项卡，如图7-37所示，通过这两个选项卡可以分别对SmartArt图形的布局及格式进行编辑和美化操作，因此对于标准结构的内容，一般都选用内置的SmartArt图形来制作图示，从而快速完成制作和美化操作。

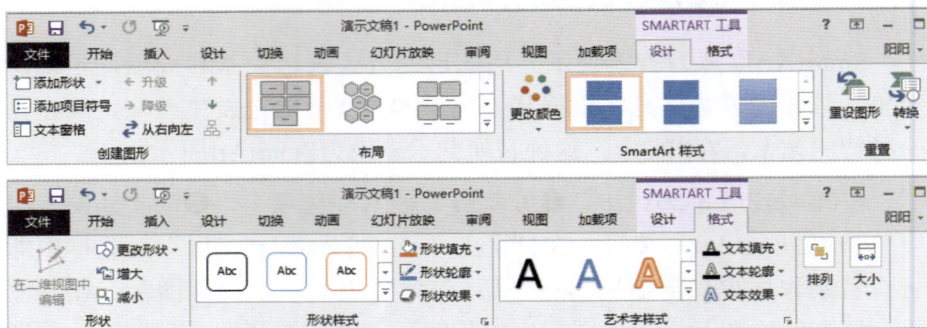

图7-37

下面我们将一段文字描述制作成精美的SmartArt图形为例，讲解SmartArt图形在PPT中的运用。具体的文字描述为：总经理有5种职责，分别是负责公司的人事管理、财务管理、公司发展、市场拓展和产品的质量监督。

分析实例 **用SmartArt图形展示总经理的职责**

Step 01 ❶打开"选择SmartArt图形"对话框，❷单击"循环"选项卡，❸选择"基本射线图"选项，❹单击"确定"按钮创建基本射线图SmartArt图形，如图7-38所示。

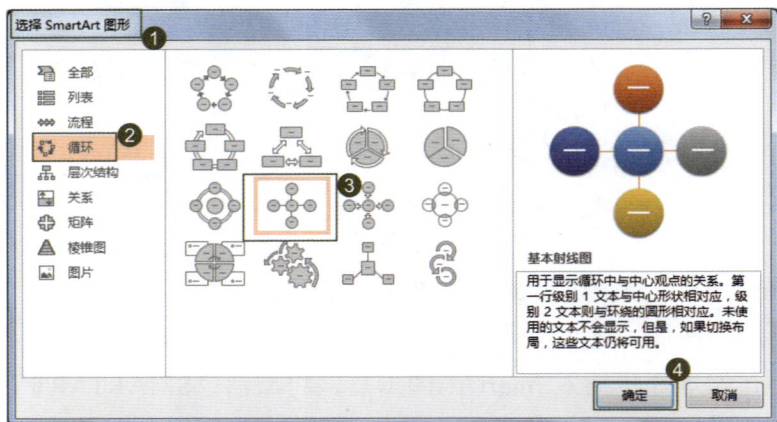

图7-38

Step 02 直接将文本插入点定位到占位符中，输入总经理职责和其中4种具体的职责内容，如图7-39所示。

Step 03 ❶保持财务管理形状的选择状态，在"SMARTART工具 设计"选项卡的"创建图形"组中单击"添加形状"下拉按钮，❷选择"在后面添加形状"选项添加形状，如图7-40所示。

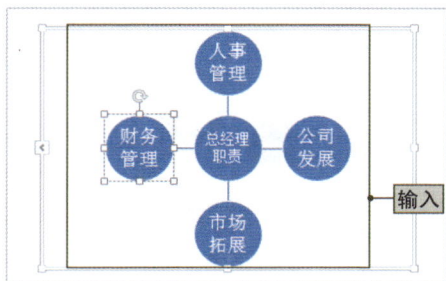

图7-39

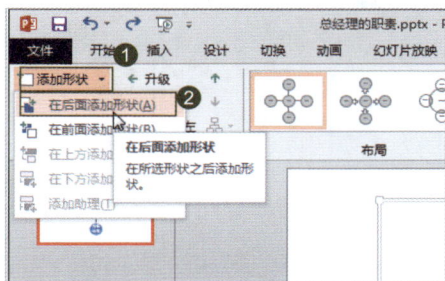

图7-40

Step 04 ❶在添加的形状上单击鼠标右键，❷选择"编辑文字"命令将文本插入点定位到该形状中，如图7-41所示。

Step 05 ❶在形状中添加"质量监督"文本，❷分别调整所有形状中的文本的字体格式，得到如图7-42所示的效果。

图7-41

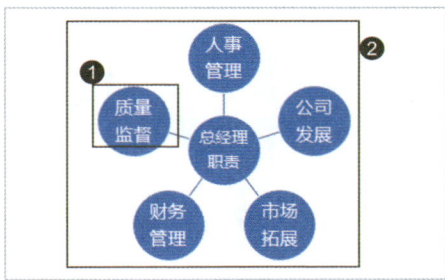

图7-42

Step 06 ❶选择整个SmartArt图形，❷在"SMARTART工具 设计"选项卡中单击"更改颜色"下拉按钮，❸选择一种需要的颜色选项快速更改整个SmartArt图形的颜色效果，如图7-43所示。

Step 07 ❶按住【Ctrl】键不放，然后依次选择环绕的5个形状，❷单击"SMARTART工具 格式"选项卡，❸单击"形状效果"下拉按钮，❹选择"阴影"命令，❺在弹出的子菜单中选择"靠下"选项为选择的形状添加阴影效果，如图7-44所示。

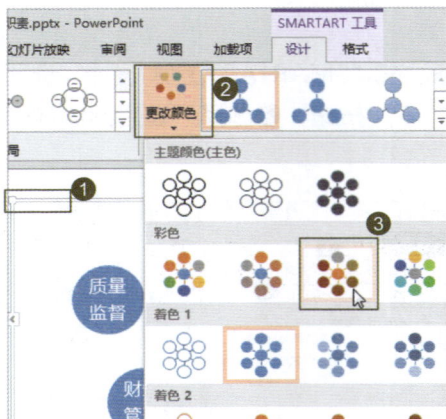
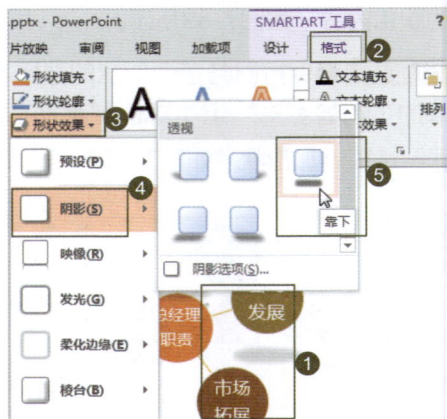

图7-43　　　　　　　　　　　　　　　　　　图7-44

　　如图7-45所示为将文字制作成SmartArt图形后未进行美化的初始效果（左图）和通过"SMARTART工具 设计"和"SMARTART工具 格式"选项卡加工后的效果（右图），对比前后的效果可以发现，经过加工之后，图示的外观看上去更美观了。

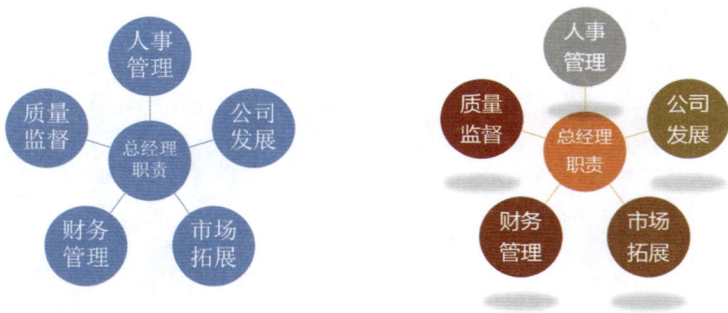

图7-45

7.3.4
巧用形状绘制个性化的图示

　　虽然在制作一些关系结构简单的图示时，SmartArt图形有明显的优势，但是SmartArt图形毕竟是程序内置的一种组合对象，是"牵一发而动全身"的，即只要一处改变，整个图示就会随之调整，这样一来就大大降低了图示的灵活性。

　　在PowerPoint中，程序提供了转换功能，可以直接将SmartArt图形转化为形状，其操作是：直接单击"SmartArt工具 设计"选项卡"重置"
组中的"转换"按钮，将弹出一个下拉列表，如图7-46所示。

图7-46

如果在下拉列表中选择"转换为文本"选项，则可以把SmartArt图
示转化为纯文本；如果在下拉列表中选择"转换为形状"选项，则可以
将SmartArt图示转换为独立的形状，转化为形状后的SmartArt图形，操
作起来就更加灵活了。

其实，对于关系比较复杂或者要灵活操作的图示，培训师可直接使
用形状来构造，而且利用形状的裁减工具还可以获得个性化的形状（6.1
节中已介绍），可以得到更个性化的图示。

下面展示一些利用形状绘制的个性化图示供培训师欣赏和借鉴，如
图7-47所示。

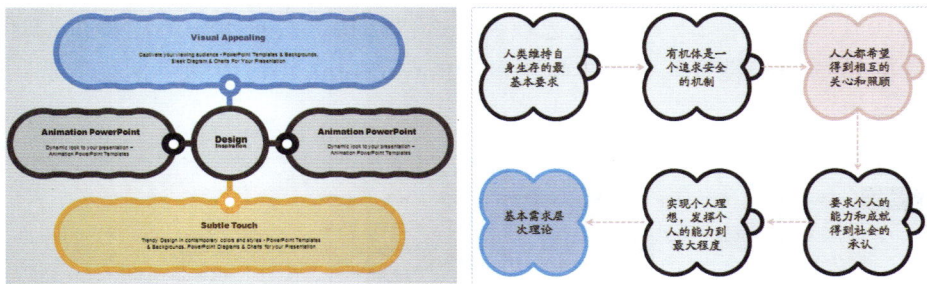

图7-47

图示的设计空间虽然很大，但是在设计图示的时候，也需要注意以下一些问题。

◆ 使用的形状最好以圆形、椭圆、矩形及与之相近的形状为佳，谨慎使用棱角过多的形状，例如三角形、多边形和星形等。

◆ 对象较多的时候，不要用密集的形状构成图示。

◆ 不要因为美观，随意混淆对象之间的内在联系。

◆ 形状的填充颜色以浅色为主，文本的颜色要与形状填充颜色对比明显，尽量不要为形状添加棱台、发光和三维效果。

7.4 运用动画提高演示水准

作为培训演示文稿，属于比较正式和严肃的演示文稿，这类演示文稿不像宣传类和娱乐类的演示文稿，可以制作花哨的动画，以此达到宣传和娱乐的目的。但是适当地为幻灯片添加转场动画，对部分文字或者对象添加合适的动画，也能提高演示的水准，调节整个演示氛围，吸引到学员的注意力。

7.4.1
切换动画不能少

幻灯片是构成演示文稿最基本的单位，要让演示效果动起来，最容易操作的就是设置幻灯片的转场效果。在PPT中，转场效果特指从上一张幻灯片进入到下一张幻灯片时的动态效果，我们又称之为"切换动画"。

在PowerPoint 2010之前，并没有专门的切换动画，而从PowerPoint 2010开始，新增了一个功能选项卡——"切换"选项卡，专门提供幻灯片的转场动画设置，如图7-48所示为PowerPoint 2013中的"切换"选项卡效果。

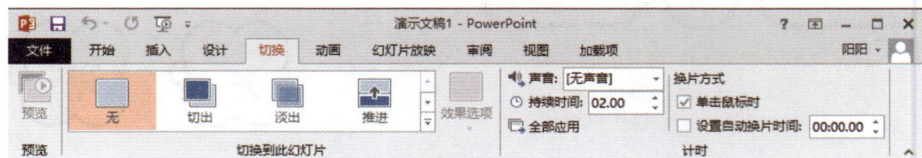

图7-48

单击"切换"选项卡"切换到此幻灯片"组中的"其他"按钮,在展开的列表中可以看到"细微型"、"华丽型"和"动态内容"这3种类型的切换动画,如图7-49所示。

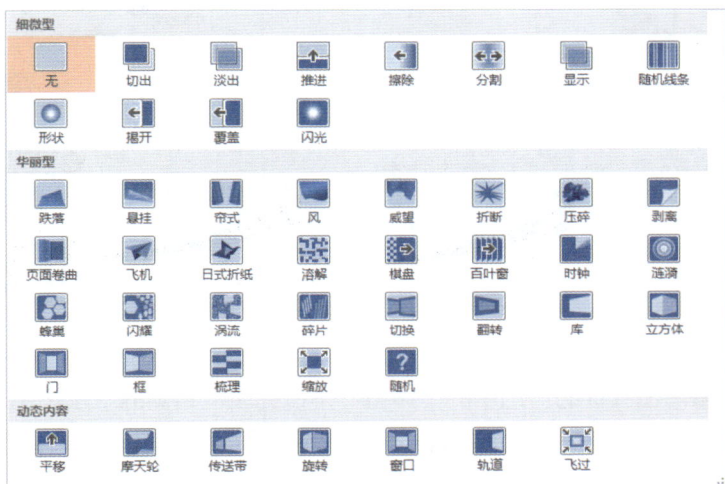

图7-49

在培训演示文稿中,应用得比较多的切换动画是细微型动画,因为这些效果简单自然。而华丽型和动态内容的切换效果比细微型的效果复杂,且视觉冲击力更强,不是特别适合在培训演示文稿中使用。此外,需要注意的是,培训演示文稿中的切换动画最好统一用一种,这样更显严谨和专业。

对于程序内置的切换动画,如果不是特别满意,用户还可以对这些切换动画的速度、时间等进行编辑,甚至可以为切换动画添加切换声音,下面通过具体的实例讲解如何添加并编辑切换动画。

分析实例 一键为所有幻灯片统一设置切换动画

素材文件 ◎\Chapter 7\素材文件\人力资源部内训培训课程.pptx
效果文件 ◎\Chapter 7\效果文件\人力资源部内训培训课程.pptx

Step 01 打开"人力资源部内训培训课程"素材,❶保持第一张幻灯片的选择状态,单击"切换"选项卡,❷在"切换到此幻灯片"组的列表框中选择"推进"选项,如图7-50所示。

Step 02 ❶单击"效果选项"下拉按钮,❷选择"自右侧"选项更改切换动画的方向，如图7-51所示。

图7-50

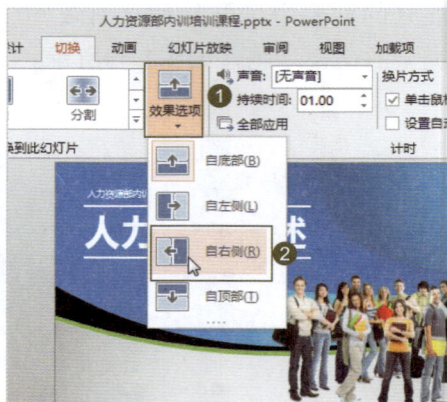

图7-51

Step 03 ❶单击"计时"组中的"声音"下拉列表框右侧的下拉按钮，❷选择"风铃"选项为切换动画添加声音，如图7-52所示。

Step 04 ❶在"持续时间"数值框中输入"1.5"后按【Enter】键确认，❷单击"全部应用"按钮将为第一张幻灯片设置的切换动画应用到演示文稿中的其他所有幻灯片上，如图7-53所示。

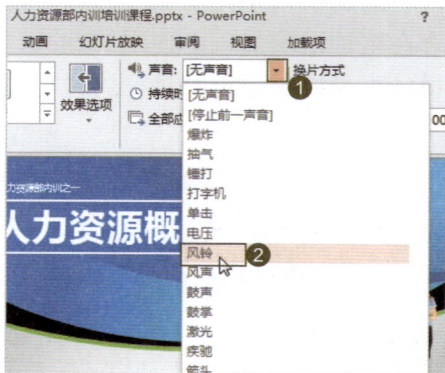

图7-52

图7-53

7.4.2
为幻灯片内容应用动画有哪些讲究

　　幻灯片中的内容无非就是文本、图表、形状、表格和图片等，对于这些内容，都可以通过添加动画的方式让内容按照培训师的意愿先后进行播放，动画的添加和编辑都是通过"动画"选项卡完成的，如图7-54所示。

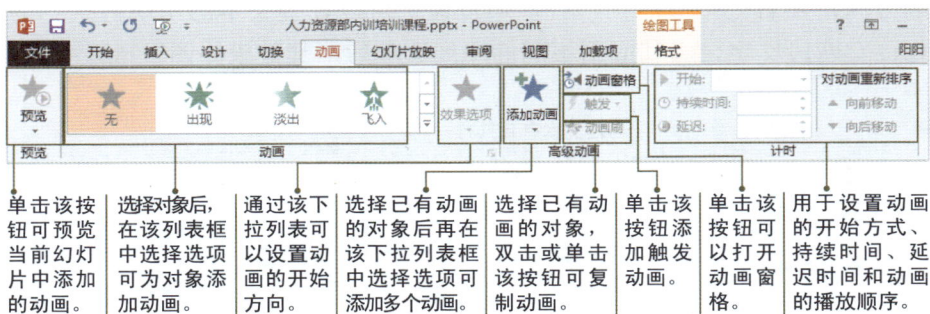

图7-54

　　在培训演示文稿中，不是动画越多，演示越出彩，那么对于幻灯片中的内容是否应该应用动画？应用动画后的设置有哪些讲究呢？下面我们就来分别进行介绍。

◆ 文本动画设计

　　文本是幻灯片中最重要的元素之一，大多数的PPT都是以文本内容为主的，这就会导致一种状况：文本内容太多，让人觉得枯燥乏味。如果为文本内容添加适当的动画，效果就完全不一样了，如图7-55所示。

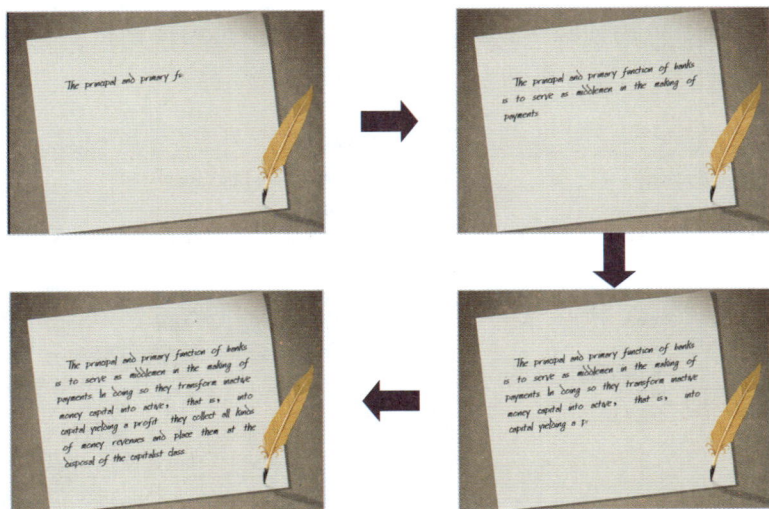

图7-55

对于文本内容而言，比较常用的是淡出和擦除这类简洁的动画，通常为文本添加这些动画后，在"效果选项"下拉列表中除了可设置动画的方向，还有一个"序列"栏，通过该栏可以设置文本的出现方式。例如，有两段文字，为其应用不同的序列选项后，其效果如图7-56所示。

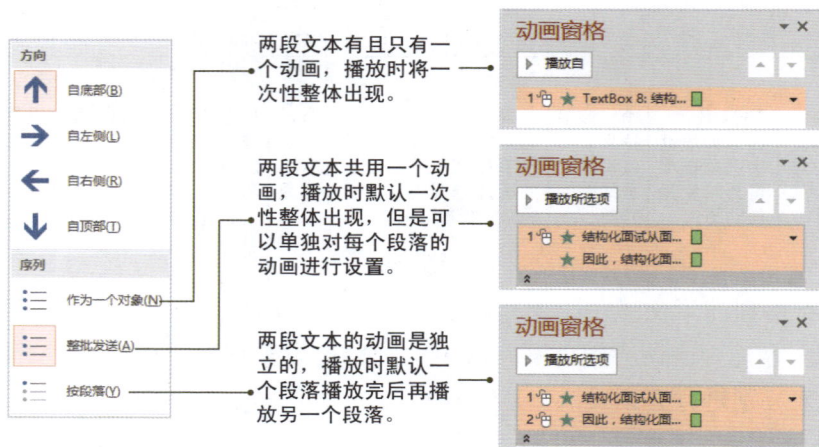

图7-56

前面介绍的都是按段落的方式显示文本，其实文本还可以逐字显示，形成打字机的效果，要实现这种效果，需要单击"动画"组的"对话框启动器"按钮，在打开对应动画的效果选项设置对话框的"动画文本"下拉列表框中选择"按字/词"或者"按字母"选项后，再设置字/词之间的延迟百分比参数即可，如图7-57所示。

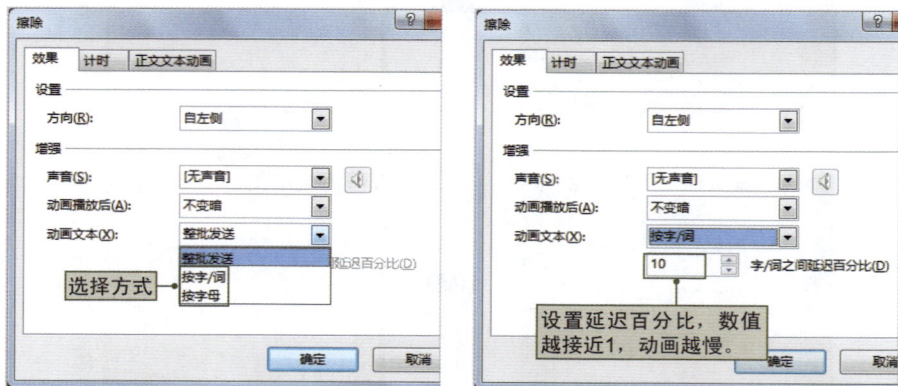

图7-57

其中，"按字/词"方式是文本将以一个字或者一个词语的形式依次出现动画效果，在中文文本中，这种方式比较常见。而"按字母"方式是指文本按照一个一个的汉字或者字母依次出现动画效果，多用于英文文本中，见图7-55所示的效果。

◆ 图表动画的设计

图表是幻灯片的元素之一，相比于文本而言，在培训过程中使用的不是特别频繁，但是掌握图表动画的设计也是非常必要的，因为让枯燥的数据动起来，更能让学员看得轻松，看得明白。

与文本内容一样，为图表添加动画后，在"效果选项"下拉列表中同样会出现"序列"栏，选择不同的选项可以让图表中的数据按照不同的要求进行播放，因此掌握这些选项的作用，才能根据培训需求选择最合适的图表动画。如图7-58所示为不同序列选项的作用及对应的图表动画放映展示。

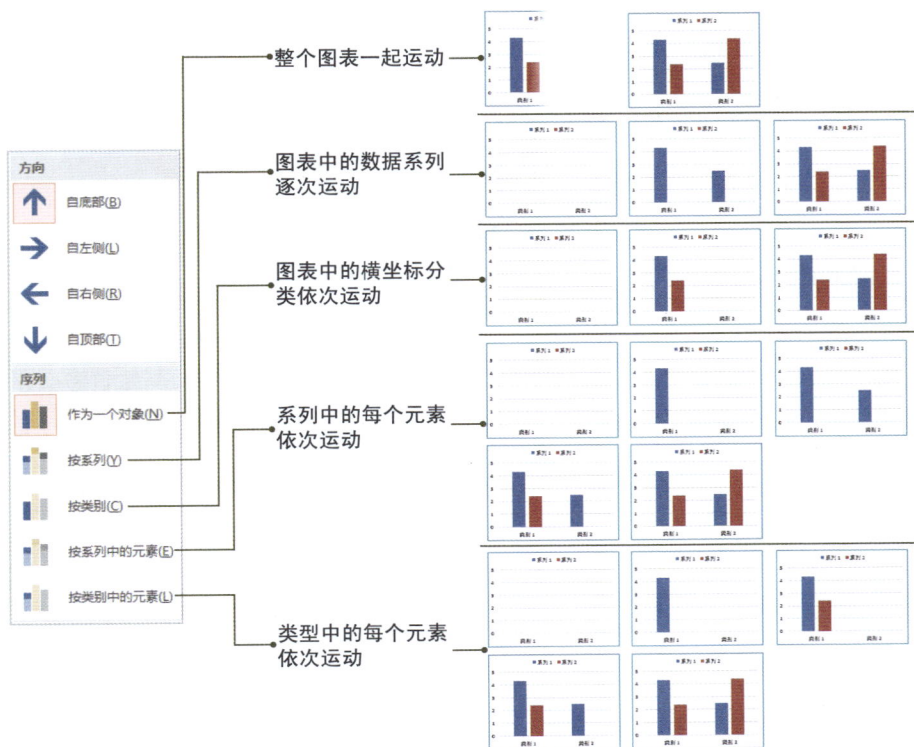

图7-58

◆ 形状的动画设计

形状的动画设计主要是针对于形状组成的图示而言，如果内容之间的关系需要按某种关系或者顺序逐渐呈现给学员，此时可以分别为子对象添加动画，如图7-59所示的效果。

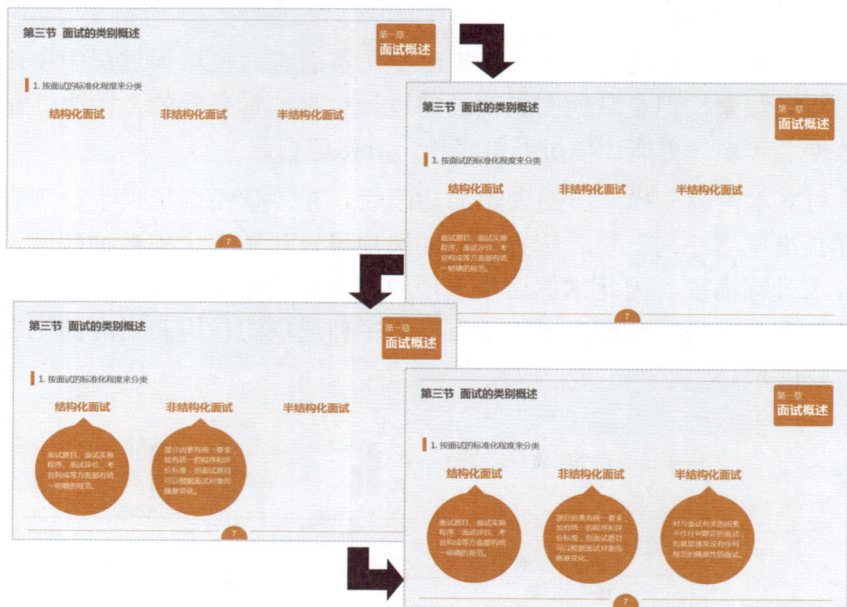

图7-59

◆ 图片和表格的动画设计

对于图片和表格这类对象要慎用动画，因为在培训PPT中，这些内容显示通常都比较简单，而且清晰。所以切记不要画蛇添足添加多余的动画，让整个放映显得杂乱，这样不仅起不到为PPT增彩的作用，反而会影响PPT的正常放映。

第8章

善于在平时搜集与整理PPT素材

　　为了能够高效地制作出专业、美观的PPT，培训师在动手制作PPT之前，需要对PPT的相关素材进行准备。而素材的收集与整理，最好是能养成在平时随时进行收集的习惯，避免临时抱佛脚，并且，具体地收集整理也是要注意一定的方法的。

8.1 教你怎么搜集素材

　　图文并茂、逻辑清晰的PPT可以在一定程度上提升培训的效果，要制作出这种效果的PPT，自然离不开各种素材文件，那么PPT的常用素材有哪些？培训师应该如何获得这些素材呢？

8.1.1
PPT的素材有哪些

　　素材是制作PPT的各组成内容的统称。虽然在幻灯片中，我们随处可见文字、形状、字体、图示、图表、表格和动画等对象，但是这些对象并不全是培训师在制作PPT之前要准备的素材。能影响PPT效果的素材系统归纳起来主要有PPT模板、字体、图片以及动画，如图8-1所示。

图8-1

寻找PPT素材的途径有哪些

任何东西都不会从天而降，虽然现在网络已经很方便，但是要寻找到好的素材，也需要花时间，那么到底可以通过哪些途径来寻找呢？下面分享几种常见的寻找PPT素材的途径供培训师进行选择。

◆ 使用搜索引擎功能寻找

如果培训师想要手动制作PPT素材，但又缺少必要的元素，如图片、形状等。此时，可以直接使用百度、谷歌等搜索引擎进行搜索，如图8-2和图8-3所示为利用百度搜索引擎直接通过设置关键字搜索的字体素材和图片素材的结果。

图8-2

图8-3

◆ 通过素材网站寻找

随着PPT越来越受到人们的欢迎，国内出现了许多包含有PPT素材的网站。例如素材中国网站（http://www.sccnn.com/），这些网站中不仅有图片素材，有的设计网站中甚至有字体素材，如图8-4所示为素材中国网站首页。

图8-4

◆ 通过设计网站寻找

在PPT制作过程中，设计灵感也非常重要，此时培训师可以通过一些设计网站去查看设计作品。例如，设计师网址导航网站（http://hao.uisdc.com/），该网站中的资源非常丰富，有图库、教程、资源下载、字体、配色和信息图等，如图8-5所示为设计师网址导航网站首页。

图8-5

◆ 利用付费PPT素材网站寻找

　　由于PPT模板开始朝着专业化的方向发展，出现了许多收费的PPT素材网站。当然，这些网站中也存在一些免费的PPT素材。例如，PPTSTORE网站（http://www.pptstore.net/），如图8-6所示为PPTSTORE网站首页。

图8-6

◆ 在国外图片资源网站中寻找

　　除了国内的图片资源网站，一些国外的资源网站也支持中文检索，如图8-7所示的Hippopx（https://www.hippopx.com/zh），其中收录了20万张以上的免费图片，其中的图片质量都很高，适合用来做PPT背景，在下载时还可以根据需要选择不同的分辨率和尺寸。

图8-7

8.2 这几个PPT素材网站要牢记

虽然我们已经了解到了寻找PPT素材的途径，但是对于经常制作PPT的培训师而言，也需要牢记一些比较有特色和代表性的网站，这样才能有针对性地快速到目标网站中寻找到需要的素材，否则会如无头苍蝇一样到处瞎撞，时间花费了，但是并没有找到合适的素材。

8.2.1 收藏与制作图片、图标等素材网站

在制作PPT的过程中，常常还需要使用一些比较独特的图片或图标等素材，而这些素材可能在Microsoft官网很难找到，此时就需要知道一些比较专业的图片或图标等素材网站，除了前面介绍的一些素材网站和设计网站以外，这里再提供一些图片、图标素材文件的下载网站供培训师选择。

◆ 123FreeVectors

在123FreeVectors网站中（https://www.123freevectors.com/），培训师不仅可以下载各种各样的图片、矢量素材及图标等，还可以学到很多关于设计方面的知识，如图8-8所示为123FreeVectors网站的首页。

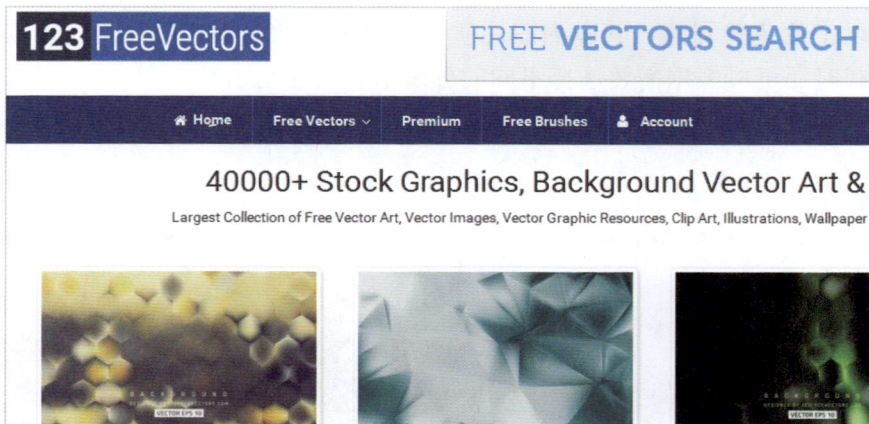

图8-8

◆ 非凡图库

非凡图库（http://www.ffpic.com/）是国内有名的素材网站，搜集了

国内外许多专业的素材。但是用户在下载素材时，需要先注册并登录账户，同时下载的数量也有限制，如图8-9所示为非凡图库网站首页。

图8-9

◆ 站酷网站

站酷（http://www.zcool.com.cn/）是中国最具人气的设计师互动平台，聚集了中国绝大部分的专业设计师、插画师、摄影师和艺术院校师生等设计创意群体，是中国最活跃的原创设计交流平台。

在该网站中不仅可下载效果好的素材文件，还可以欣赏到很多优秀的设计作品，对提升培训师的美感是很有帮助的，如图8-10所示为站酷网站首页。

图8-10

◆ 视觉中国

视觉中国（http://creative.vcg.com/）主要为全球的专业人员提供创意素材，为用户提供各种创意，其中包括许多免版税的高清图像，如图8-11所示为视觉中国网站的首页。

图8-11

◆ BgPatterns

BgPatters网站（http://www.bgpatterns.com）是一个完美的背景图案在线制作工具，在该网站中，用户可自定义需要的背景效果，设计完后只需要下载设计的背景图片即可，如图8-12所示为BgPatters网站首页。

图8-12

从网站首页可以看到，在页面右侧有一个工具条，在其中有很多的工具按钮，各工具按钮的具体作用如图8-13所示。

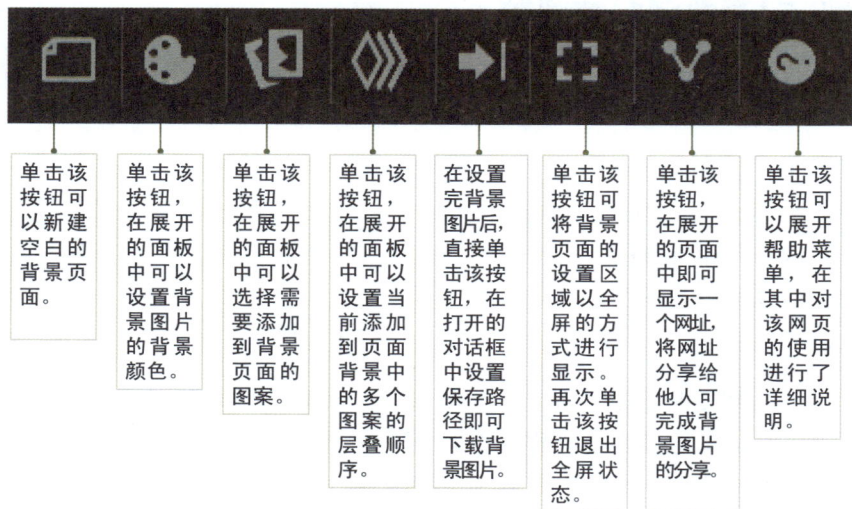

| 单击该按钮可以新建空白的背景页面。 | 单击该按钮，在展开的面板中可以设置背景图片的背景颜色。 | 单击该按钮，在展开的面板中可以选择需要添加到背景页面的图案。 | 单击该按钮，在展开的面板中可以设置当前添加到页面中背景中的多个图案的层叠顺序。 | 在设置完背景图片后，直接单击该按钮，在打开的对话框中设置保存路径即可下载背景图片。 | 单击该按钮可将背景页面的设置区域以全屏的方式进行显示。再次单击该按钮退出全屏状态。 | 单击该按钮，在展开的页面中即可显示一个网址，将网址分享给他人可完成背景图片的分享。 | 单击该按钮可以展开帮助菜单，在其中对该网页的使用进行了详细说明。 |

图8-13

◆ SmartMockups

SmartMockups网站（http://smartmockups.com）可以把任何图片无缝融合到特定的图片里，最后设计出更加独特的图片。这些图片以手机、平板电脑及笔记本等为主，搭配上非常有质感的背景，使图片更加丰富有特点，然后将其应用的PPT中。如图8-14所示为SmartMockups网站的首页。

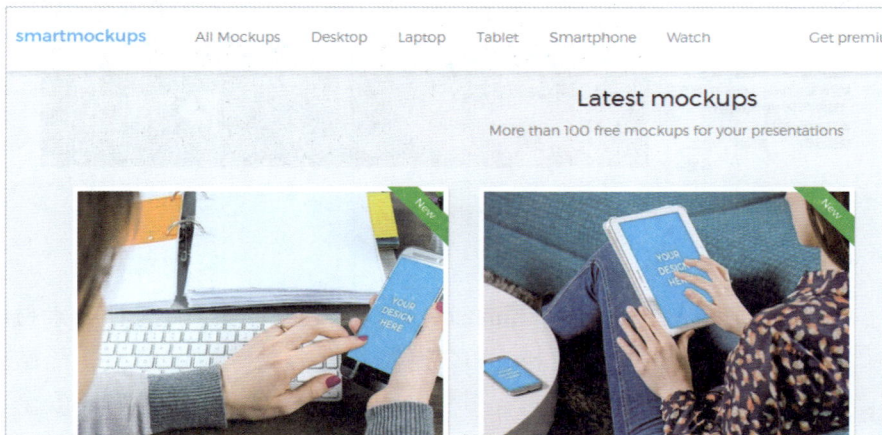

图8-14

收藏PPT素材与教程网站

在没有任何模板的情况下，一般的培训师要制作出个性突出、效果好的PPT是比较难的，然而在很多的PPT素材网站中不仅提供了图片、字体等这类素材，还提供了许多成型的PPT模板供用户下载使用。

此外，还有一些专门介绍PPT制作教程的网站，这些都是需要提升PPT制作水平的培训师要经常访问的网站。下面就来介绍一些比较好用的PPT素材和教程网站。

◆ 锐普PPT商城

在锐普PPT商城中（http://www.rapidppt.com/），有国内最大的原创PPT素材站与最强的PPT制作团队，还有人人都能快速提升的PPT培训。在该网站中，所提供的PPT素材和案例都非常新颖，但是需要付费下载。不过培训师想要制作出高水平的PPT，该网站就很值得收藏，如图8-15所示为锐普PPT商城网站首页。

图8-15

◆ 站长素材

站长素材网站（http://sc.chinaz.com/）是一家大型综合设计类素材网站，为用户提供高清图片素材、PPT模板、矢量素材、3D素材、酷站欣赏，以及Flash动画等设计素材。其中，站长素材网站可以免费、安全、快速地下载素材，如图8-16所示为站长素材网站首页。

图8-16

◆ 第一PPT网

第一PPT网（http://www.1ppt.com/）为用户提供了各类免费下载的PPT模板、PPT背景图片、PPT素材及幻灯片背景图片等，进而帮助用户制作出专业的PPT。如图8-17所示为第一PPT模板网首页。

图8-17

◆ SlideBoom

SlideBoom网站（http://www.slideboom.com/）是由Ispring公司参与开发的，对于需要制作具有炫酷动画效果的培训师来说，使用其在线展示的各种精彩作品，对自己很有帮助。同时，还可以免费下载PPT素材。如图8-18所示为SlideBoom网站首页。

图8-18

◆扑奔网

扑奔网（http://www.pooban.com/）是一个PPT模板、职场办公文档、简历模板、项目策划等高质量Office文档资源在线分享平台，并聚集了国内优秀的ppt制作、设计公司和设计师，如图8-19为其首页效果。

图8-19

◆PNG素材网

要想制作高档、专业的PPT，透明抠图处理后的PNG图片素材经常被使用，但如果每张图片都自行处理将费时费力，这里推荐一个号称世界最大PNG素材库（http://pngimg.com/），里面的图片高清且进行了细分，查找方便，并且全都是免费下载，如图8-20所示为其中水果分类下的部分素材效果。

图8-20

8.3 搜集的图片素材怎么处理

下载到的素材资源都是非常宝贵的，因此需要进行妥善保存。由于网络中的素材是对所有人开放的，因此，要利用相同的素材资源制作出不同的效果，这就需要对素材进行处理，本节主要针对图片素材的一些保存和处理方法进行简单的介绍。

8.3.1
归类整理素材方便寻找

我们强调素材的搜集要在平时就要进行，随着时间的累计，下载的资源会越来越多，而且对于一些资源，有些可能是可以直接使用的，有些是需要加工使用的，有些甚至是自己加工一半的半成品，如果不归类整理这些素材，全部杂乱地放在一起，下次使用或者需要对半成品继续加工时，很难快速找到。

为了以后能方便、快捷地找到所需的素材资料，应在闲暇之余花点时间对这些素材进行归类整理，以直观的文件夹名逐项分类保存。以下载的图片素材为例，可以按如图8-21所示的方式进行归类整理。

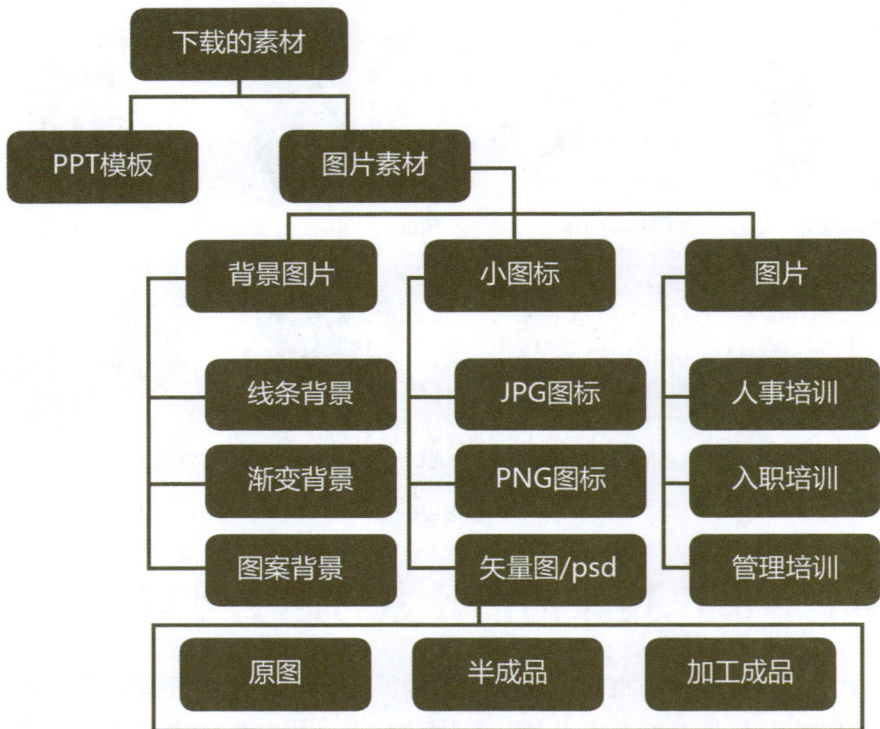

图8-21

图片素材的二次改造

通常在搜索引擎中搜索到的图片文件，都是JPG格式的文件，只要图片符合PPT的要求，就可以使用。

而通过设计网站或者一些PPT素材文件下载的图片文件，通常会有一些分层的PSD格式的图片和一些矢量图。我们可以通过相应的软件打开这些图片文件，从而对其进行选择性使用或二次改造。

例如，用Photoshop软件打开一个PSD格式的分层图片，如图8-22所示，以当前的效果而言，作为PPT背景显得有些花哨。

图8-22

由于这种格式的图片，是由很多层共同组成的，因此只需要在图层中有选择性地取消显示某些内容，如图8-23所示。最后将其导出成位图格式（如JPG或PNG格式）的图片，即可用于PPT的背景中。

图8-23

TIPS *矢量图与位图的区别* 🔍

　　矢量图与位图最大的区别是，矢量图不受分辨率的影响。因此在印刷时，可以任意放大或缩小图形而不会影响出图的清晰度，可以按最高分辨率显示到输出设备上。

　　大家对.psd格式的图片比较熟悉，下面主要介绍一些常见的矢量图格式，如表8-1所示。

表8-1　常见适量图说明

矢量图格式	说明
AI	它是Illustrator中的一种图形文件格式，也即Illustrator软件生成的矢量文件格式，用Illustrator、CorelDraw、Photoshop均能打开、编辑和修改等
CDR	它是CorelDraw中的一种图形文件格式，是所有CorelDraw应用程序中均能够使用的一种图形图像文件格式
EPS	EPS是用PostScript 语言描述的一种ASCII图形文件格式，在PostScript图形打印机上能打印出高品质的图形图像，最高能表示32位图形图像。该格式分为Photoshop EPS格式（Adobe Illustrator Eps）和标准EPS格式，其中，标准EPS格式又可分为图形格式和图像格式。值得注意的是，在Photoshop中只能打开图像格式的EPS文件

　　通过如上内容的介绍，我们可以知道，只要掌握Illustrator软件和Photoshop软件，就可以处理大部分的分层图片或矢量图格式的图片，对于需要提升PPT制作效果的培训师可以购买专业介绍这些图形软件使用的图书进行专项学习。

第9章

做好培训PPT，
用好模板是捷径

有一定平面设计基础的培训师总是能制作出独具效果的PPT，而更多的培训师则是直接下载模板使用，但是这种做法很容易和别人"撞衫"。其实在利用PPT模板的同时稍微对其进行一些修改，就能制作出属于自己的PPT。本章就来为培训师介绍如何用好PPT模板来快速制作出好的PPT的方法。

9.1 学会下载PPT模板的方法

　　要使用PPT模板，就要先获得PPT模板。在第8章中我们已经知道，PPT模板作为重要的PPT素材，可以从一些网站上下载，其实在PowerPoint程序中，程序也内置了一些PPT模板，本章的第一节就来教会培训师如何通过这两种下载途径下载PPT模板的具体方法。

9.1.1
下载Microsoft内置的模板

　　启动PowerPoint 2013程序后会进入一个欢迎界面，如图9-1所示。在其中会显示最近下载使用过的模板。

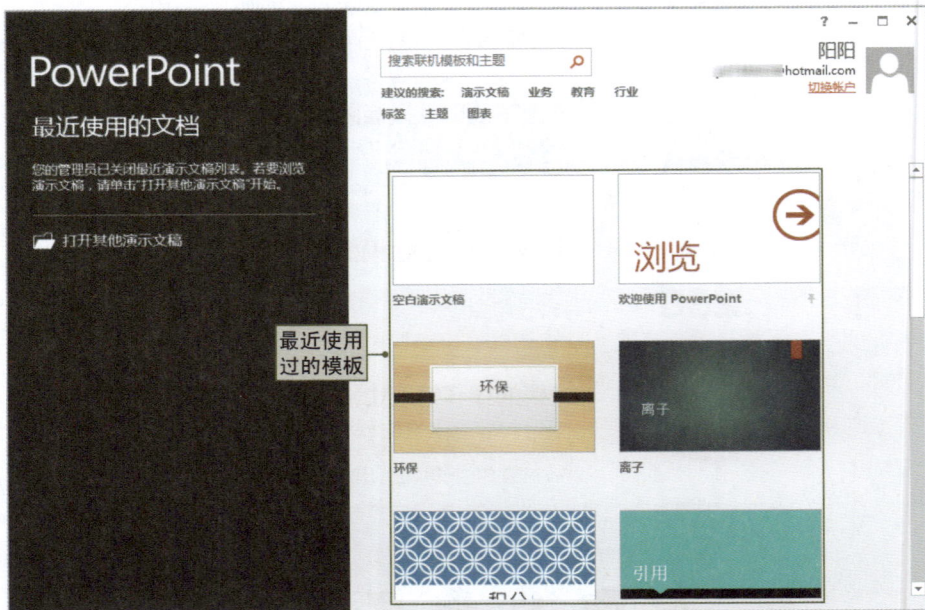

图9-1

　　如果这些模板不符合实际的需求，培训师还可以通过搜索的方式搜索更多的模板，其方法有两种，一种方法是直接在欢迎界面的"建议的搜索"栏中选择已列举的搜索标签，如选择"教育"标签后，将打开如图9-2所示的搜索结果列表，在其中选择需要的模板即可。

图9-2

　　另一种方法是通过自定义设置搜索关键搜索，这种方式的搜索目标更明确，其具体操作如下。

分析实例 通过设置关键字下载程序内置的PPT模板

Step 01 ❶在PowerPoint程序的欢迎界面的"搜索联机模板和主题"搜索框中输入关键字，如输入"员工培训"，❷单击"开始搜索"按钮搜索相关的模板，如图9-3所示。

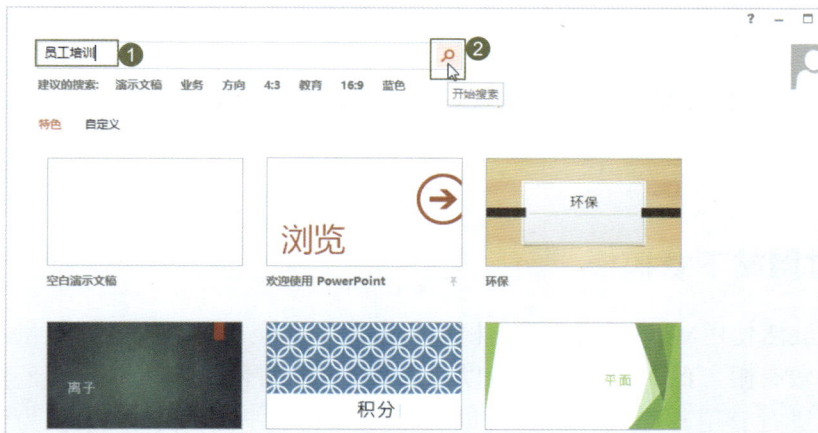

图9-3

Step 02 在搜索结果中可以看到相关的多个模板，❶选择适合自己PPT主题的模板类型，❷在打开的对话框中单击"创建"按钮，如图9-4所示。

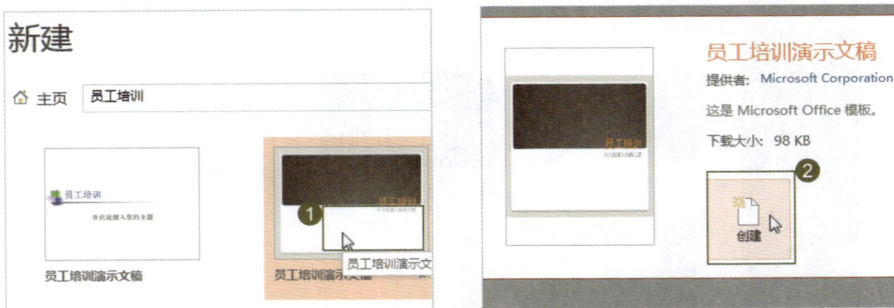

图9-4

Step 03 此时，PowerPoint将自动开始下载该模板，下载完成后即可成功创建员工培训演示文稿，如图9-5所示。

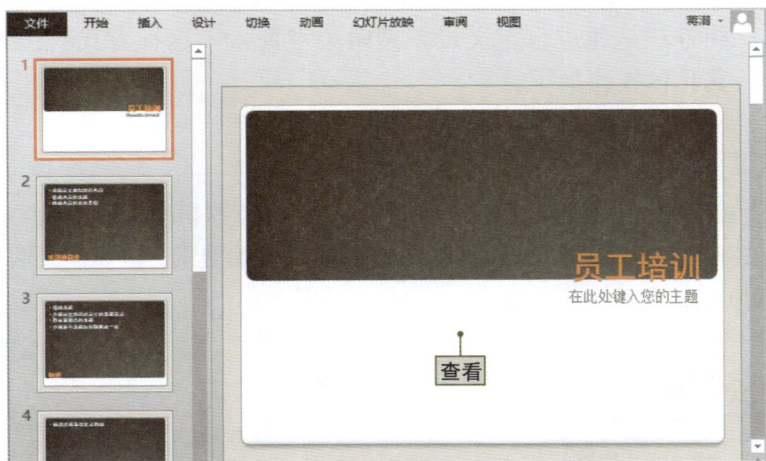

图9-5

9.1.2
通过网站下载模板

　　虽然使用Microsoft内置的模板创建PPT比较方便，但是其数量和样式比较有限。此时，培训师可以考虑从一些PPT网站中下载模板，然后直接进行套用与修改。下面就以从无忧PPT网站中下载PPT模板为例，来介绍相关的操作。

分析实例 通过无忧PPT网站下载模板

Step 01 进入无忧PPT网站首页中（http://www.51ppt.com.cn/），在导航栏中单击"PPT模板"超链接，如图9-6所示。

Step 02 进入到PPT模板分类选择页面中，在"PPT模板下载列表"栏中选择需要下载的PPT模板，如图9-7所示。

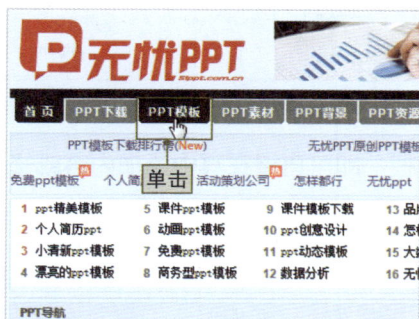

图9-6

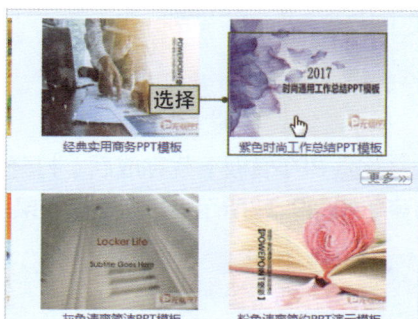

图9-7

Step 03 在打开的下载页面中单击"本地下载1"超链接，如图9-8所示。

Step 04 进入到模板下载页面中，单击"点击下载紫色时尚工作总结PPT模板"超链接，如图9-9所示。

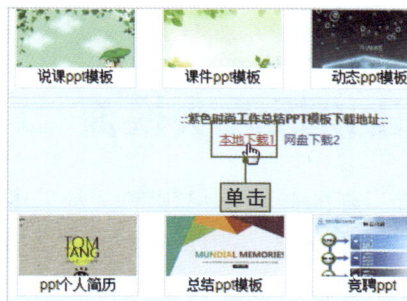

图9-8

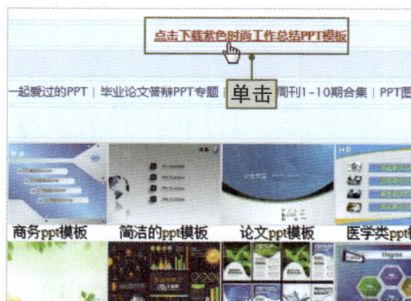

图9-9

Step 05 在打开的"Internet Explorer"提示对话框中单击"另存为"按钮，如图9-10所示。

Step 06 在打开的"另存为"对话框中❶选择PPT模板存储的路径，❷单击"保存"按钮即可下载模板，如图9-11所示。

图9-10

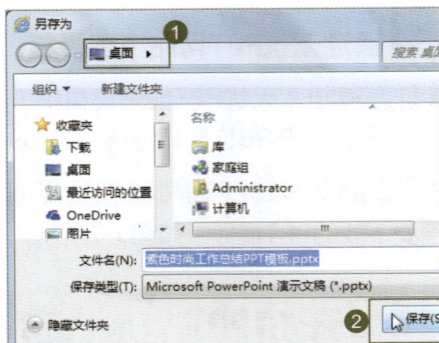

图9-11

Step 07 PPT模板下载完成后，打开该模板，即可直接在其中添加内容或修改内容，如图9-12所示为PPT模板效果。

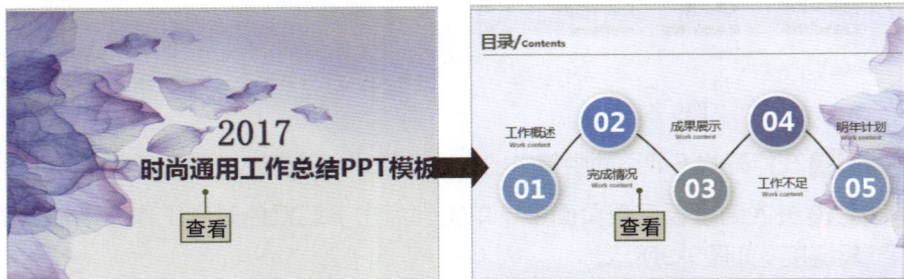

图9-12

9.2 用简单的方法让模板改头换面

当培训师学会如何下载PPT模板后，新的问题又出现了。对于下载的PPT模板，如果一成不变地直接对其进行套用，这样不仅容易与他人的PPT雷同，还会显得制作出的PPT过于死板，缺乏自己独特的创意。想要让自己的PPT脱颖而出，就需要对下载的PPT模板进行改头换面，让别人识别不出来且眼前一亮。

在PowerPoint中，对PPT模板进行改头换面的方法主要有4种，分别是增加元素法、减少元素法、改变外形法和更换颜色法。虽然这4种方法具体实施的操作比较简单，但是通过这几种方法修改后的模板效果却不一般。下面我们就具体介绍一下这4种方法到底是怎么回事儿。

9.2.1
增加元素法

增加元素法是指在现成的PPT模板中，增加一些图片、形状及色彩等元素，使其看上去与现成的PPT模板有所差别。例如，在如图9-13中可以看出，上图所示为现成的PPT模板，下图所示为在开始页上方和内容页左侧添加红色填充矩形形状后的PPT模板效果。

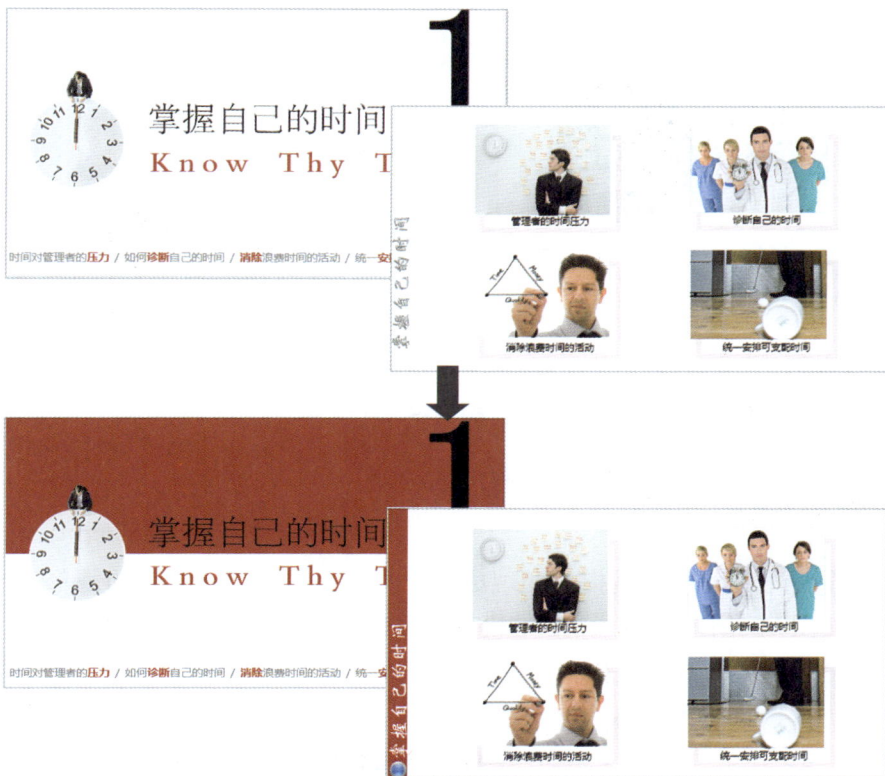

图9-13

9.2.2
减少元素法

减少元素法与增加元素法相对，它是指将现成模板中的某些元素，如图片、形状、色彩或板块等移出。例如，在如图9-14中可以看出，上图为现成的PPT模板，下图为删除拳头和小人图片后的PPT模板。

图9-14

改变外形法

    改变外形法一般是指改变现成PPT模板中的形状或图片的外形。例如，如图9-15所示为现成的PPT模板，如图9-16所示为将圆形形状修改为五角星形状后的PPT效果。

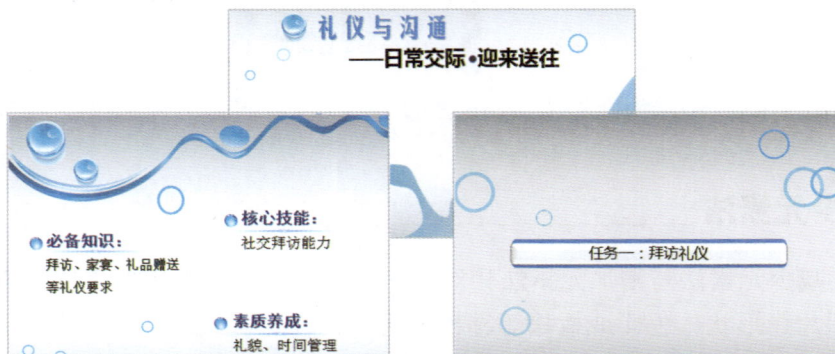

图9-15

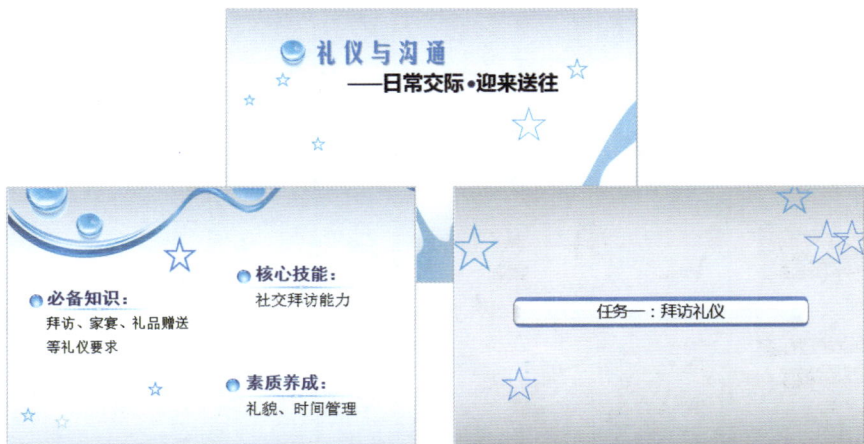

图9-16

9.2.4
更换颜色法

对于观众来说，PPT对其视觉刺激最大的元素要属颜色，而更换PPT模板的颜色也是改变现有模板最简单的方式。例如，如图9-17所示为现成的PPT模板，其颜色为深绿色，如图9-18所示为修改颜色后的模板效果，其为深蓝色。

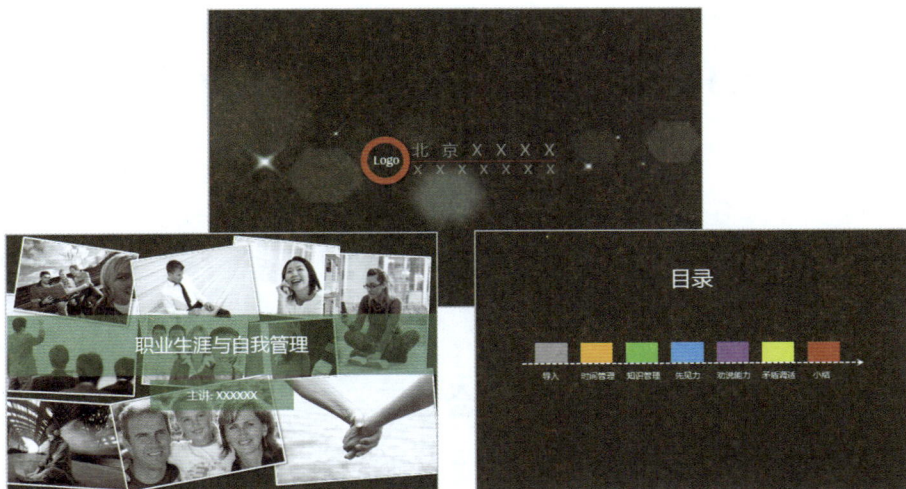

图9-17

图9-18

TIPS 如何修改"幻灯片母版"视图中制作的模板 🔍

　　许多培训师可能遇到过这样的问题，就是下载的PPT模板中虽然有各种形状或颜色等元素，但是完全不能修改。其实，对于一些比较专业的PPT模板来说，它们都有统一的样式与主题，所以不能直接通过幻灯片编辑窗口对其进行修改，因为作者在制作模板时是在"幻灯片母版"视图中进行中。因此，培训师想要修改这样的PPT模板，需要在母版幻灯片中进行。

9.3　模板的细节修改也很重要

　　通过前面介绍的4种方法对下载的PPT模板进行改造后，在外观效果上与原版已经有很大的区别了。但是有些地方仍然看起来很别扭，这可能是有些细节地方我们仍然没有注意到。下面就具体介绍一下哪些PPT模板细节需要培训师特别注意。

9.3.1

模板中的文本字体格式是否合适

　　由于我们下载的一些模板可能是国外模板，某些效果比较适合英文字母，如果换做汉字，整体效果搭配不一定很协调。虽然这些都是一些细小的地方，但是如果这些细节不注意修改，就会大大降低制作的PPT

的效果。为了提高工作效率，培训师可以通过母版幻灯片来统一设置多张幻灯片模板的文本格式，这与前面介绍的模板字体格式的设置相似。

例如，在母版幻灯片中调整模板开始页的文本格式。❶在"幻灯片母版"视图的标题幻灯片中选择文本框中的文本，❷切换到"开始"选项卡，❸对文本的字体格式、颜色等进行设置，如图9-19所示。

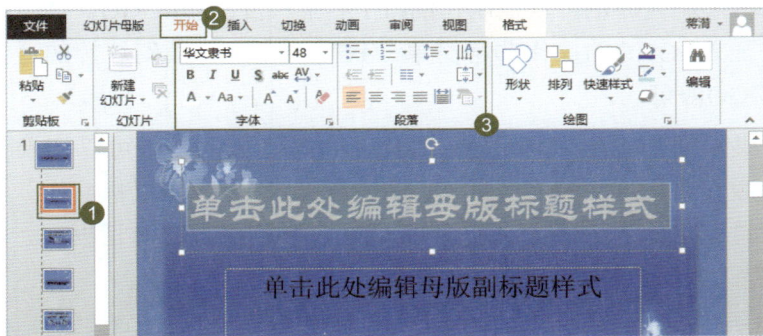

图9-19

然后对副标题中的内容进行相应文本格式的设置，完成后退出"幻灯片母版"视图。为幻灯片应用该母版幻灯片，然后输入相应的文本，即可查看到文本格式效果，如图9-20所示。

图9-20

9.3.2
添加自家公司的LOGO或水印

LOGO在PPT模板中出现的频率非常高，特别是一些专业的PPT模板制作机构或公司，一般都会在制作的PPT模板中添加与自己有关的LOGO。如果培训师下载这些模板后就直接套用，而没有对其进行认真检查，那么就容易将别人的LOGO用在自己的PPT中。此时，培训师一定要进入到PPT模板的母版幻灯片中，对LOGO、图标及其他多余的信息删除。

当然，培训师也可以在制作的PPT中加入自己的LOGO。通过母版幻灯片来加入LOGO的操作非常简单，只需要在主母版幻灯片的适当位置添加LOGO即可。

如果培训师不想LOGO显示在PPT的开始页中，则可以切换到"幻灯片母版"视图中，❶在开始页的母版幻灯片中单击鼠标右键，❷选择"设置背景格式"命令。在打开的"设置背景格式"对话框中，❸选中"隐藏背景图形"复选框即可，如图9-21所示。

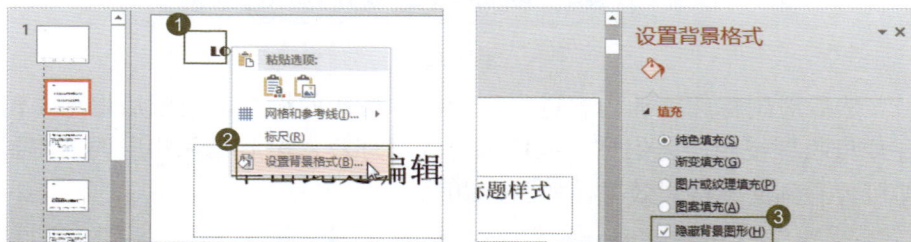

图9-21

其实，水印也是PPT模板中可能出现的元素，主要起到保护版权或广告的作用，培训师可以删除多余的水印并添加自己的水印。同时，水印的颜色不宜过深，最好位于幻灯片的底部，以免影响主体内容的呈现，如图9-22所示。

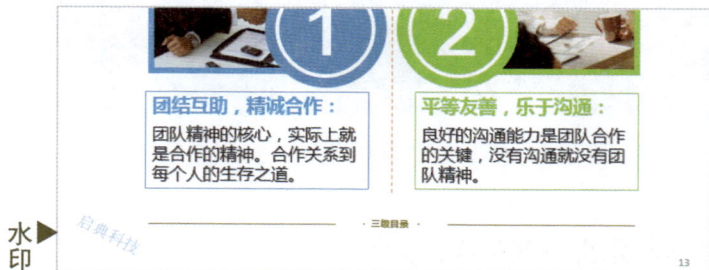

图9-22

培训内容多时记得添加页码

　　如果下载的模板中幻灯片比较少，可能模板中不会显示页码，如果培训师制作的培训课件中幻灯片数量较多，则有必要为其添加页码。前面章节介绍过为幻灯片添加页码的方法，添加完成后在母版幻灯片的右下角有一个带有"（#）"内容的文本框。其中，"#"表示自动编号的页码，培训师可以根据需求对其格式进行自定义设置。

　　同时，培训师在设置完页码后，通常不希望其在开始页中显示，而是从内容幻灯片中开始编写页码，但页码却从"2"开始。此时，就需要手动对其进行设置，使页码在内容幻灯片从"1"开始。

　　❶选择主母版幻灯片，❷在"幻灯片母版"选项卡中单击"幻灯片大小"下拉按钮，❸选择"自定义幻灯片大小"选项打开"幻灯片大小"对话框，❹在"幻灯片编号起始值"数值框中输入"0"，❺单击"确定"按钮即可完成操作，如图9-23所示。

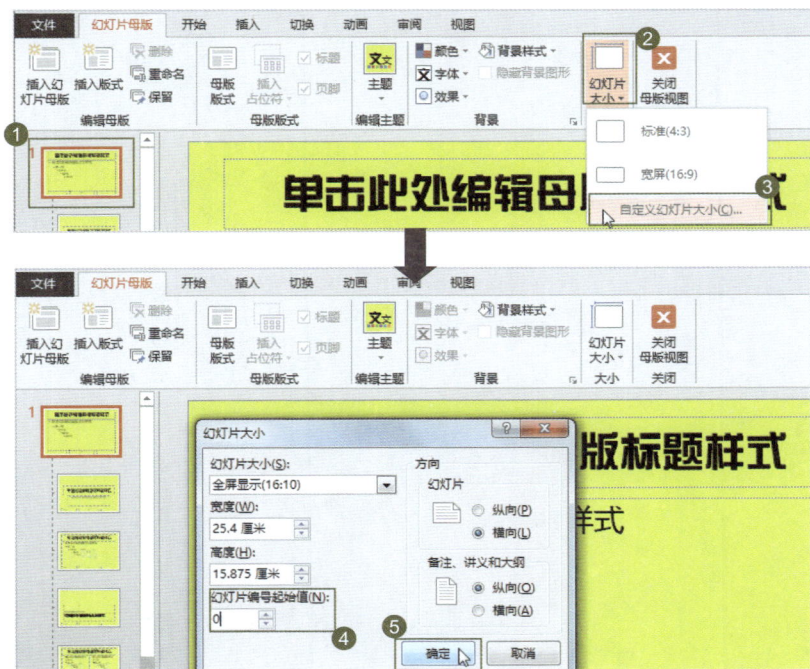

图9-23

第10章

实用小插件
助力PPT制作

　　掌握了前面介绍的方法，就可以制作出让培训效果加分的演示PPT。但是如果自己的时间和精力有限，有时也可以借助一些PPT辅助小工具，让PPT的制作效率更高。本书最后一章将为大家分享两款实用的小插件，供广大培训师学习和使用。

10.1 全能选手——iSlide

　　iSlide是一款基于PowerPoint的插件工具，作为国内老牌PPT插件之一，在Nordri tools时代，它就已经风靡P圈。其简单易用的工作界面，即便你不懂设计，也能简单、高效地创建各类专业PPT演示文档。

10.1.1
iSlide的下载与安装

　　iSlide作为一个PPT插件，首先需要下载安装到电脑中，才能在PowerPoint中使用。直接访问iSlide官网"https://www.islide.cc/"，在其中单击"立即下载"按钮即可下载，如图10-1所示。

图10-1

　　下载完成后，还需要将其安装到电脑中，其具体操作步骤如下。

分析实例 **在电脑中安装iSlide插件**

　Step 01　❶在iSlide插件安装程序上单击鼠标右键，❷在弹出的快捷菜单中选择"以管理员身份运行"命令，如图10-2所示。

图10-2

Step 02 ❶在打开的安装向导欢迎界面中直接单击"下一步"按钮，❷在打开的"选择安装文件夹"对话框中将安装路径的盘符修改为"D"，❸单击"下一步"按钮，如图10-3所示。

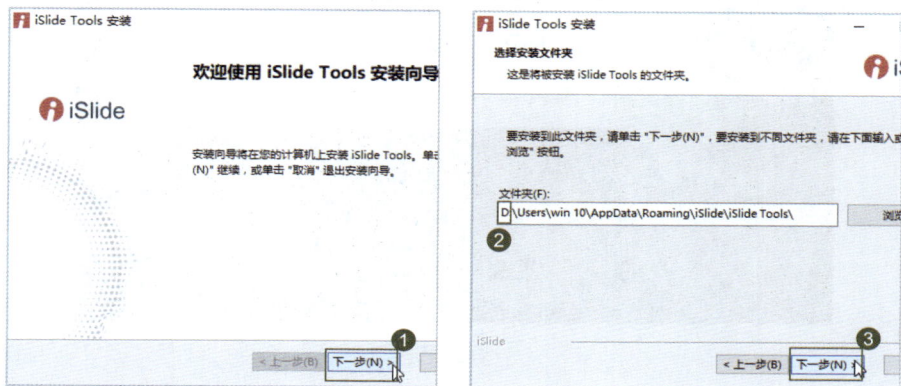

图10-3

Step 03 ❶在打开的"准备安装"对话框中单击"安装"按钮，❷程序自动开始安装程序，稍后在打开的安装完成对话框中取消选中"查看自述文件"复选框，❸单击"完成"按钮即可完成操作，如图10-4所示。

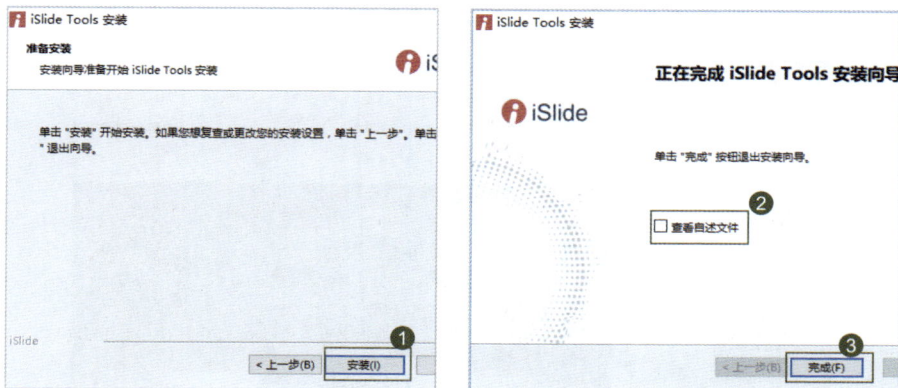

图10-4

Step 04 完成安装后，启动PowerPoint 2013程序，程序自动进入到iSlide插件的引导页面，如果要查看引导信息，直接单击"开始引导"按钮即可，如果不查看引导信息，单击"跳过直接使用"超链接，如图10-5所示。

图10-5

Step 05 程序自动新建一个有关iSlide的产品介绍演示文稿，在其中提示安装成功并对该插件进行简单的介绍，并且在PowerPoint的功能区中可以查看到新增了"iSlide"选项卡，如图10-6所示。该插件的所有功能都集成在该选项卡中（关闭该演示文稿后，再启动PowerPoint程序，就不会打开产品介绍演示文稿了）。

图10-6

10.1.2 iSlide特色功能介绍

在电脑中安装了PowerPoint工具，你和PPT高手之间就只差一个iSlide。那么，该插件到底有哪些特色功能呢？下面就来具体介绍。

（1）一键优化，快速统一格式

在制作PPT的过程中，有时在同一演示文稿中也会存在多种字体、色彩、样式风格，而使用iSlide插件的一键优化功能，可以快速统一整个演示文稿中的字体、段落和色彩等，如图10-7所示。

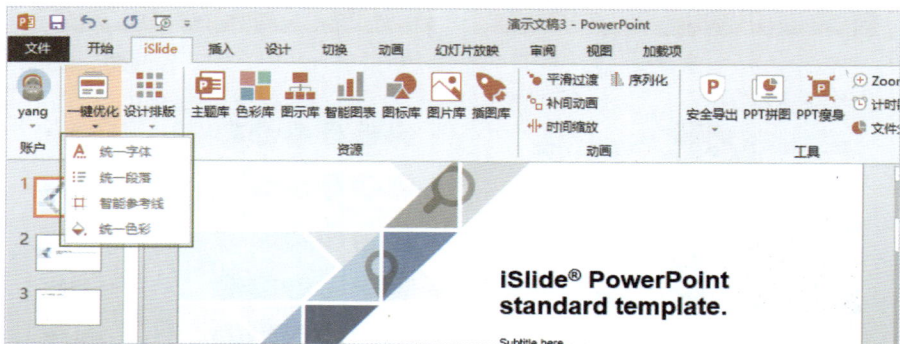

图10-7

（2）设计排版，个性化排版轻松搞定

高效智能化实现PPT页面设计中的图形布局和复制排列工作，只要选取一个图形，iSlide就能一键高智能化实现PPT页面中图形的布局和排列工作，多种参数化设置满足个性化设计需求。如图10-8所示为利用环形布局工具快速按指定路径排列形状的效果。

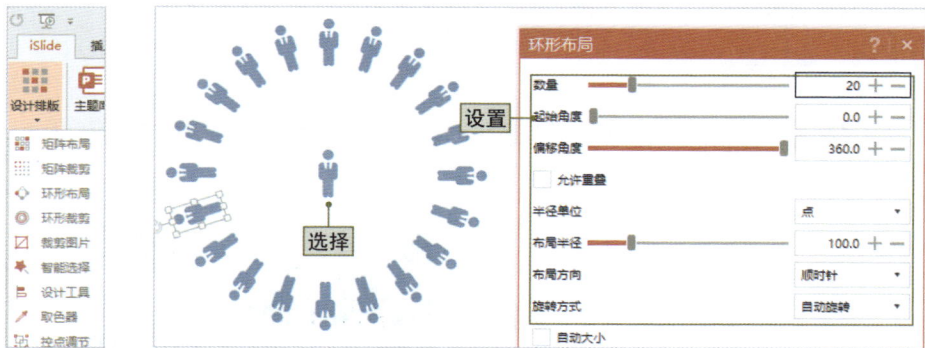

图10-8

（3）丰富的资源，媲美专业素材网站

iSlide中提供了丰富的主题库、色彩库、图示库、智能图表库、图标库和图片库等特色资源，更是让诸多的专业素材网站汗颜。更为方便的是，其中的主题、色彩、图示、图表、图标和图片，在注册并登录iSlide账号后，均可以一键插入PPT当中。大多数的培训师都是PPT的轻度使用者，对于这些用户而言，或许一个iSlide就够用了。如图10-9所示为各种资源窗格效果图。

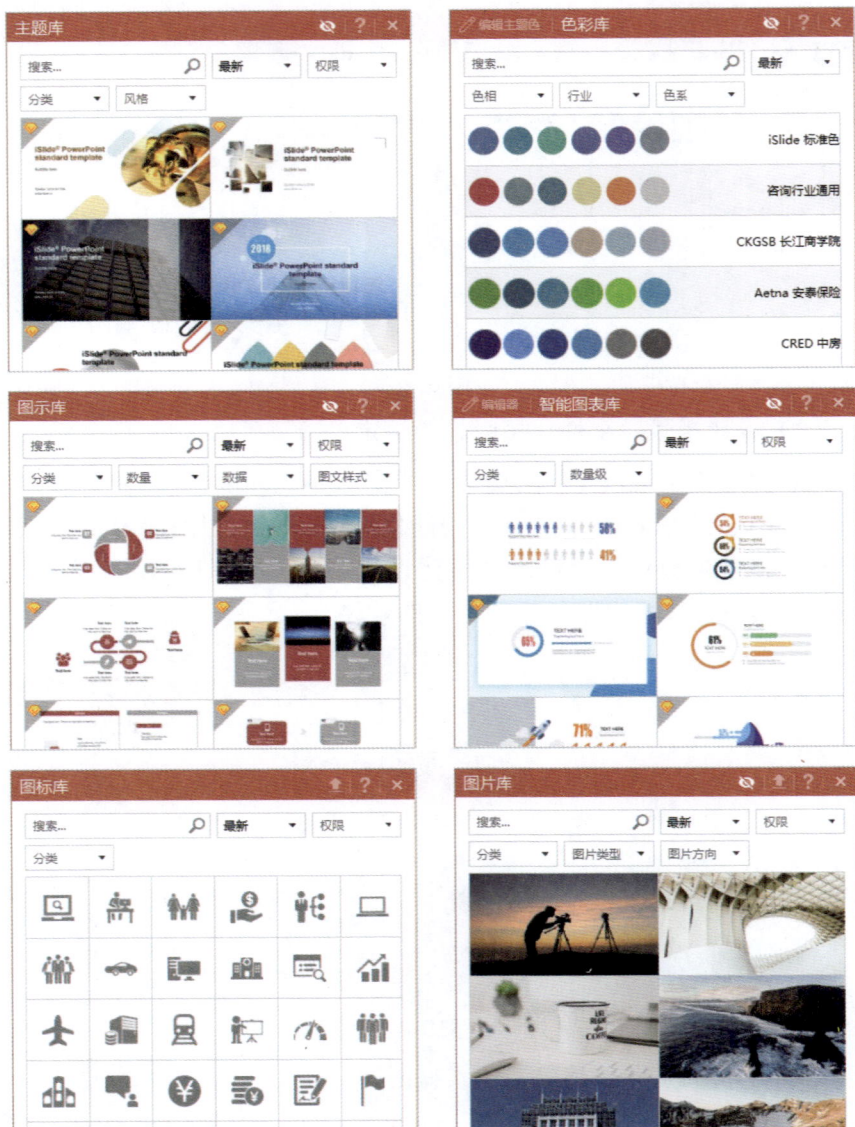

图10-9

（4）PPT拼图，一键导出长图

PPT拼图是iSlide最出名的功能，使用该功能可以在瞬间将PPT页面按需排列组合，一键导出为长图。如图10-10所示为利用PPT拼图功能拼合的长图效果。

图10-10

如何快速制作照片墙效果

在PowerPoint中，利用iSlide快速制作照片墙效果主要是利用该插件工具的矩形排版功能来完成的，下面通过具体的示例讲解相关的操作过程。其具体操作方法如下。

分析实例 为培训课件封面制作背景墙效果

素材文件	◎\Chapter 10\素材文件\图片、培训课件.pptx
效果文件	◎\Chapter 10\效果文件\培训课件.pptx

Step 01 ❶打开"培训课件"演示文稿，在第一张幻灯片中批量插入6张素材图片，❷单击"iSlide"选项卡，❸在"设计"组中单击"设计排版"下拉按钮，❹在弹出的下拉菜单中选择"裁剪图片"命令，如图10-11所示。

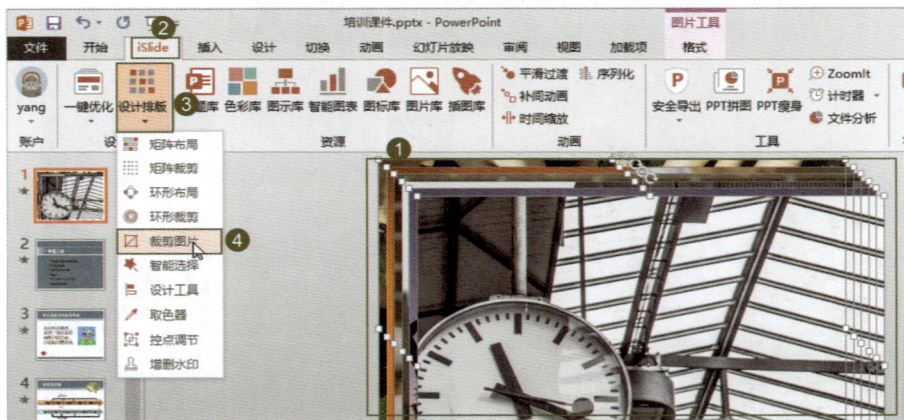

图10-11

Step 02 ❶在打开的"裁剪图片"对话框的"图片宽度"数值框中输入"180"，❷在"图片高度"数值框中输入"120"，❸单击"裁剪"按钮执行裁剪操作，❹单击"关闭"按钮关闭对话框，如图10-12所示。

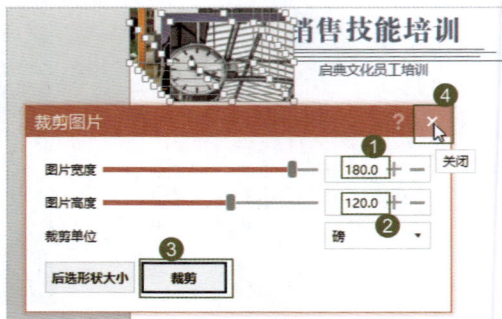

图10-12

Step 03 ❶保持多张图片的选择状态，将其移动到幻灯片的合适位置，❷单击"设计排版"下拉按钮，❸在弹出的下拉菜单中选择"矩阵布局"命令，如图10-13所示。

图10-13

Step 04 ❶在打开的"矩阵布局"对话框中设置排列方向为纵向，纵向数量为2，❷分别设置间距和偏移角度参数，❸单击"应用"按钮完成设置，❹单击"关闭"按钮关闭对话框，❺在返回的幻灯片中即可查看到效果，如图10-14所示。

图10-14

10.1.4
如何拼接所有幻灯片

在PowerPoint中，利用导出功可以将每张幻灯片导出为图片文件，但是如果要将演示文稿中的所有幻灯片拼接后再导出为图片文件，此时

就需要使用到iSlide插件的PPT拼图功能，下面通过具体的实例讲解相关
的操作过程，其具体操作方法如下。

分析实例 拼接内训培训课程PPT并导出长图

素材文件 ◎\Chapter 10\素材文件\人力资源部内训培训课程.pptx
效果文件 ◎\Chapter 10\效果文件\人力资源部内训培训课程.jpg

Step 01 ❶打开"人力资源部内训培训课程"演示文稿，单击"iSlide"选项
卡，❷在"工具"组中单击"PPT拼图"按钮，如图10-15所示。

图10-15

Step 02 ❶在打开的"PPT拼图"对话框中选中"包含封面"复选框，❷设置
横向数量为"2"，❸设置外围边距和内侧间距为2，❹其他参数保持默认设
置，单击"另存为"按钮，如图10-16所示。

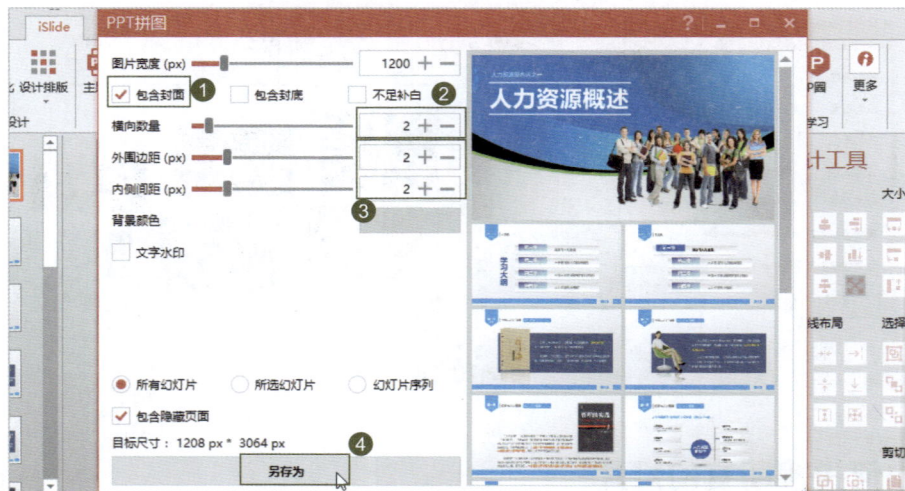

图10-16

Step 03 ❶在打开的"另存为"对话框中设置文件的保存位置，❷保持默认的

文件名称，单击"保存"按钮完成整个操作，如图10-17所示。

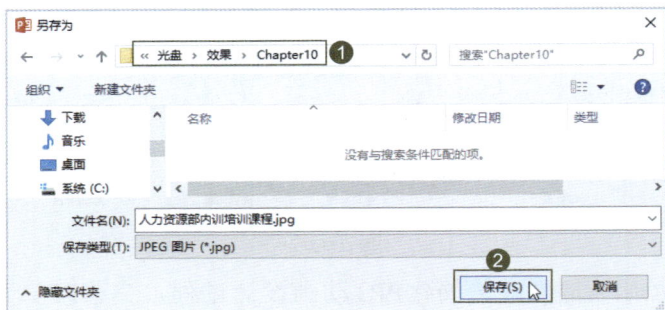

图10-17

10.2　动画爱好者福音——口袋动画PA

某些特殊情况下，需要用PPT实现一些高质的动画效果，这时候PPT自带动画效果往往不能满足培训师的需求，而近几年兴起的PA动画就为了解决这一问题而诞生。下面具体介绍该插件的相关知识和常用操作。

10.2.1　口袋动画PA简介

与iSlide插件一样，口袋动画PA插件也需要安装后才能在PowerPoint软件中使用。直接访问其官网"http://www.papocket.com/"，在其中单击"免费下载"按钮即可下载，如图10-18所示。

图10-18

将口袋动画PA插件安装完成后，启动PowerPoint程序后，直接在功能区中即可查看到该插件对应的选项卡，如图10-19所示。

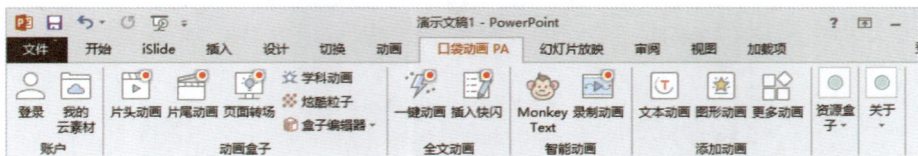

图10-19

口袋动画PA插件致力简化PPT动画设计过程，完善PPT动画相关功能，下面来具体看看该插件到底有哪些特色。

（1）两大模式任意切换

口袋动画PA插件作为专业的PPT动画编辑工具，为用户提供了两大模式，分别是盒子版和专业版，其中盒子版是PPT小白专属工具，用户只需要在其中单击按钮即可一键让PPT酷炫起来，其面板效果如图10-18所示；专业版主要针对PPT爱好者或者专业人士设计PPT动画，不仅仅是高端，更有内涵，其面板效果如图10-20所示。

图10-20

用户可以根据需要任意在这两种模式中切换，其操作也简单，直接单击"关于"组中的"专业版"按钮即可切换到盒子版模式，如图10-21所示。

图10-21

（2）一键下载，生成酷炫动画

口袋动画PA插件为用户提供了海量的片头、片尾、学科动画、图表和进度加载等多场景动画，还有各种组合、单一动画。用户只需单击

"播放"按钮，在展开的面板中即可预览动画效果，如果需要该动画，直接单击"下载应用"按钮即可一键下载，并在幻灯片中生成酷炫的动画效果，如图10-22所示。

图10-22

（3）海量图形库，PPT素材无忧

口袋动画PA插件提供的资源盒子中包含了海量的图标、PNG素材图和背景模板，并且支持批量下载和批量替换。解决了用户找图难的问题，如图10-23所示为图片库和模板库的面板效果。

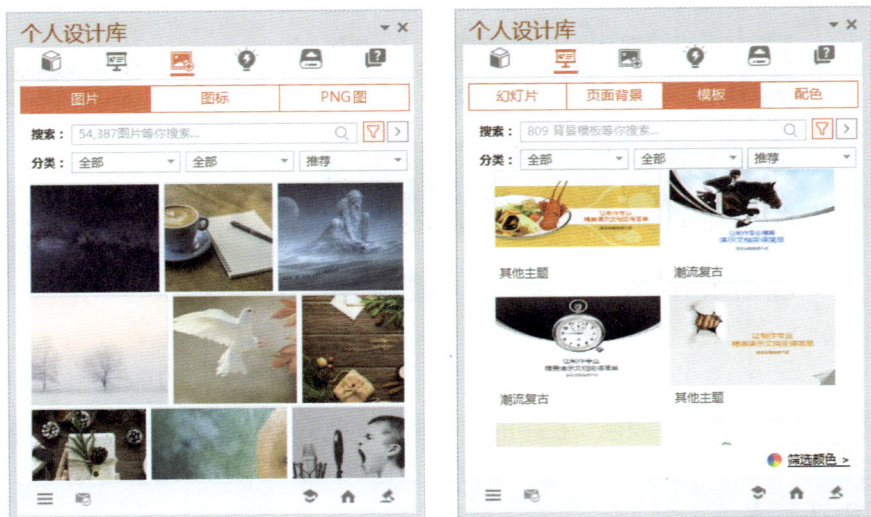

图10-23

10.2.2
利用口袋动画添加酷炫的片头 ——————————

　　如果直接套用口袋动画PA插件中提供动画不符合实际的需求，培训师可以通过自定义的方式对一键插入的片头、片尾等动画效果修改。下面通过具体的实例讲解相关的操作方法，其具体操作如下。

分析实例 为新员工入职培训PPT添加片头 ——————————

素材文件	◎\Chapter 10\素材文件\新员工入职培训.pptx
效果文件	◎\Chapter 10\效果文件\新员工入职培训.pptx

Step 01 ❶打开"新员工入职培训"演示文稿，单击"口袋动画PA"选项卡，❷将鼠标光标移动到"动画盒子"组中的"片头动画"按钮上，程序自动弹出内置片头动画列表，在其中找到需要的片头动画并单击其右下角的"下载"按钮，如图10-24所示。

Step 02 ❶打在打开的"动画盒子"对话框中的"文本描述"文本框中将内置的文本修改为"××科技有限公司"，如图10-25所示。

图10-24

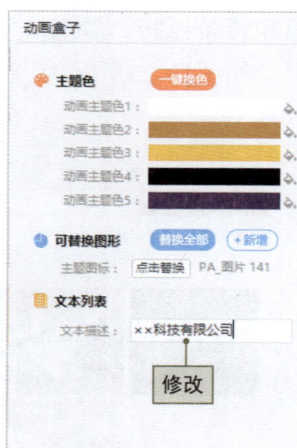

图10-25

Step 03 ❶单击"主题色"栏中的"动画主题色3"色块，❷在展开的颜色面板中选择"黑色"色块，❸单击"确定"按钮确认更改动画主题色3的颜色，如图10-26所示。

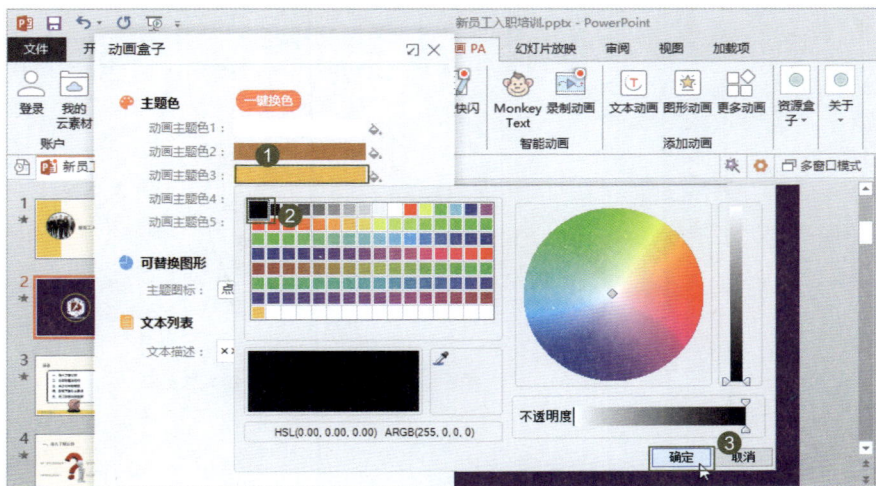

图10-26

Step 04 ❶用相同的方法将动画主题色5的颜色设置为黄色，❷单击"关闭"按钮关闭对话框，如图10-27所示。

Step 05 在返回的工作界面的左侧任务窗格中选择添加的片头动画幻灯片缩略图，按住鼠标左键不放将其拖动到第一张幻灯片的前面，释放鼠标完成整个操作，如图10-28所示。

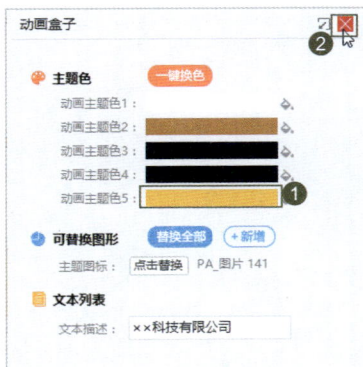

图10-27

图10-28

读 者 意 见 反 馈 表

亲爱的读者:

感谢您对中国铁道出版社的支持,您的建议是我们不断改进工作的信息来源,您的需求是我们不断开拓创新的基础。为了更好地服务读者,出版更多的精品图书,希望您能在百忙之中抽出时间填写这份意见反馈表发给我们。随书纸制表格请在填好后剪下寄到: 北京市西城区右安门西街8号中国铁道出版社综合编辑部 张亚慧 收(邮编: 100054)。或者采用 传真(010-63549458)方式发送。此外,读者也可以直接通过电子邮件把意见反馈给我们,E-mail地址是: lampard@vip.163.com。我们将选出意见中肯的热心读者,赠送本社的其他图书作为奖励。同时,我们将充分考虑您的意见和建议,并尽可能地给您满意的答复。谢谢!

- -

所购书名: _____

个人资料:

姓名: _____ 性别: _____ 年龄: _____ 文化程度: _____

职业: _____ 电话: _____ E-mail: _____

通信地址: _____ 邮编: _____

- -

您是如何得知本书的:

□书店宣传 □网络宣传 □展会促销 □出版社图书目录 □老师指定 □杂志、报纸等的介绍 □别人推荐
□其他(请指明) _____

您从何处得到本书的:

□书店 □邮购 □商场、超市等卖场 □图书销售的网站 □培训学校 □其他

影响您购买本书的因素(可多选):

□内容实用 □价格合理 □装帧设计精美 □带多媒体教学光盘 □优惠促销 □书评广告 □出版社知名度
□作者名气 □工作、生活和学习的需要 □其他

您对本书封面设计的满意程度:

□很满意 □比较满意 □一般 □不满意 □改进建议

您对本书的总体满意程度:

从文字的角度 □很满意 □比较满意 □一般 □不满意
从技术的角度 □很满意 □比较满意 □一般 □不满意

您希望书中图的比例是多少:

□少量的图片辅以大量的文字 □图文比例相当 □大量的图片辅以少量的文字

您希望本书的定价是多少:

本书最令您满意的是:

1.

2.

您在使用本书时遇到哪些困难:

1.

2.

您希望本书在哪些方面进行改进:

1.

2.

您需要购买哪些方面的图书? 对我社现有图书有什么好的建议?

您更喜欢阅读哪些类型和层次的理财类书籍(可多选)?

□入门类 □精通类 □综合类 □问答类 □图解类 □查询手册类

您在学习计算机的过程中有什么困难?

您的其他要求: